社会を創る
市民の教育

協働によるシティズンシップ教育の実践

大友秀明・桐谷正信
［編］

東信堂

はしがき

　本書のシティズンシップ教育とは、社会生活において責任と義務を果たし、主権者として自立・自律的に生きる公民・市民の育成を図るものである。これは、現在の我が国の社会科教育の理念に通底するものだ。

　だが、20世紀末以降、世界の先進国でシティズンシップ教育への関心が高まってきたのには、さらに重要な理由がある。その最も大きなものは、民主主義社会の現実と理念に対する危機意識が、全世界で広く共有されてきたことであろう。そこで脅威として考えられていることは、①国際・国内両面における貧富・経済の格差の拡大、②民族主義や人種差別の台頭と紛争・テロの勃発、③それに伴う難民と移民の増加、④コミュニティや社会の結束の欠如、⑤既存の政党や政治制度への不信などが挙げられる。これらの状況に対して、例えば、長年、民主主義社会の維持・発展のための教育に力を入れてきたドイツでは、政治教育のナショナル・スタンダードを作成している。そこで育成すべき資質や能力について、①政治的判断力、②政治的行為力、③判断力・行為力を高めるための方法的能力・スキルの三つが重要と明確にした。しかし、これは、理念として、既存の民主主義教育を超えるものではない。今日のシティズンシップ教育には、新たな危機に対する認識のもと従来の曖昧であり、不十分であった民主主義教育の立て直し・再構築が求められている。

　また、現代社会の大きな変化は、グローバル化の進展である。シティズンシップ教育は、グローバル化が急速に強まる中で、国民国家が相対化されつ

つある状況に登場してきている。シティズンシップ教育に期待されるものは、これまでのような国民国家の担い手としての「国民」を育てるという側面だけではない。各国は、国際社会に開かれた新たな資質を備えた「国民」の育成と同時に、国家から相対的に自立した市民社会で行動する「市民」の育成への対応に追われている。つまり、グローバル化の進展という現実の中で、「シティズンシップ」が変容し、シティズンシップ教育の再概念化が課題になっているのだ。

＊

　本書のシティズンシップ教育も、もとより世界の動向と無関係ではないが、我々の課題意識は、具体的には社会科教育、とりわけ公民教育・政治教育の授業実践化にある。今日の社会的現実に目を開き、政治へ積極的に参加し、社会を自ら創りあげていく能力の育成は必須の課題であり、その在り方についてさまざまな議論が活発化している。

　我々は、市民社会組織（「シティズンシップ教育推進ネット」「ローカル・マニフェスト推進ネットワーク」）、公立学校（桶川市立加納中学校）、大学（埼玉大学教育学部社会科教育研究室）の「協働」から本研究をスタートさせた。現実の諸問題を子どもたちにリアルに把握させるためには、地域で活動している市民団体・運動との交流が大切と考えられる。いずれの市民団体・運動であっても、既存の政治・経済・社会システムの構造とその改革に眼を向けている。市民団体・運動に接することによって、批判的な政治的見方・考え方が培われる。

　我々は、当初、「ローカル・マニフェストを活用したシティズンシップ教育」を研究主題にしていた。その後の学習指導要領の改訂により、社会科教育の改善の一つに、「持続可能な社会の実現を目指すなど、公共的な事項に自ら参画していく資質や能力を育成すること」が挙げられた。これは、我々もかねて意識していたことであり、この社会的時代的な要請のもとで、「公共」「参画」をキーワードにしつつ、埼玉大学教育学部附属小・中学校、埼玉県立高等学校などの場で、シティズンシップ教育の実践研究を進めてきた。

　その際、地域の多様な人々や団体との「協働」を意図的に行った。市役所の

職員へのインタビュー、専門家やボランティア団体からのアドバイスなどである。地域の人々や集団との接点を持ち、交流を図ることは、子どもたちが地域の課題を通して、政治の在り方を考えるよい機会になる。我々は、「協働」を枢軸にシティズンシップ教育の実践化に向けて検討してきた。「協働」については、さまざまな意味を持つが、ここでは、①授業実践の指導計画を様々な立場の人々によって練り上げること、②授業の展開過程に教師や学習者以外の様々な人々が「かかわる」こと、③「学び」を様々な人やモノとの「かかわり」から成り立つとみなすこと、と捉えている。

*

目下、中央教育審議会で、次期の学習指導要領の改訂に向けて、学習・指導については、「何を教えるか」だけではなく、「どのように学ぶか」という学びの質や深まりを重視している。また、課題の発見と解決に向けて主体的・協働的に学ぶ学習、いわゆる「アクティブ・ラーニング」の教材、指導法、評価法についても検討されている。

また、選挙権の年齢が引き下げられ、18歳以上の未成年者も投票できることになった。今、若者たちの政治や社会への関心をどのように喚起するかが喫緊の課題になっている。高校生が選挙権をもつことになり、学校現場における政治や選挙等に関する学習の充実を図るため、総務省と文部科学省が連携し、生徒用副教材『私たちが拓く日本の未来』を作成した。そこでは、有権者として求められる力として、4つ挙げている。

　①論理的思考力(根拠をもって主張し他者を説得する力)
　②現実社会の諸課題について多面的・多角的に考察し、公正に判断する力
　③現実社会の諸課題を見出し、協働的に追究し解決(合意形成・意思決定)する力
　④公共的な事柄に自ら参画しようとする意欲や態度

また、実践編では、次の3つの学習方法の活用を期待している。
　〇正解が一つに定まらない問いに取り組む学び
　〇学習したことを活用して解決策を考える学び

○他者との対話や議論により、考えを深めていく学び

　このように、有権者になれば判断が求められる現実の具体的な政治的事象を題材として、正解が一つに定まらない問いに取り組み、今までに習得した知識・技能を活用して解決策を考え、他者と学び合う活動などの学びが重視されることになった。これらの諸認識も、広く世界に目を開きつつ、地に足の着いた取組を目指す我々の教育実践の意向と合致しているのである。

　これらの教育は、高校だけではなく、小学校の段階から推進されようとしているが、子どもたちにどのように「主体的な学び」に向かう姿勢を育てるかが重要な課題になろう。教師が巧みに誘導したり、強制したりして、定型化した学習方法では、有権者に求められる力は育たない。

　有権者教育はシティズンシップ教育の一部である。シティズンシップ教育で取り扱う領域は、政治教育をはじめとして、法教育、環境教育、家政教育など幅広い。本書で取り上げた題材は、ほんの一部の公共問題、論争問題であり、十分なものではないが、対象は小学生、中学生、高校生、さらには成人にまで及んでいる。学校教育および成人教育におけるそれぞれの指導の手法が、近未来の教育に役立つことを切に願うだけである。今後も、書名のとおり、「社会を創る市民の教育」の実践を積み重ねていきたい。なお、執筆者は何らかの形で埼玉の地に関係している。本書は、埼玉という地域からの情報発信という意味合いもある。

　最後になりましたが、東信堂社長、下田勝司氏には大変お世話になりました。心からお礼を申し上げます。

2016(平成28)年8月　執筆者を代表して

大友　秀明

社会を創る市民の教育／目次

はしがき（大友秀明）　i

序　章　シティズンシップ教育の実践化を目指して
……………………………………………………大友 秀明　3

第1節　公共・公共性と参加・参画　3
第2節　シティズンシップ教育と社会参画・参加　6
第3節　「協働」によるシティズンシップ教育の意義　7
第4節　シティズンシップ教育実践の方向性　11

第Ⅰ部　授業実践の事例分析

第1章　小学校における「交通まちづくり」学習
――モビリティ・マネージメント教育と社会参加…　桐谷 正信　19

第1節　はじめに　19
第2節　MM教育の理論と方法　21
第3節　小学校社会科におけるMM教育実践　24
第4節　「交通まちづくり」を中核とする社会科におけるMM教育　32

第2章　中学校における「桶川市東口再開発」の授業
　　　　　──マニフェスト型思考を活用した「まちづくり」授業……　宮澤　好春　39

　　第1節　中学教育とシティズンシップ教育　　39
　　第2節　実践の概要　　40
　　第3節　社会参加とシティズンシップ教育　　56

第3章　中学校における「震災」の授業実践
　　　　　──社会参画を促すために　………　清水　利浩・大友　秀明　63

　　第1節　はじめに　　63
　　第2節　シティズンシップ教育と社会参画　　63
　　第3節　シティズンシップ教育の展開
　　　　　──震災を通して社会参画の在り方を考える　　66
　　第4節　社会参画・シティズンシップ教育・防災教育　　79

第4章　中学校における「模擬裁判」の授業実践
　　　　　──法曹三者による法教育　………　二瓶　剛・大友　秀明　85

　　第1節　はじめに　　85
　　第2節　法教育とシティズンシップ教育　　85
　　第3節　法教育としての「模擬裁判」の授業　　87
　　第4節　「模擬裁判」授業の課題と可能性　　101

第5章　高等学校における「政策づくり」の授業実践
　　　　　………………………………………………　華井　裕隆　105

　　第1節　はじめに　　105
　　第2節　「政策づくり授業」とは　　106
　　第3節　「政策づくり授業」の実践　　110
　　第4節　「政策づくり」授業の成果と課題　　123

第6章 高等学校における「政策えらび」の授業実践
——原発問題を通じたエネルギー政策を考える … 華井 裕隆 125

第1節 はじめに　125
第2節 「政策えらび授業」とは　126
第3節 「政策えらび授業」の実践　127
第4節 「政策えらび授業」の成果と課題　134
第5節 「政策づくり授業」と「政策えらび授業」の可能性　135

第7章 成人教育におけるワークショップ・参加型の学習プログラム ……………………… 西尾 真治 143

第1節 はじめに　143
第2節 なぜ成人におけるシティズンシップ教育が必要か　144
第3節 学校の複合化に関するワークショップの実践　150
第4節 まとめと今後の課題　164

第Ⅱ部　研究実践の動向と展開

第8章 社会的課題解決の教育モデル
——「参加と提案」の学習活動 ……………… 大久保 正弘 169

第1節 はじめに——筆者の活動と桶川実践　169
第2節 「シティズンシップ教育」の台頭　171
第3節 非営利セクターの台頭——公共圏の変化　172
第4節 公共圏の変化と参加のプロセス　174
第5節 参加を学びにするために——知識からスキルへ　177
第6節 社会的課題解決のフレームワークと教育モデル　181
第7節 社会的課題解決の教育モデルのさらなる実践に向けて　185

第9章 日本におけるシティズンシップ教育と社会科の役割 ……………… 坪田 益美　191

　第1節　はじめに　191
　第2節　社会科教育学研究における理論的研究の動向　194
　第3節　日本における実践の動向　197
　第4節　社会科が担うべきシティズンシップ教育　200
　第5節　おわりに　205

第10章 環境シティズンシップの教育に関する動向と課題 ……………… 宮崎 沙織　211

　第1節　日本の環境教育のスタートと市民育成への視点　211
　第2節　環境教育とシティズンシップ教育のかかわり　214
　第3節　環境シティズンシップの教育実践　218
　第4節　環境シティズンシップの教育研究・実践の動向と課題　221

第Ⅲ部　実践化に向けたガイドライン

付録　シティズンシップ教育の実践のためのガイド・技法 ……………… 大久保 正弘　229

文献案内　シティズンシップ教育を学ぶために … 高久 沙織　245

　あとがき（桐谷正信）　249
　索　引　255

社会を創る市民の教育
――協働によるシティズンシップ教育の実践――

序　章
シティズンシップ教育の実践化を目指して

大友　秀明

第1節　公共・公共性と参加・参画

　近年、さまざまな分野で「公共」「公共性」や「参加」「参画」が語られるようになっている。その背景には、少なくとも、従来分断されたまま営まれていた諸科学を統合的に論考する学問への期待や近年における国家観の動揺に伴い、「公共」についても「国家や政府中心の公」ではなく、「市民や個人一人一人が担い手となる公共性」をめぐって議論の高まりがある。また、子どもたちを取り巻く社会や環境の変化もあろう。メディアは今日の世界至る所の情報を伝え続ける反面、その発達によって逆に子どもたちの体験活動が減少し、少子化や小家族化により子どもたちの地域社会へのかかわりが不十分になっている。しかし、明日の世界を担うのは子どもたちであり、新たな社会的現実に対応するため、子どもたちの公共社会への参加・参画に向かう意欲・態度の育成が喫緊の教育課題になっている。

　ここでは、まず「公共」や「公共性」の概念や意味について、一瞥しておこう。

　「公共」については、中央教育審議会が「21世紀の教育が目指すもの」の一つに「新しい『公共』を創造し、21世紀の国家・社会の形成に主体的に参画する日本人の育成」(平成15年答申)を挙げ、「新しい公共」という考え方を提案している[1]。それは現在の教育基本法の第2条「教育の目標」にも「公共の精神」として明文化されているが、それではこの「新しい公共」とは、従来の公共と

どこが異なるのか。

　従来の近代的国家観に立つ公共とは、官僚、行政、立法がほぼ同等の関係にあり、公共性は、お上・国家と同義であり、「お上・国家＝公共」という考え方である。つまり、お上・国家と下々・国民(市民)を対立関係で捉えるものである。主権者である国民は、本来、お上・国家に対して権利行使する主体としての権利者である。しかし、実際には政策を決め、その権利を保障するのは国家(官僚・行政・立法)であり、国家が国民を統制するという上下関係が存在していた。

　それに対して、「新しい公共」とは、公共性を市民自身の手に取り戻し、市民が公共の担い手になるという考え方である。市民が、国家、市場、非営利団体等に参加しつつ、公共性をそれらに割り振っていくという考え方である[2]。もとよりこの考え方は、今日の社会的観点がもたらす新たな危機意識と密接な関係がある。この「新しい公共」を意識した教育が本書の主題である「シティズンシップ教育」である。

　次に、「公共性」とは何か。その意味合いについて、次の三つに大別できるという[3]。

　第一に、国家に関係する公的な(official)ものという意味。ここでは、「公共性」は、国家が法律や政策などを通して国民に対して行う活動を指す。第二に、すべての人々に関係する共通な(common)ものという意味。ここでは、「公共性」は、共通の利益・財産、共通に妥当する規範、共通の関心事などを指す。第三に、誰に対しても開かれている(open)という意味。ここでは、「公共性」は、誰もがアクセスすることを拒まれない空間や情報などを指す。ただし、この三つの意味での「公共性」は互いに抗争する関係にもある。第一の意味での「公共性」に対しては、市民が担い手になる「新しい公共」を求める動きがある。また、第二の意味での「公共性」では、一定の範囲に制限することになり、第三の意味の「開かれている」と相反することになる。

　このように新旧の「公共」や「公共性」の意味合いを見ると、「公共」「公共性」を構成するいくつかの要素を指摘することができる。①国家・公・官より、市民・国民が担い手になること、②私的ではなく、社会的・論争的な課題や

問題を扱うこと、③特定の誰かではなく、すべての人々にとって利益になること、④すべての人々に開かれて議論ができることなどの要素を抽出することができる。これらは今日の社会的現実に対処する基礎的な要因転換だ。

　以上のような志向に基づき、2008(平成20)年に学習指導要領は改訂された。それは、教育基本法改正等を踏まえたものである。改正後の教育基本法では、「公共の精神を尊び、豊かな人間性と創造性を備えた人間の育成」(前文)と「公共の精神に基づき、主体的に社会の形成に参画し、その発展に寄与する態度を養うこと」(第2条3号)の必要性を強調している。

　教育基本法の改正に先立って、前述の中央教育審議会の答申の中で、「21世紀の教育が目指すもの」の一つに「新しい『公共』を創造し、21世紀の国家・社会の形成に主体的に参画する日本人の育成」を挙げている。また、「公共」の具体的な内実を、以下のように示している。

　①国や社会の問題を自分自身の問題として考え、そのために積極的に行動するという「公共心」
　②ボランティア活動に見られるような互いに支え合い協力し合う互恵の精神
　③地域社会の生活環境の改善や、人類共通の課題(環境、人権)の解決に取り組み、貢献しようとする意識
　④他人や地域、社会のために役立てようとする自発的な活動への参加意識
　⑤自らが国・社会づくりの主体であるという自覚と行動力、社会正義を行うために必要な勇気、「公共」の精神、社会規範を尊重する意識や態度

つまり、「政治や社会に関する豊かな知識や判断力、批判的精神を持って自ら考え、『公共』に主体的に参画し、公正なルールを形成し遵守することを尊重する意識や態度を涵養すること」が重要であると述べている。このように①「公共」に参画すること、②公正なルールを形成し、遵守することに触れ、参画・形成と遵守の双方に言及している。

　これらを踏まえて、2008(平成20)年の社会科学習指導要領の改訂では、「公共的な事柄に自ら参画していく資質や能力」を育成することが求められているが、文部科学省の指導を待つまでもなく、これは社会科教育の究極の目標である「公民的資質の基礎」の育成と密接にかかわるものである。

第2節　シティズンシップ教育と社会参画・参加

「公共」に参画する資質や能力をどのように育成すればよいのか。そのための重要な教育実践が「シティズンシップ教育」である。まず我が国における近年の「シティズンシップ教育」に関する政府・官庁の取組を見ておこう。

経済産業省・三菱総研の「シティズンシップ教育と経済社会での人々の活躍についての研究会」が2006(平成18)年3月に報告書を出している[4]。そこでは、「シティズンシップ」を「多様な価値観や文化で構成されている社会において、個人が自己を守り、自己実現を図るとともに、よりよい社会の実現に寄与するという目的のために、社会の意思決定や運営の過程において、個人としての権利や義務を行使し、多様な関係者と積極的に(アクティブに)関わろうとする資質」と定義している。また、「シティズンシップ教育」の目標を「市民一人ひとりが、社会の一員として、地域や社会での課題を見つけ、その解決やサービス提供に関わることによって、急速に変革する社会の中でも、自分を守ると同時に他者との適切な関係を築き、職に就いて豊かな生活を送り、個性を発揮し、自己実現を行い、さらによりよい社会づくりに参加・貢献するために必要な能力を身につけること」と明記している。その必要な能力として、①意識(自分自身、他者とのかかわり、社会への参画に関する意識)、②知識(公的・社会的・共同的活動、政治活動、経済活動に必要な知識)、③スキル(自己・他者・社会の状態や関係性を客観的・批判的に認識・理解するためのスキル、情報や知識を効果的に収集し、正しき理解・判断するためのスキル、他者とともに社会の中で、自分の意見を表明し、他人の意見を聞き、意思決定し、実行するためのスキル)を挙げている。これは、シティズンシップ教育の骨子が明確に提示された一例である。

また、「子ども・若者育成支援推進本部」(内閣府)の『子ども・若者ビジョン―子ども・若者の成長を支援し、一人ひとりを包摂する社会を目指して―』(平成22年7月)において、子ども・若者に対する施策の基本方針の一部に、「社会形成への参画支援(社会形成・社会参加に関する教育(シティズンシップ教育)の推進)」を挙げている[5]。

さらに、「常時啓発事業のあり方等研究会」(総務省)が最終報告書『社会に参加し、自ら考え、自ら判断する主権者を目指して―新たなステージ「主権者教育」へ―』(平成23年12月)をまとめている[6]。そこでのキーワードが、「社会参加の促進」と「政治的リテラシー（政治的判断力）の向上」である。「これからの常時啓発」としては、シティズンシップ教育の一翼を担う新たなステージ「主権者教育」を目指している。その具体的なねらいが、①諸課題に対処し適切な選択が行える高い資質を持った有権者を育てる、②将来を担う子どもたちにも、社会の一員、主権者という自覚を持たせる、③参加・体験型の啓発を重視する、である。

このように、さまざまな子ども・若者の「社会形成・社会参加を促すシティズンシップ教育」を推進しているが、その成否は我が国の社会全体のシティズンシップ教育の再構築に向けた実践にかかっている。

第3節　「協働」によるシティズンシップ教育の意義

1. シティズンシップ教育の実践事例

自ら社会を作り直し、「公共」に参画する資質や能力を育成する一つの試みとして、2章で詳述する「シティズンシップ(市民性)教育」の実践の骨子を紹介しよう。

埼玉県桶川市立加納中学校の宮澤好春教諭(当時)は、「地域社会のひと・もの・こと」とかかわる体験的な活動や「他者」とのかかわりを深めながら小グループでの作業的な活動を指導計画に位置づけ、「シティズンシップ教育」を展開している。

2006(平成18)年度以降、選択社会「桶川のまちづくり―商店街の活性化を目指して―」(第3学年)の授業を実践している。その内容は、桶川駅東口の再開発や周辺の商店街の活性化に向けた取組に着目し、生徒が「まち探検」を行い、その問題点を見出し、改善策を練り上げるものである。その際、生徒の願いや要望だけを入れた改善策ではなく、地域社会や商店街の願いや桶川市の取組を加味したものになるよう商店街でのインタビューや市役所都市計画課の

表序−1　実践の展開過程

段階	テーマ	学習内容・活動
第1次 (3時間)	市政の現状と課題	・桶川市の取組や財政について広報誌や議会便りをもとに理解する。 ・まち探検のポイントやインタビュー内容を考える。
第2次 (5時間)	まち探検とまとめ	・まち探検を行い、商店街やまちづくりの「いいところ」や課題を見つけ、それらの情報を分類図としてまとめる。
第3次 (3時間)	まちづくり案の作成	・市都市計画課職員から「市のまちづくり」の取組の話、ローカルマニフェスト推進ネットワークの方から政策立案の方法の話を聞き、案を作成する
第4次 (2時間)	まちづくり案の発表と意見交換・交流	・まちづくりの素案をマニフェストとして作成し、商店主や地域住民にプレゼンテーションを行い、アドバイスを受ける。
第5次 (4時間)	マニフェスト型の提案資料作成とプレゼンテーション	・アドバイスをもとに、まち探検、インタビュー、資料収集を行い、改善策を見直し、作成し、地域住民を対象にプレゼンテーションを行う。

職員を招聘してのまちづくり講演会、外部講師によるマニフェスト型の政策決定の方法に関する講義等を学習過程に取り入れている。そして、でき上がった改善策・提案書を桶川市観光協会の中山道宿場館に展示している。

宮澤実践の展開過程を整理すると、**表序−1**のようになる。

宮澤実践の特色を挙げるとすれば、次の三点にまとめることができよう。

第一に、子どもたちが身近な地域の「公共問題」に取り組んだことである。具体的には、桶川駅東口や中山道の商店街の活性化、まちづくり、駅東口の開発問題などである。

第二に、学習の過程でさまざまな人々・他者とのかかわりができたことである。まち探検では、商店主へのインタビュー、大学生からのアドバイスがあり、市の都市計画については、市職員からの講話があり、マニフェスト型の提案資料の作成については、ローカル・マニフェスト型政策推進研究会会員によるワークショップや大学生からの支援を受けている。最後の意見交換やプレゼンテーションでは、級友・仲間、市職員、商工会役員との意見交換・交流の場面が設定されている。

第三に、提案資料のマニフェスト化である。数値目標(期限、財源など)、ねらいと効果、行政・商店街・子どもなどそれぞれの立場の明確化、ハード面

とソフト面の区別、自分たちにできることなどを意識して提案資料が作成されている。

このような特色が生まれたのは、シティズンシップ教育推進ネット(NPO)、埼玉ローカル・マニフェスト推進ネットワーク(政策研究・市民活動団体)、埼玉大学教育学部(公民教育)、桶川市加納中学校との連携にある。連携には、段階があり、「情報交換」、「相互補完」、その後に、「協働」へとつながっていく。「協働」は、各組織・団体の持ち味をうまく組み合わせることによって、新しいアイディアが生まれ、改善が促進されることを目指している。そのことを通して、「シティズンシップ教育」を活性化させようとしたのである。

また、この実践の特色を支える実践上の思考ツールが提案資料のマニフェスト化である。マニフェストは、政策を具体的に示して有権者に約束をするものであり、「具体性」を高めることを通じて「実効性」を担保し、「わかりやすさ・伝わりやすさ」を実現するツールといえる。まちづくりの提案をマニフェスト化することによって「シティズンシップ教育」の効果を高めている。

第一に、「政治(政策の形成・決定)への参加」である。政策提案の部分について、マニフェストに盛り込まれる期限、数値目標、工程、財源などの要素をわかりやすくするために、5W1H(Why：目的、When：いつまで、Where：どこで、Who：誰が、What：何を、How：どうする)に置き換え提案資料を作成している。ここで、子どもたちは政策の形成プロセスに間接的に参加することになる。

第二に、「地域活動・まちづくりへの参加」である。政策提案を「自分にできること」と「自分にできないこと」の二つに分け、それぞれに5W1Hを記している。子どもたち自身が「できること」「できないこと」を明確にすることによって、住民としての自覚を意識し、地域と自分とのかかわりを考えるきっかけになっている[7]。

2.「協働」の意義

「協働」では、それぞれの組織・団体の教育資源を共有化させることによって、それぞれにとって有益な活動が可能になった。シティズンシップ教育推進ネット(NPO)は、市民・成人教育のプログラムだけではなく、成人前の学

校教育にかかわることができ、埼玉ローカル・マニフェスト推進ネットワーク(政策研究・市民活動団体)は政治教育の場にかかわり、埼玉大学教育学部(公民教育)は実践の場に教員志望の学生を参加させることができ、桶川市加納中学校は子どもが市民性・シティズンシップ教育を受ける機会を得ることができたことになる。

　しかし、実践を積み重ねるにしたがって、地域社会とのかかわりが深くなっていった。商工会の方々との意見を交流させ、商工会の方々や市職員から生徒のプレゼンに対する意見・感想を伺い、桶川市観光協会の中山道宿場館に生徒の提案作品が掲示・展示されるなど、地域社会との「協働」の萌芽を見ることができる。

　「協働」の先にあるのはコミュニティづくりであり、そこを拠点としたシティズンシップ教育である。学校と地域の関係を問い直し、シティズンシップ教育・市民性教育を実現するために「教育コミュニティ」を提唱したのが池田寛である。氏は「教育コミュニティ」について、次のように述べている。

>　「教育コミュニティ」とは、学校と地域が協働して子どもの発達と教育のことを考え、具体的な活動を展開していく仕組みや運動のことを指している。教育コミュニティづくりを進めていくのは、教師、地域住民、保護者、そして行政関係者やNPOの人びとである。これらの人びとが、「ともに頭を寄せ合い子どもたちのことを考え、いっしょに汗を流しながらさまざまな活動に取り組むこと」が教育コミュニティづくりのかたちであり、「ともに集う場」「共通の課題」「力を合わせて取り組む活動」がその基本的要素である[8]。

　このように、池田は学校で展開されている多様な活動を機縁として、地域の中に新たな人間関係のネットワークを形成することによって、「子育ての共同性」を回復しようと図っている。

　その際のキーワードが「協働」(コラボレーション)という言葉である。「協働」においては「共同作業によって新しい人間関係や教育的活動をつくっていくことを通して、お互いに変わっていく」という側面が重視されるという。「協

働」では家庭・学校・地域の相互依存性・相互関連性が強調されているのである[9]。その場合の学校教育の役割、課題とは何であろうか。池田は、学校教育の目的として、①一人ひとりの子どもの能力の開発と自己実現、②社会の発展に寄与する人材の開発、③生活人としての資質や市民的責任の遂行といった課題への対応の三つを挙げている。この三つの目的を同時に追求しなければならないが、近年の教育議論では①②の目的に焦点が当てられ、③が軽視されていると指摘している[10]。そこで、何が大切なのだろうか。

> 世界の教育改革のなかでは、……多様な文化をもった人びととともに生きていくために必要な資質や責任や問題解決能力を育成するために、「市民性」教育を学校教育の重要な課題として位置づけたり、他者やコミュニティへの貢献体験が青少年の成長・発達に起きて不可欠であるとの認識から、サービス・ラーニングをカリキュラム化する流れもあるのである。……さまざまな体験や活動、そしてコミュニティへの参加をきっかけにして、生活の中での学びを呼び起こすこと、すなわち、生活への気づき、他者への気づき、社会への気づき、環境への気づきなどを通じて、子どもがみずから大切にしたいものを見いだし、それを育んでいけるような学びを創造することが、いま求められているのである[11]。

このように、学校教育の実践的な課題として「市民性教育」「シティズンシップ教育」を提起し、そのために、「協働」を核とした「教育コミュニティづくり」を提唱した池田の教育論は傾聴に値する。「協働」の先には壮大な教育改革、学校改革とともに、社会の総合的改革への期待がある。我々の本書の試みはその端緒に過ぎない。

第4節　シティズンシップ教育実践の方向性

1. 教育実践の「漸次的転換」

シティズンシップ教育の実践化の必要性や方向性について、教育実践の改

造・改革の視点から、若干、指摘しておきたい。

　第一に、「学習観」を捉え直すことである。今までの「学び」の捉え方は、教えるべき学習内容が固定化され、「正しい事項」「歴史的事実」などは子どもたちの外側に存在するものとみなしていた。それが、我々の教科書観にも反映され、教科書の内容は正しいものという観念とその内容のすべてを獲得しなければならないという観念にとらわれていた。

　ところが、徒弟制をベースに理論化された正統的周辺参加論、社会的構成・構築論という近年の学習論によると、対話、コミュニケーション、参加、相互作用の過程こそが「学び」という考え方が主流になりつつある。その内実の特色は、下記のように整理することができる[12]。

　①人の「学び」を「知識の獲得」という個人的な営みとしてではなく、「対話」や「コミュニケーション」から生まれるもの、その時の状況や文脈とは切り離せないものとして捉えること。

　②社会や文化的な背景の中での人間同士の「対話」や「やりとり」が重視され、その人が生きている実践共同体への「参加の過程」が注目されていること。

　③「学び」とは、共同体との社会的かかわり、その共同体の中に存在する媒介物〈仲間、教師、道具、制度など〉との相互作用の中で生まれる過程とみなすこと。

　つまり、「学び」とは、人との応答の中で、これまで気づかなかった多くの知識や知恵が発見されるということである。「協働」の過程から、「学び」が成立することになる。

　第二に、これからの社会の中で個に求められる能力・資質の内実を再吟味することである。シティズンシップ教育では、知識より、価値判断、意見・意思形成、問題解決などのスキルが重視されている。本田由紀は、「近代型能力」と「ポスト近代型能力」の特徴を**表序-2**に示している[13]。シティズンシップ教育が目指す参加のための批判的思考力や判断力などの能力と「ポスト近代型能力」とは大きく変わらない。

　ポスト近代社会に求められる人間能力について、潮木守一は、おおよそ、

表序-2 「近代型能力」と「ポスト近代型能力」の比較

「近代型能力」	「ポスト近代型能力」
「基礎学力」	「生きる力」
標準性	多様性・新奇性
知識量、知的操作の速度	意欲、創造性
共通尺度で比較可能性	個別性・個性
順応性	能動性
協調性、同質性	ネットワーク形成力、交渉力

次のように説明をしている。要するに、ポスト近代社会では、対人関係を取り結びながら、言語を武器として、説得力を駆使しながら、相手との合意を形成する必要がある。ポスト近代社会の人間は、生身の他人(=顧客)に対面しながら、言語、シンボル、記号を交換し合うことになる。つまり、これからの社会では、饒舌であることを求められ、説得力、コミュニケーション能力、相手の感情を敏感に察知する能力を求められることになる。また、ポスト近代社会では、他人と対面する時、人は自分のすべてをさらけ出す。そこでは言葉ばかりでなく、その語り口、表情、容貌、人柄、風格、説得力、気迫、身のこなし、すべてがさらけ出される[14]。

　問題は、「ポスト近代型能力」をどのような方法・場面で育成できるかである。本田由紀は、「ポスト近代型能力」の形成は、本人の努力(がり勉)やノウハウとはなじまないものであり、個々の人の生来の資質か、成長する過程における日常的・持続的な環境要件・家庭環境に依存する場合が多いとも指摘している。この環境要件とは、家庭の経済的な豊かさや親の社会的地位の高さには還元しきれないものであり、家族との日常の何気ない相互作用が、この能力の形成にとって重要な役割を占めることになるとしている[15]。

　第三に、教育・学習の基本構成要素のモードを転換することである。今や旧来型の教科枠に分類された知識内容の習得ではなく、教科横断型の「コミュニケーション能力」、「説得力」、「交渉能力」、「協調性」、「ネットワーク形成力」、「さわやかさ」といった「ポスト近代型能力」の育成が社会から要請されている[16]。これらの能力を育成するためには、「教科の枠を越えた、教科横断のプロジェクト学習活動」や「学校、教室、教師、学生、教科、教科書、時間割などの従来のモード・枠組みを越えた場面」を開発する必要があろう。近代

社会からポスト近代社会への転換期では、子どもに求める能力・資質が見直されつつある。それに即して、学習・学びの枠組みの捉え直しも不可欠であろう。ただし、誰にもその先がまだ明確に見えていないのが現実ではないだろうか。

要するに、教育実践の改造・改革のためには、近代社会の教育システムが持つ硬直性を、いかにして漸次的に弾力的なものに転換できるかに、その成否がかかっており、それは予期せぬ事態が次々に生じてくる今日の世界における必須の課題といえよう。

2. 教師の指導の構え

それでは、当面、どのような実践が期待されているのだろうか。

「公共」に参画するためには、「社会規範意識」を身につけていることが前提とされ、同じ価値や規範を共有した者の集まり、空間を「公共」と捉えがちである。

しかし、本来の「公共」とは、お互い相容れない人たちが相互に折り合いをつけ、合意を形成する場と考えられる。「公共性」とは、あらかじめ明白な理念や規範として存在するものではなく、不確実な要素を含んだ状況における諸力のぶつかり合いによって生成しつつあるものといえるのではないか。

「公共世界は上から与えられるものではなく、われわれが生成させる世界」と考えられる。そこでは、個人が「異質な他者とのコミュニケーション」の中で活かされ、そのことによって「公共性」が開花されるような教育、すなわち、「活私開公」の教育を構想・実践することが期待されている[17]。

本書で紹介する実践の事例は、子どもたちが身近な地域の「公共問題」について、多様な価値観をもっている人々と「かかわり合い」ながら、いくつかの政策を練り上げ、提言している。「協働」のもとに「参加」し創出される授業の場こそが新しい「公共」の形成につながっていくのではないか。このような「自己-公共-他者」観をもとに、教育をいかに実践するかが、今求められている。

その際の教師の指導の在り方が課題になろう。「公共問題」など政治的論争

問題を題材にする教育の場合、教師のかかわり方として、三つの方法が考えられるという[18]。

①教師は自分の意見を言わず、議論の中立的なファシリテーターに徹するという方法。
②教師は教室の中の議論がバランスの取れた議論になるように、意図的に意見を述べるという方法。
③教師が自分自身の意見を問題提起として述べ、教室の議論を活性化させるという方法。

この三つの中のどれか一つに偏るのではなく、それぞれをうまく組み合わせることが必要だという。

公共問題や政治的な論争問題を扱う教育の場合、「正解」「正答」があるとは限らない。専門家や科学者の間で意見の対立もある。教室の中で、論争問題を議論する際に、教師も子どもたちも、お互いに対等の異質な他者として対応することである。①主体として、仲間を含めつつ他者という視点を組み入れ、②議論する中で、③お互いの価値観や考え方を変容させながら、④合意を生成していく構えが求められよう。ただし、教師は、論争問題の争点を分かりやすくコーディネートする必要がある。公共問題をさまざまな異質の他者との応答や協働経験を繰り返すことによって、「公共性」が生成されるのではないか。そこに、シティズンシップ教育の実践の可能性があるのではないか。

注

1　文部科学省編『文部科学時報』5月臨時増刊号(第1525号)、ぎょうせい、2003年。
2　小玉重夫「情報リテラシーとシティズンシップ」『情報を判断する力　立教大学学校・社会教育講座司書課程主催連続公開講座記録』2013年、78頁。また、公共哲学の立場からの山脇直司『公共哲学とは何か』(筑摩書房、2004年)も参照。
3　齋藤純一『公共性』(岩波書店、2000年)の「はじめに」による。
4　経済産業省・委託先：株式会社三菱総合研究所『シティズンシップ教育と経済社会での人々の活躍についての研究会　報告書』、2006年3月。

5　内閣府の http://www8.cao.go.jp/youth/wakugumi.html より。
6　総務省の http://www.soumu.go.jp/menu_news/s-news/01gyosei15_02000033.html より。なお、我が国におけるシティズンシップ教育の近年の政策的な動向については、前掲の小玉氏の講演記録に負うところが大きい。
7　大友秀明・桐谷正信・西尾真治・宮澤好春「市民社会組織との協働によるシティズンシップ教育の実践」『埼玉大学教育学部附属教育実践総合センター紀要』(6号、2007年)および桐谷正信・西尾真治・宮澤好春「マニフェスト型思考を用いたシティズンシップ教育の実践」(同紀要7号、2008年)による。
8　池田寛『人権教育の未来―教育コミュニティの形成と学校改革―』解放出版社、2005年、11-12頁。
9　志水宏吉『学力を育てる』岩波書店、2005年、191-193頁。
10　池田寛、前掲書8、126-127頁。
11　同上書、135頁。
12　美馬のゆり・山内祐平『「未来の学び」をデザインする―空間・活動・共同体―』(東京大学出版会、2005年)の内容からまとめ、整理した。
13　本田由紀『多元化する「能力」と日本社会―ハイパー・メリトクラシー化のなかで―』NTT出版、2005年、22頁。
14　潮木守一『転換期を読み解く』東信堂、2009年、97頁。
15　本田由紀、前掲書13、23-24頁。
16　潮木守一、前掲書14、116-117頁。
17　山脇直司『社会とどうかかわるか―公共哲学からのヒント―』岩波書店、2008年、同『グローカル公共哲学―「活私開公」のヴィジョンのために―』東京大学出版会、2008年。
18　小玉重夫「シティズンシップ教育再入門―市民教育に求められる教師の指導性―」全国高校生指導研究協議会編『高校生活指導』第194号、教育実務センター、2012年8月、56-57頁。

付記

なお、本章は、以下の論文の一部を加筆修正し、再構成したものである。
・大友秀明・大久保正弘・原口和徳「シティズンシップ教育の意義と可能性」『埼玉大学教育学部附属教育実践総合センター紀要』第7号、2008年。
・大友秀明「シティズンシップ教育と社会参画」『階』帝国書院、2009年3月。
・大友秀明「社会科教育における『文化学習』の意義と可能性」『埼玉大学紀要教育学部』第63巻第1号、2014年。

第Ⅰ部
授業実践の事例分析

第1章　小学校における「交通まちづくり」学習　　　　　　　　桐谷　正信

第2章　中学校における「桶川市東口再開発」の授業　　　　　　宮澤　好春

第3章　中学校における「震災」の授業実践　　　　　清水　利浩・大友　秀明

第4章　中学校における「模擬裁判」の授業実践　　　　二瓶　剛・大友　秀明

第5章　高等学校における「政策づくり」の授業実践　　　　　　華井　裕隆

第6章　高等学校における「政策えらび」の授業実践　　　　　　華井　裕隆

第7章　成人教育におけるワークショップ・参加型の学習プログラム
　　　　　　　　　　　　　　　　　　　　　　　　　　　　　西尾　真治

第Ⅰ部 解題

　第Ⅰ部では、協働によるシティズンシップ教育の実践事例を取り上げ、その特質を分析している。取り上げた実践は、小学校、中学校、高等学校、成人教育にまで及んでいる。また、取り上げた題材は、地域の交通問題や、バリアフリー問題、防災、模擬裁判、環境問題、待機児童問題、地域活性化、エネルギー政策、公共施設老朽化問題など多岐にわたっている。

　第1章では、モビリティ・マネジメント教育として実践された埼玉県内の小学校4校での5つの「交通まちづくり学習」の実践を取り上げている。地域の交通問題の改善案を考え、行政や専門家に提案する社会参加学習、高速道路無料化政策について模擬閣議で議論する合意形成学習、日本の貨物輸送のモーダルシフトを考えるアクティビティ型の授業など、交通を題材に、社会の一員として社会の在り方を考え、社会参加するシティズンシップ教育が提案されている。

　第2章では、本書で提案されているシティズンシップ教育実践の原型となる実践が取り上げられている。桶川市立加納中学校で展開されたマニフェスト型思考を活用した「まちづくり」学習の実践である。本実践は「社会参加力」の育成を目標に、公立中学校と市民社会組織、埼玉大学の社会科教育学研究室とが「協働」して授業を開発・実践した先駆的な実践であり、注目を集めた実践である。

　第3章では、埼玉大学教育学部附属中学校における「震災」を題材としたシティズンシップ教育実践が取り上げられている。東日本大震災の様子を振り返り、行政や市民社会組織からのレクチャーを受け、災害時に避難所において積極的に復興支援に関わっていく自助・共助・公助のあり方を考えた実践である。

　第4章では、埼玉大学教育学部附属中学校における法曹三者(裁判官、検察官、弁護士)との「協働」による模擬裁判の実践を取り上げられている。弁護士との「協働」による模擬裁判の実践は数多く報告されているが、法曹三者(裁判官、検察官、弁護士)を同時に授業に呼び込んだ裁判員裁判の模擬授業実践はほとんど報告されていない。法的見方・考え方の多様性にも気づける実践である。

　第5章では、埼玉県立浦和第一女子高等学校における公民科「現代社会」でのさいたま市の「政策づくり」の実践が取り上げられている。生徒がさいたま市の問題(社会的課題)を見つけ、改善策を考え、さいたま市に提案したり、市役所職員を迎えての発表会を行うなど、生徒自らが「政策づくり」に参加する実践である。

　第6章では、埼玉県立浦和第一女子高等学校における公民科「現代社会」での「政策えらび」の授業実践が取り上げられている。第5章の実践に比べると、有権者としての資質・能力の育成に重点をおいた実践である。原発問題を題材として日本のエネルギー政策を選択することを通して、政策的思考(政策評価能力、政策判断能力)を育成する実践である。

　第7章では、第6章までとは異なり成人教育におけるシティズンシップ教育の実践が取り上げられている。シティズンシップ教育は、学校教育の中だけの話ではない。社会の主体的形成者として不断の学びが必要である。さいたま市の公共施設老朽化問題を前提に学校の複合化に関するワークショップの実践である。

第1章

小学校における「交通まちづくり」学習
―― モビリティ・マネージメント教育と社会参加 ――

桐谷　正信

第1節　はじめに

　さまざまな社会問題が山積し、それらが表出している現在の社会を表現するならば、「正解が存在しない諸問題が氾濫している社会」ということになろう。環境問題や3・11以降の復興や防災対策のための議論の混迷や遅れ、社会保障制度改革、少子高齢化や人口減少問題など数え上げれば枚挙に遑(いとま)がない。これらの社会問題に対しては、多くの人々が解決策や改善策を考案し、種々の試みがなされているが、効果的な統一解であるいわゆる「正解」は提示されてはない。それは、これらの諸問題が、我々の社会的行為の集積の結果、あるいは集積に大きな影響を受けて生じた問題であるため、個別の解決策・改善案はすべて正解であると同時に、根本的な解決には至らないのである。このような社会問題は、「社会的ジレンマ」構造を有した問題である。社会的ジレンマとは、「長期的には公共的な利益を低下させてしまうものの短期的な私的利益の増進に寄与する行為(非協力行動)か、短期的な私的利益は低下してしまうものの長期的には公共的な利益の増進に寄与する行為(協力行動)のいずれかを選択しなければならない社会状況」[1]である。例えば、多くの人々がより便利で快適な生活を目指してエアコンや自動車を自由にそして過度に使用すれば、大気中に大量の温室効果ガスが排出され、大気中の温暖化ガス濃度が増加し、地球温暖化が進行する。現在世代の短期的な私的利益は増進

するが、その結果、後世世代（我々の子や孫以降の世代）の地球環境、すなわち長期的な公共の利益の悪化は深刻なものになってしまう。つまり、環境問題は世代間の社会的ジレンマ問題なのである。

このような環境や都市に関する社会的ジレンマの解決を、交通の在り方の転換によって志向しようとする取組として、「モビリティ・マネジメント（Mobility Management、以下MM）」がある。土木学や社会工学において盛んに用いられている概念である。藤井聡や唐木清志らは、このMMを「地域の公的な問題である種々の交通問題を解消するにあたって、インフラ整備や法律・制度の改善といった物理的制度的環境を整備するのではなく、地域の一人ひとりの『公民的資質』に働きかけ、一人ひとりの主体的な『協力的』(cooperative)な行動を期待する」[2]ものと、社会科教育的文脈において捉えている。その上で、このMMにもとづいて学校で展開される教育を「モビリティ・マネジメント教育（以下、MM教育）」と呼び、公民的資質の育成を目的とする社会科教育の中で展開されるシティズンシップ教育の一アプローチとして位置づけている[3]。

MM教育は、2003年頃から実践が展開され始め、徐々に広がってきているが、そのほとんどが総合的な学習の時間における展開であり、その他は総合的な学習の時間を中心に、社会科や理科と連携した実践である。MM教育の提唱者である藤井聡も、MM教育導入期は総合的な学習の時間で実践が展開されることを構想していた[4]。例えば、MM教育の先駆的実践として名高い神奈川県秦野市の小学校13校での実践[5]や、静岡県富士市立富士南小学校[6]、茨城県ひたちなか市立那珂湊第二小学校[7]、北海道石狩郡当別町立弁華小学校の実践[8]などは、総合的な学習の時間で展開された事例である。大阪府豊中市立東泉丘小学校や和泉市立北松尾小学校での実践は、総合的な学習の時間を中心に理科や社会科に関連させた事例である[9]。

社会科単体での実践は、北海道札幌市立平岡公園小学校[10]や、筑波大学附属小学校[11]、埼玉県草加市立川柳小学校の実践[12]などがある。MM教育が上記のように社会科教育におけるシティズンシップ教育を中心に展開が期待されている教育であるにもかかわらず、総合的な学習の時間での実践に比して

社会科単体での実践は少ない。

　また、MM教育に関する研究では、MM教育のプログラムを実施した後の、プログラム評価[13]やそれに伴う子どもの心理過程の分析[14]が多くなされている。これらの研究は、土木学や社会心理学の範疇においてMMの効果研究として展開されている。MMは、コミュニケーション行為として、行動変容を促すことをその特徴としている[15]ため、その効果研究に焦点が当てられるのは当然である。しかしながら、社会科教育研究としてMM教育実践を分析している研究は、筑波大学附属小学校での実践を分析した唐木清志の研究[16]と、自身が開発した実践を開発の経緯を含め分析した市川武史の研究[17]があるだけである。MM教育が社会科のシティズンシップ教育ないしは社会参加学習として展開されることの意義や可能性については多く指摘されている[18]が、社会科教育実践としてのMM教育の特質を明らかにした研究はまだない。そこで、本章では、社会科教育として実践されたMM教育実践の比較を通して、社会科教育としてのMM教育の特質、すなわち共通性や相違性を明らかにする。

　しかし、先行実践である北海道札幌市立平岡公園小学校の実践は、プログラム評価の研究として分析されているため[19]、実践の詳細が不明であり、実践を十分に分析することは難しい。筑波大学附属小学校の実践は、地下鉄東京メトロ東西線の通勤ラッシュ緩和策を考え提案する実践であり[20]、MM教育といえるものの、時差出勤を推奨するキャンペーンの促進案を考えるため、環境負荷や自動車の渋滞解消などの視点が十分とはいえない。ゆえに、本章では、埼玉県内の小学校で社会科として実践された五つのMM教育を分析する。

第2節　MM教育の理論と方法

1. 社会ジレンマの解決を志向するMM

　MMは、土木学では「ひとり一人のモビリティ（移動）が、社会的にも個人的にも望ましい方向（例えば、過度な自動車利用から公共交通・自転車などを適切に利

用する方向)に自発的に変化することを促す、コミュニケーションを中心とした交通政策」[21]と定義される。そしてこの定義は具体的に、以下のように事例を挙げて説明される。「自家用車、すなわち『クルマ』はとても便利な乗り物である。しかし、これを万人が過度に利用すると渋滞が生じ、地球温暖化ガスが大量に排出される一方、公共交通には誰も乗らなくなくなり、その結果、地域から公共交通がなくなってしまう事態が招かれてしまう。すなわち、人々が過度にクルマを利用するという『非協力行動』をとり続けると、社会全体の豊かさが低減していくという社会的ジレンマ構造が存在しているのである。一方で、例えば、公共交通を利用することは、利便性の点から言ってクルマ利用よりは少々劣るものの、環境や地域公共交通維持の点から言って望ましい『協力的な行動』なのである。」[22]

このようにMMは、「非協力行動」と「協力行動」の相剋として立ち現れている社会的ジレンマ問題を対象とする。社会的ジレンマにおける「非協力行動」と「協力行動」は、時間軸を内包した概念である。MMにおいて重要なテーマとして扱われる環境問題は、まさに時間軸を内包した社会的ジレンマである。藤井聡は図1-1のように時間軸と社会的距離によって配慮される利益範囲で社会的ジレンマを説明している。

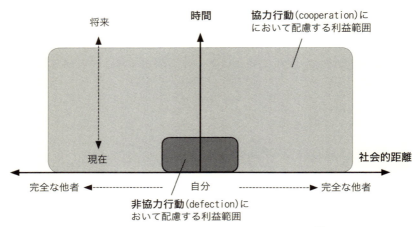

図1-1 協力行動と非協力行動で配慮される利益集団[23]

非協力行動を行う人々は、図1-1における原点付近の狭い領域(網掛けの濃い部分)の利益しか配慮していない。一方、協力行動を行う人々は、自身の関与が薄いより広い領域(網掛けの薄い部分)の利益にも配慮しており、その配慮は多くの他者の利益に及ぶ。そして、現在や短期的な利益だけでなく長期の利益にも配慮している。MMは、このように時間軸と社会的距離の両者において、より広い範囲の領域での利益を配慮することを求めることになる。

　社会的ジレンマの解決のためには、人々の協力行動の範囲を広げることが必要であるが、そのための方略として「構造的方略」と「心理的方略」の二つが考えられる。構造的方略は「法的規制により非協力行動を禁止する、非協力行動の個人利益を軽減させる、協力行動の個人的利益を増大させる等の方略により、社会的ジレンマを創出している社会構造そのものを変革する」方略であり、心理的方略は「個人の行動を規定している、信念(belief)、態度(attitude)、責任感(ascribed responsibility)、信頼(trust)、道徳心(moral obligation)、良心(conscience)等の個人的な心理的要因に直接働きかけることで、社会構造を変換しないままに、自発的協力行動を誘発する」方略である[24]。MMは、その定義から分かるように心理的方略を中心に社会的ジレンマの解決を目指すものである。

2. 社会科におけるMM教育の理論と方法

　MM教育は、これまで述べてきたMMの考え方にもとづき、「一人ひとりの移動手段や社会全体の交通を『人や社会、環境にやさしい』という観点から見直し、改善していくために自発的な行動を取れるような人間を育てることを目指した教育活動」[25]と定義される。そして、以下の二点を目的とする教育である[26]。

　①普段の行動が地域の交通状況に良質／悪質な影響を及ぼしていることを理解する。
　②地域の交通状況を改善するために一人ひとりができることを考え、その内容を具体的に実施していこうとする。

　利便性の追求のみによって移動手段を選択するのではなく、目的や距離な

どから、環境や地域交通の公共性に配慮した移動手段を主体的に選択する力を育むことが目的とされるのである。

　MM教育の実践は、「地域の公共交通」「クルマ社会」「交通まちづくり」「モノの流れ」の四つのテーマから構成されている[27]。この四つのテーマは、総合的な学習の時間や理科や家庭科、クラブ活動、修学旅行や遠足などの課外授業を含めたMM教育全体のテーマである。教科や授業に即してこの四つのどれかに適合する実践が展開されることが構想されている。総合的な学習の時間で展開されているMM教育の多くは、クルマの環境負荷に関する調査やデータをもとに、個人的利便性から移動手段を選択するのではなく、なるべく公共交通などを利用する交通選択をすることを学ぶ「地域の公共交通」もしくは「クルマ社会」をテーマにしている。これらの実践は、個人の交通選択の改善にコミュニケーションを通して働きかける心理的方略を授業原理としている実践であり、個人の心理や行動選択に還元する学習である。MMをそのまま学校教育の中で展開した実践である。

　しかし、社会科におけるMM教育では、心理的方略だけでなく、構造的方略も含めて考える必要がある。なぜなら、社会科は、社会認識を通して公民的資質を育成する教科であり、社会の構造を理解し、より望ましい社会への変革への志向を育てることを目標としているからである。協力行動を引き出すための構造的方略への傾斜がより強いことが、総合的な学習の時間や理科や家庭科などでのMM教育と大きく異なる点である。

第3節　小学校社会科におけるMM教育実践

1. 事例1：「交通渋滞を考えよう」①

　本章では埼玉県内で展開された五つのMM教育実践の概要を整理する。
　最初の事例は、小学校6年生で実践された、地域の交通渋滞の解消策を考え社会に提案した実践[28]である。埼玉県草加市内の県道の交通渋滞緩和を目的とし、市内の鉄道・主要道路・バス・河川などの在り方を考えることを

通した「交通まちづくり学習」である。

実践校：埼玉県草加市立川柳小学校　第6学年
実践期間：2011年2〜3月：全8時間
実践者：市川武史教諭

　本実践は、草加市内を南北の走る県道足立越谷線の交通渋滞の解消策を考えることを通して草加市のまちづくりを追求した実践である。学習対象である県道足立越谷線は、国道4号線と東武鉄道伊勢崎線と綾瀬川と平行に走っており、交通渋滞の激しい道路である。子どもたちは日常生活でも交通渋滞を体験しており、子どもたちにも問題の切実性は高く認識されていた。地域の歴史や他地域の成功事例などの調査をもとに、自分たちの渋滞削減プランを、東武バス、消防署、警察の人々に提案した実践である。本実践の単元の展開は表1-1の通りである。

表1-1　「交通渋滞を考えよう」①の単元展開

	学習活動・学習内容
1	①クイズ「草加博士はだれだ！」を行う。 ②草加市の白地図の着色作業を行い、草加市の交通の特徴に気づく。 ③草加市の道路を撮影した写真から、交通量が多いことを読み取る。
2	①草加市内の道路の映像を見て、交通量について気づいたことを発表する。②運転席からの映像を見て、渋滞を体感し、渋滞の意味を理解する。③渋滞の影響を出し合う。 【社会的な不利益】 ・救急隊や消防隊は出動に困っている・仕事に行く人は困っている ・バスが予定通り運行できなくて困っている・警察は事故が増えて困っている 【個人的な不利益】 ・病院の約束の時間に間に合わない・習い事の送迎に遅れる・旅行先でイライラしたことがある
3-4	①草加市で渋滞が発生する理由を調べる。②県道足立越谷線の特徴や問題点を出し合う。 ・市の中央を南北に走ること・トラックの交通量が多いこと・東武鉄道伊勢崎線、綾瀬川が並行していること
5-7	①テーマごと解決策の案を考える際に必要な情報を集め、調べる。 ・各グループから出された疑問 ②テーマごと別れたグループで話し合い、解決策案をまとめていく。 ・舟運の活用グループ・貨物列車の活用グループ・バスの活用グループ・道路構造の工夫グループ・レンタサイクルの活用グループ ③案をまとめ、発表の準備を行う。
8	①ゲストに「渋滞削減プラン6-3」提案発表会を行う。 　ゲスト：草加消防本部救急隊員2名、東武バス草加営業事務所社員2名、埼玉県警察本部警察官3名、PTA会長

グループで解決策を考える

「渋滞削減プラン6-3」提案発表会

2. 事例2:「交通渋滞を考えよう」②

二つ目の事例は、小学校4年生で実践された、地域の交通渋滞の解消策を考えた実践である。

実 践 校:埼玉県草加市立川柳小学校　第4学年

実践期間:2011年11〜12月:全11時間

実 践 者:市川武史教諭

本実践は、事例1と同学校で同教諭によって実践されたものであり、その実践理論は共通している。交通上の問題、すなわち県道足立越谷線の交通渋

滞を、自分たちの命を守ってくれる救急隊の立場から見つめ、自分たちの問題として再認識するところを出発点とし、草加市をどういうまちとしていくのか、そして自分たちが一市民として何ができるのかを考える実践である。救急隊は市民の命を守る仕事であり、市民はそのサービスを享受する立場にある。渋滞の問題は、自分たちの利便性や欲求のために使用しているクルマの過度な走行により発生する交通量の増加によって、緊急時に自分たちの命が守られなくなる社会的ジレンマの解決を志向した実践である。本実践の単元の展開は**表**1-2の通りである。

表1-2「交通渋滞を考えよう」②の単元展開

	学習活動・学習内容
0	①救急救命講習を受けよう。 【講師を呼んで講習会を受ける】 ・心肺蘇生法・AEDの使用方法 【生命を救うために必要なことを知る】 ・適切な処置が大事なこと ・1秒でも素早し対応が必要であること
1	①講習会の感想を発表する。 ②救急隊の人たちは、救急車で現場へ向かう時、どんなことに気をつけているかをインタビューのVTRで知る。 ③グラフから、「命が助かる可能性」と「経過した時間」の関係をつかむ。 ④再度インタビューVTRを視聴し、時間帯によって到着にかかる時間に違いがあることをつかむ。 ⑤ジレンマの仕組みを理解する。 ⑥今日の授業で分かったことと感想をワークシートにまとめる。
2	①草加市の道路の様子を撮影したVTRを視聴する。 ②草加市の地図を読み取る。 ③草加市の道路で渋滞が多い理由について、教師から話を聞く。 ④日常生活とクルマとのかかわりについて話し合う。
3	①全体で、どんなアイディアがあるか話し合う。 ②グループで班になって、意見を交流し合う。 ③各自調べたいテーマを決める。
4-6	①共通のテーマでグルーピングをし、意見を練り上げる。 ②必要に応じて調べる活動を行う。 ③標語を作る。 ④発表準備をする。
7-11	①CM作りでまとめることを知る。 ②CMの流れを話し合う。 ③撮影を行う。 ④上映会をする。

注) 0時の時間は、総合的な学習の時間を活用している

3. 事例3：交通バリアフリー教育

三つ目の事例は、小学校6年生で実践された、交通バリアフリー教育の実践である。

実 践 校：埼玉県吉川市立中曽根小学校　第6学年

実践期間：2012年1〜2月：全8時間

実 践 者：浜口梢教諭

本実践は、自動車を自由に利用できず、移動を公共交通に頼らざるをえない高齢者や子どもといった「交通弱者」の存在から、学区内に新設されたJR武蔵野線の新駅「吉川美南駅」周辺の新たなバス路線を教材に、地域の公共交

市民カードを使って交通弱者について考える

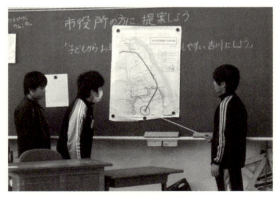

吉川市交通まちづくり提案発表会

通の在り方(新しいバス路線の作成や、バス車両の工夫など)を追求した「交通バリアフリー教育」の実践である。本実践の単元の展開は**表1-3**の通りである。

表1-3 「交通バリアフリー教育」の単元展開

	学習活動・学習内容(主な活動)
1	①移動の仕方を見直す。 ・自分たちの日常の移動手段はクルマに依存し、バス利用の人数が極端に少ない。 ・吉川市の交通は、鉄道路線が南端にしかい。 ・それ以外はバス路線があるがかたよりがあること。 ②クルマ移動がこのまま増え続けるとどうなるかを考える。 ・クルマの排気ガスに含まれる温室効果ガスにより、環境に負荷をかけすぎる。 ・公共交通機関の利用数が減少傾向にあり、衰退につながる恐れがある。
2-3	③市民カードを使って、どんな交通手段が選べるかを考える。 ・年齢・免許の有無、健康状態・生活環境(公共交通機関からの距離)、どんな時にどこへ行くかなどが、交通手段を選ぶ時の条件になる。 ・いつでも誰でもクルマを利用できるわけではないこと。 ④大熊猫市(架空の市)を例に、交通に不便を感じている人の状況を考える。 ・駅やバス停までの距離 ・交通弱者になってしまう人たちの状況
4	⑤バスの工夫を知る。 ・安全に利用者を運ぶために気をつけていること。 ・利用者のことを考えてデザインされた車内・車外の工夫。
5	⑥交通まちづくりの視点を知る。 ・だれに対しての工夫か(視覚障害者・子ども・お年寄り・車いす利用者・妊婦など) ・道路の段差や傾斜、駅構内の構造、乗り物の工夫など ⑦吉川市について見直し、意見を出し合う。 ・利用したい人がいる地域にバス路線が通っていない。 ・渋滞の起こる道路を何とかして、バスを定時運行できるようにしたい。 ・歩道で段差が大きすぎて、お年寄りや小さな子が歩きにくいところがある。
6	⑧交通まちづくりのアイディアを練る。 ・バス路線を作成するグループ ・バス路線をPRするグループ ・バス停の工夫を考えるグループ ・バス車両の工夫を考えるグループ ・道路を変えるグループ
7	⑨提案の準備をする。
8	⑩市役所の方に、吉川市交通まちづくりの提案をする。 ・吉川市役所　政策室担当者1名

注) 本実践は、新駅「吉川美南駅」の建設中に行われた実践である

4. 事例4：高速道路無料化政策について考えよう

四つ目の事例は、小学校6年生で実践された、高速道路無料化政策について討論する実践である。

実 践 校：埼玉県越谷市立大沢北小学校　第6学年
実践期間：2011年11〜12月：全7時間
実 践 者：赤塚みゆき教諭

　本実践は、「高速道路無料化政策」という国策について具体的に調べ、自分たちで議論をすることによって、政治の仕組みの理解を深めていく実践である。民主党政権下で実験的に進められていた高速道路無料化政策は、2011年3月11日の東日本大震災の影響により一時凍結され、東北の復興のための無料化政策が推進されていた。物流コストの低下や移動圏の拡大、経済の活性化などのメリットと、二酸化炭素排出量増加による環境負荷や渋滞の増大などのデメリットを社会的ジレンマとして考えると同時に、東日本大震災の復興という要素も考慮し、閣僚としての政策提案を模擬的に行った実践である。本実践の単元の展開は**表1-4**の通りである。

表1-4　高速道路無料化政策について

	学習活動・学習内容
1	①26,600円で何がしたいか、できるか考える。 ②26,600円が越谷からユニバーサルスタジオジャパンまで高速道路を使って行くために必要な金額であることを知る。 ③高速道路無料化政策の概要を知る。 ④高速道路無料化政策によってどんないいことがあると思うか、予想する。
2	①ミニカーを並べてつくった模擬渋滞から、渋滞を体感する。 ②高速道路休日1,000円割引が行われた時のニュース映像から、渋滞の状況を確認する。 ③高速道路を無料化することによって起きるデメリットについて調べる。 　・CO_2の増加 　・渋滞による影響 ④1、2時の内容から、自分が高速道路無料化に対してどういう立場なのか、1回目の意思決定を行う。 ⑤学習問題を作る。
3	①前時に決めた自分の立場を確認し、調べることを決める。 ②資料を調べる。 ③調べた資料を、次時の話し合いに生かすことができるようにまとめる。 ④次時は調べた資料をもとに話し合いをし、さらに理解を深めていくことを伝える。
4	①前時に調べた資料と、自分の話し合いの材料を確認する。 ②高速道路無料化政策についての話し合いを行う。 ③話し合ったことをもとに、自分の立場をもう一度考え、意思決定をする。
5-6	①グループの確認をし、本時では閣議提案をするための準備をすることを知らせる。 ②グループごとに資料を調べたり、話し合いをしたりし、閣議提案のための準備をする。
7	①閣議提案を行う。

5. 事例5：貨物輸送と地球温暖化

五つ目の事例は、小学校5年生で実践された、日本の物流のモーダルシフトについて考える実践である。

実 践 校：埼玉大学教育学部附属小学校　第5学年
実践期間：2011年2月：全3時間
実 践 者：樋口智彦(埼玉大学教育学部学生)

本実践は、交通問題を通して子どもの環境認識の変容を促す実践である[29]。トラック輸送に依存している日本の運輸のモーダルシフト(トラックによる輸送から船・鉄道による輸送に転換すること)について考究することで、環境に配慮した物流の在り方について考える実践である。「物流」という視点から環境について考え、特に貨物輸送に焦点を当て、貨物輸送におけるCO_2排出量を削減していくためにどのようなことが必要なのかを考えた。本実践の単元の展開は表1-5の通りである。

表1-5 貨物輸送と地球温暖化の単元展開

	学習活動・学習内容
1	①トラックによるCO_2排出量の問題があることを調べ、学習問題を考える。 ・貨物輸送において、トラックが使われていること ・トラックにおけるCO_2排出量の問題 ②トラックの輸送の効率化のシミュレーションを通して、走行量が減少していることを体感的に学習する。 ・トラック輸送の効率化 　運送会社のトラックで荷物を配送することや、1台のトラックにより多くの荷物を積んで運ぶこと、複数の荷主による荷物を共同して配送し、トラックの走行量を減少させること ・トラック輸送の効率化により、トラックの走行量が減り、CO_2排出量も減ること
2	①トラック・船・鉄道・飛行機それぞれの輸送におけるCO_2排出量を計算し、船・鉄道による輸送はCO_2排出量が少ないことを学習する。 ・トラック・船・鉄道・飛行機それぞれの輸送におけるCO_2排出量 ・モーダルシフト
3	①モーダルシフトの問題点についてまとめる。 ・モーダルシフトが進んでいないこと ・モーダルシフトは時間がかかること ・モーダルシフトは積み替えが大変なこと ②貨物輸送におけるCO_2排出量を減らしていくために、どの輸送手段を使うべきかを理由や根拠を明確にしながら考え、表現しようとし、友達の考えを聞いた上で改めて考え、結論を出す。 ・貨物輸送におけるCO_2排出量を減らしていくために必要なこと

トラック輸送効率化のシミュレーション

モーダルシフトについて考える

第4節 「交通まちづくり」を中核とする社会科におけるMM教育

　以上、埼玉県内の小学校で社会科として実践された五つのMM教育の概要についてみてきた。この五つの事例を、先述のMM教育の四つのテーマに即して整理すると以下の**表1-6**のようになる。

表1-6　社会科MM教育実践と四テーマの関連性

	地域の公共交通	クルマ社会	交通まちづくり	モノの流れ
事例1：「交通渋滞を考えよう」①				
事例2：「交通渋滞を考えよう」②				
事例3：交通バリアフリー教育				
事例4：高速道路無料化政策について考えよう				
事例5：貨物輸送と地球温暖化				

　MM教育の四つのテーマは、それぞれが単体で授業実践を構成し得るものであるが、社会科において実践する場合には、中核テーマとサブテーマが重なり合うように含まれることで授業が展開されることになる。表1-6では、それぞれの実践事例において四つのテーマがどのように含まれているかを四段階で示した。授業の中核テーマを■とした。次に、サブテーマを内包され

る割合で二段階に分けた。サブテーマとしてより関連しているテーマを■とし、関連はしているがそれほど強く関連していないテーマを▨とした。ほとんど関連していないテーマは□とした。

　このように整理すると、社会科におけるMM教育は、「交通まちづくり」と「モノの流れ」のどちらかを中核テーマとしており、「交通まちづくり」が最も多かった。「クルマ社会」は、すべての事例で濃淡はありながらもサブテーマとして取り上げられている。「地域の公共交通」を中核テーマとした事例はなかった。親和性が高い傾向にあるテーマは、「交通まちづくり」と「地域の公共交通」の組み合わせと、「クルマ社会」と「モノの流れ」の組み合わせである。また、事例別にみてみると、「交通まちづくり」を中核テーマとする事例1と2はすべてのテーマが内包されており、事例3も三つのテーマが内包されている。これらのことから、「交通まちづくり」を中核テーマにすることで、より多くのテーマを内包する授業が構想・展開し得ることがわかる。

　表1-6では示されないが、MM教育において重要なファクターである環境負荷については、事例によって扱いに濃淡がある。事例2と3では、「クルマ社会」の問題として導入段階で扱われているだけであり、社会的ジレンマの中心課題とはなっていない。しかし、事例3は、「交通弱者」の存在から「交通まちづくり」学習が展開される可能性を拓いた実践である。一方、事例1、4、5では、社会的ジレンマの中心課題として大きく扱われている。つまり、環境負荷はMM教育における大きな社会的ジレンマであるが、それを前提に、それとかかわらせながらも、さまざまな社会的ジレンマを扱い得ることができるのである。

　次に、社会参加と対象地域の広がりから、五つの実践を整理すると、以下の図1-2になる。

　この図の縦軸は社会参加の度合いを示している。直接的に参加したか、模擬的に参加したかで参加の度合いを示した。MM教育で育成されるモビリティ・マネジメント力は「公的かつ社会的な活動に私たち一人ひとりが参画することの重要性を認識し、自らも主体的に関与・参画し、貢献する能力」[30]と定義されている。つまり、MM教育は、交通を基軸にして社会参加を志向す

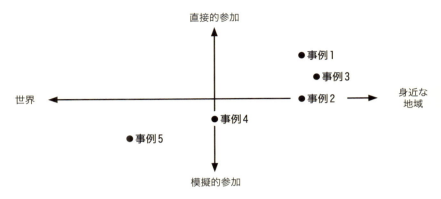

図1-2 社会科MM教育実践の社会参加と対象地域の相関

る教育として構想されているのである。唐木も、社会参加学習としてのMM教育の展開を提唱している[31]。横軸は対象範囲の広がり意味している。子どもたちが学習する地域的広がりを「身近な地域」から「世界」までの広がり中で整理した。

「交通まちづくり」を中核テーマとする事例1、3は、直接的な社会参加の度合いは高い[32]。特に事例1と3は、行政関係者や警察、消防、バス会社などへのまちづくり提案を行っており、社会参加の度合いは極めて高いといえる。また、事例2は、救命救急における救命率向上のためのCM作成を行い、保護者を交えた上映会を行っている。社会参加は事例1、3に比して高いとはいえないが、社会的ジレンマの解決に心理的方略を用いた実践である。一方で、「モノの流れ」や「クルマ社会」を中核テーマとした事例4、5は直接的な社会参加を行っていない。学習の対象地域が、身近な地域から日本という国家や世界レベルの範囲に拡大すると、直接的な社会参加は難しくなる。そのため、藤原孝章は、MM教育の学習形態としても参加型学習を提案[33]する。社会参加学習の学習形態として直接的な社会参加だけでなく、模擬的な社会参加である「フォトランゲージ、ゲーム、ロールプレイ、ランキングなど活動的な手法を用いて、ともに学び合い、問題解決のためによりよい社会を作っていこうとする参加型学習」[34]の有効性を提起している。事例5は、環境負荷の軽減からモーダルシフトの必要性を認識する授業であったが、事例

4は、模擬閣議を設定して、高速道路無料化にかかわる社会的ジレンマの解消を目指した政策提案を行っている。これは、藤原の提案する参加型学習によるMM教育実践である。

　社会参加の度合いと学習する地域の範囲の相関についてみてきたが、学習する地域の範囲によって社会参加の度合いが規定されることが明確になった。MM教育で扱う社会的ジレンマはさまざまな範囲の問題がある。身近な地域や市町村、都道府県、国家、世界規模で考えなければならない問題である。また、それらの地域を跨った問題として扱う必要も大いにある。対象地域が広がることによって社会参加が難しくなるが、参加型学習を用いることで、さまざまな範囲の社会的ジレンマを扱うMM教育を展開することができるであろう。

　上記のように、社会科におけるMM教育実践の特質を、四つのテーマの重なり、社会参加の度合いと対象地域の広がりの相関から検討してきた。MMやMM教育の定義、MM教育の能力観、公民的資質の育成を目指す社会科の特性を考慮すると、社会科におけるMM教育は、「交通まちづくり」を中核テーマとすることが効果的である。他の三つのテーマを内包することが容易である上に、MM教育で育成を目指している能力である社会参加の学習が展開することが可能だからである。国家や世界レベルのMM教育も、「交通まちづくり」における「まち」の範囲を広げていくことで、実践が可能になる。なぜなら、社会科におけるMM教育は、規模を問わず、交通にかかわる社会的ジレンマの解決を通して、よりよい「まちづくり」を考究、参加する教育だからである。「中心市街地の衰退、公共交通企業の劣化、社会的排除といった地域の問題を解決するシナリオを描き出すため」[35]に、交通計画を策定し実施していくことの重要性が認識され始めている。そこでの「まちづくり」は、市民参加による「まちづくり」である。それは、「まちづくり」は行政や専門家に任せるべきであり、市民が関与することではないというこれまでの認識から、「個人の自己実現を超えて『まち』という社会的共通資産を、地域社会が力を合わせて創り上げよう」[36]という認識へと転換されてきたことによる。市民である我々が、「まち」を「つくる」主体であることを自覚してきたといえる。

「交通まちづくり」は、「まちを一つの『有機体』とみなす立場に立ち、当該の『まち』に関わる人々が、自分自身もその『まち』の構成要素の一つなのだという認識を携えつつ、その『有機体』としての『まち』をより健全なものとすべく、よその『まち』や『地域』『国』などのより包括的な『有機体』の健全性に配慮を払いつつ、交通に関わるさまざまな働きかけを多面的、継続的に実施していくこと」[37]である。このような「交通まちづくり」論にもとづいて、社会の一員として、交通問題の解決を中心にまちづくりに参加する市民育成の教育、すなわちシティズンシップ教育が、「交通まちづくり学習」である。今後は、多様な規模での「交通まちづくり学習」の実践開発が期待される。

注

1 藤井聡『社会的ジレンマの処方箋―都市・交通・環境問題のための心理学―』ナカニシヤ出版、2003年、12頁。
2 藤井聡・唐木清志・松村暢彦・谷口綾子・高橋勝美「モビリティ・マネジメント教育―日常移動場面のジレンマを題材としたシティズンシップ教育―」『土木学会教育論文集H(教育)』Vol.1、2009年、27頁。
3 同上書、25頁。
4 藤井聡「公共的問題を題材とした学校教育プログラムについての基礎的考察」『土木計画学研究・論文集』20、(1)、2003年。
5 谷口綾子・萩原剛・藤井聡・原文宏「行動プラン法を用いたTFPの開発：小学校教育プログラムへの適用事例」『土木計画学研究・論文集』21(4)、2004年。谷口綾子・平石浩之・藤井聡「学校教育モビリティ・マネジメントにおける簡易プログラム構築に向けた実証的研究―秦野市TDM推進計画における取り組み―」『計画学研究・論文集』23、(1)、2006年。
6 島田敦子・高橋勝美・谷口綾子・藤井聡「富士市の小・中学校におけるモビリティ・マネジメントの実施と評価」mimeograph、2006年。高橋勝美・谷口綾子・藤井聡「地域の公共交通の役割・大切さを学ぶモビリティ・マネジメント授業の開発と評価」『土木学会論文集H(教育)』Vol.2、2010年。
7 谷口綾子「交通すごろくの実践と応用―茨城県ひたちなか市と北海道当別町の実践―」交通エコロジー・モビリティ財団監修／唐木清志・藤井聡『モビリティ・マネジメント教育』東洋館出版社、2011年。
8 同上。
9 交通エコロジー・モビリティ財団『楽しく学ぶ交通と環境―大阪府の小学校における実践事例―概要編』交通エコロジー・モビリティ財団、2007年。
10 谷口・萩原・藤井・原、前掲書5。
11 唐木清志「小学校社会科におけるモビリティ・マネジメント教育の授業」唐木清志・

西村公孝・藤原孝章編『社会参画と社会科教育の創造』学文社、2010年。
12 市川武史「小学校社会科におけるモビリティ・マネジメント教育の可能性―交通渋滞を考える実践を通して―」『社会科教育研究』No.114、2011年。
13 谷口・萩原・藤井・原、前掲書5。谷口・平石・藤井・前掲書5。島田・髙橋・谷口・藤井、前掲書6。髙橋・谷口・藤井、前掲書6。
14 萩原剛・藤井聡・谷口綾子・原文宏「学校教育型TFPの効果に関する心理過程分析」『土木計画学研究　論文集』Vol.21、No.2、2004年。
15 藤井聡「"モビリティ・マネジメント研究の展開"特集にあたって」『土木学会論文集D』Vol.64、No.1、2008年、43頁。
16 唐木、前掲書11。
17 市川、前掲書12。
18 藤井・唐木・松村・谷口・髙橋、前掲書2、1頁。唐木清志「モビリティ・マネジメント教育の構想」交通エコロジー・モビリティ財団監修・唐木清志・藤井聡『モビリティ・マネジメント教育』東洋館出版社、2011年、36-37頁。公益財団法人交通エコロジー・モビリティ財団『交通バリアフリーからともに生きる社会を学ぼう！』公益財団法人交通エコロジー・モビリティ財団、2013年、83-85頁。
19 谷口・萩原・藤井・原、前掲書5。
20 唐木、前掲書11。
21 土木学会土木計画学研究委員会土木計画のための態度・行動変容研究小委員会『モビリティ・マネジメントの手引き―自動車と公共交通の「かしこい」使い方を考えるための交通施策―』丸善、2005年、1頁。
22 藤井、前掲書1、26頁。
23 同上書、11頁。
24 同上書、23頁。
25 モビリティ・マネジメント教育宣言検討委員会『モビリティ・マネジメント教育のすすめ―持続可能な社会のための交通環境学習―』交通エコロジー・モビリティ財団、2010年、23頁。
26 藤井・唐木・松村・谷口・髙橋、前掲書2、27頁。
27 唐木・藤井、前掲書18、37頁。
28 市川、前掲書12。
29 本実践は、埼玉大学教育学部社会専修3年次科目である「社会科授業構成論」で、筆者の指導のもとに開発され、埼玉大学附属小学校社会科教諭である岡田大助教諭の指導と協力で実践された。実践者の他に、4名の学生(内田斐音、菅野愛華、柳沢雄、渡辺あかね)が、開発・実践に参加した。詳しくは、桐谷正信「小学校社会科におけるモビリティ・マネジメント教材の開発―モーダルシフトを視点として―」『埼玉社会科教育研究』(No.17、2011年)を参照。
30 モビリティ・マネジメント教育宣言検討委員会、前掲書25、4頁。
31 唐木・藤井、前掲書18。
32 もちろん、身近な地域の学習であっても非参加の学習はあり得る。しかし、先述のようにMM教育が、社会参加を志向する教育である以上、可能な限り社会参加する授業を構想することが求められる。

33 藤原孝章「モビリティ・マネジメント教育の方法」交通エコロジー・モビリティ財団監修・唐木清志・藤井聡『モビリティ・マネジメント教育』東洋館出版社、2011年、49頁。
34 藤原孝章「市民社会形成教科としての社会科と社会参加学習」唐木清志・西村公孝・藤原孝章『社会参画と社会科教育の創造』学文社、2010年、42頁。
35 交通まちづくり研究会編著『交通まちづくり―世界の都市と日本の都市に学ぶ―』丸善、2006年、2頁。
36 日本建築学会編(2004)『まちづくり教科書　第1巻　まちづくりの方法』丸善、2004年、i頁。
37 藤井聡「『交通まちづくり』と『モビリティ・マネジメント』―社会有機体説に基づく今日的都市交通計画論―」『都市問題研究』第60巻第12号、2008年、7頁。

付記

本論文は、『埼玉大学紀要　教育学部』(第63巻1号、2014年)に掲載された論文に加筆修正したものである。

第2章
中学校における「桶川市東口再開発」の授業
── マニフェスト型思考を活用した「まちづくり」授業 ──

宮澤　好春

第1節　中学教育とシティズンシップ教育

　現在、品川区の「市民科」やお茶の水女子大附属小学校の「市民」は、「社会の変化に対応する力」や「社会の変化を創造する力」を育成することを目標に実践されている。両実践とも、日本における先駆的なシティズンシップの教育実践として評価され、今後の日本におけるシティズンシップ教育実践に多くの示唆を与えている。唐木清志は、日本におけるシティズンシップ教育の新たな試みとして、法教育やキャリア教育、起業家教育、ボランティア教育、開発教育などを紹介しながら、一連のシティズンシップ教育に関する新しい取組に共通項を見出している。

> 「実践・参加型」のシティズンシップ教育の特徴は、先の『シティズンシップ教育宣言』を参考にすれば、「学習形態の広がり」と「学習の場の広がり」を有している点にある。それは、教師が何を教えるかではなく学習者が何を学ぶかに焦点を合わせ、地域・家庭・NPO・企業を含む学校外の社会における生徒の自律的学習を保障していくことである。……さらに、学習形態と学習の場を従来の枠組みに囚われず柔軟に変更していくことで、「実践・参加型」のシティズンシップ教育は成立し、市民は育成されるのである[1]。

まさに筆者が目指すシティズンシップ教育の方向は、この「実践・参加型」である。
 また、本実践において、「社会参加力」とは、子どもを「社会を運営し創造する小さな市民」と捉え、「成人になった時に主体的に社会参加し、社会の改善や改革に参加・参画できる力」である。本実践を行った桶川市立加納中学校の生徒の意識調査の結果や門脇厚司が指摘している「社会力」、その基礎となる「他者認識」を欠落させた子どもの増加、各種教育に関する報告書の中で指摘されている子どもの置かれている現状や実態を踏まえた筆者の問題意識から、地域社会の「ひと・もの・こと」との「かかわり」、学校や地域社会の「ひと」との「かかわり」の中で子どもの「社会参加力」を育成していく必要があると考える。
 中学校段階の社会科の授業や総合的な学習の時間の中で、地域社会の「ひと・もの・こと」とかかわる体験的な活動を取り入れたり、他者とのかかわりを深めながら協働的な学習を取り入れたりしながら、社会参加するための手段や方法、スキル等を意図的に身につけさせる機会をつくることが必要であると考える。中学校3年間の社会科や総合的な学習の時間の中に、意図的に「社会参加力」を育成する活動を位置づけ、学習を積み上げていくことによって、「市民性」を養うことができると考える。

第2節 実践の概要

1. 公立中学校・市民社会組織・大学の「協働」
 本実践では、「市民社会組織」(シティズンシップ教育推進ネットや埼玉ローカル・マニフェスト推進ネットワーク)と「大学」(埼玉大学)そして「公立中学校」(桶川市立加納中学校)の三者が「協働」し、それぞれの持ち味をうまく組み合わせ、「ローカル・マニフェスト」を活かした中学校におけるシティズンシップ教育の実践を開発した。この実践開発のための「協働」を図に表すと図2-1のようになる[2]。
 本実践では、三つの「協働」を柱に展開した。一つ目は、授業モデルの開発

図2-1 実践開発のための「協働」

における市民社会組織と大学と中学校との「協働」である。具体的には、市民社会組織として、シティズンシップ教育推進ネット(NPO)と埼玉ローカル・マニフェスト推進ネットワーク(政策研究・市民活動団体)が、大学として埼玉大学教育学部社会科教育学研究室の教員と学生が、公立中学校として桶川市立加納中学校が「協働」し、「埼玉ローカル・マニフェスト・シティズンシップ教育研究会」を組織した。

　二つ目に、授業を展開する上での大学と中学校との「協働」である。具体的には、埼玉大学教育学部社会科教育学研究室の学生が、加納中学校の社会科の授業で実施した「まち探検」や「ローカル・マニフェスト型提案」をまとめる際のアドバイザーやファシリテーターとして授業に参加する「協働」である。「まち探検」を通して、まちの問題を発見したり、発見した問題の解決策を練り上げていくことは中学生だけだと限界があるが、そこに、大学院生や大学生がアドバイザーやファシリテーターとして参加することによって自分たちの問題意識や解決の方策を相対化したり、客観化する視点を獲得できると考えた。

　三つ目に、授業実践の際につくり出された地域社会と中学校との「協働」である。本実践で開発したシティズンシップ教育は、「ローカル・マニフェスト」をツールとしたまちづくり学習である。本実践で目指したものは、「生徒

が自分たちの暮らすまちの目指すべき姿、現在の到達点を明らかにし、その成果を為政者や地域住民に託し、評価するという一連のサイクルを参加的に学習することを通して、地方自治の担い手・まちづくりの主体としての意識を醸成し、市民としての政策形成力を育成すること」[3]である。このような地方自治の担い手、まちづくりの主体となる市民を育成することを目指したシティズンシップ教育においては、子どもは地域に出ていき、地域の「ひと・もの・こと」とかかわり、地域の問題を共有し、「協働」して解決の方途を模索することによって、実質的な「市民性」が育成されると考える。本実践では、桶川市立加納中学校の第3学年の選択「社会」の受講生と、地域としては桶川市役所・桶川駅前商店街・中山道商店街・桶川市商工会等が「協働」して、地域の問題の解決を模索したのである。

2. 実践のねらいと単元構想

本実践において、子どもを「小さな市民」と捉え、「成人になった時に主体的に社会参加し、社会の改善や改革に参加・参画できる力」を「社会参加力」と定義し、社会参加するための手段や方法、スキル等を身につけさせることが必要であると考え、地域の「ひと・もの・こと」とかかわる体験的な活動や他者とのかかわりを深める協働的な活動を取り入れた授業を開発した。単元を構想するにあたり、地域社会の「ひと・もの・こと」とのかかわりを重視し、「地域を生かす」、「体験を生かす」、「思いを生かす」、「社会に生かす」の四つの視点から地域社会の素材を見直し、学習材とした。

3.「桶川のまちづくり―駅東口・商店街の活性化を目指して」

本実践では、区画整理事業が進む桶川市の中で、桶川駅東口の再開発や周辺の商店街の活性化に向けた取組に着目した。生徒の目と足で桶川駅東口並びに商店街の「まち探検」を行い、その問題点を見出し、改善策を練り上げることとした。その際、生徒の願いや要望だけを取り入れた改善策ではなく、地域社会や商店街の願いや桶川市の取組を加味したものになるよう商店街でのヒアリングや市役所都市計画課の職員と商店街関係者を招聘してのまちづ

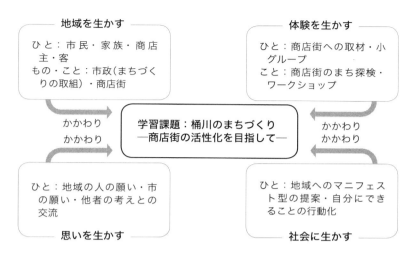

図2-2 単元構想図

くり講演会、外部講師によるマニフェスト型の政策決定の方法に関する講義等を学習過程に取り入れた。そして、でき上がった改善策については、授業にかかわっていただいた「ひと」に発表するとともに、地域社会に発信することとした。

4. 具体的な協働場面

4-1. 大学・地域との協働——まち探検

埼玉大学の学生ボランティアの協力を得て、グループ毎に桶川駅東口商店街・中山道商店街・たちばな商店街のまち探検を行った。商店街を歩きながら、まちの「お宝君」と「困った君」を探すようにした。生徒は、「お宝君」として、中山道の歴史的建造物(町屋・蔵)や専門店の多さを挙げ、「困った君」として、歩道の狭さや店の雰囲気の暗さ、駐輪スペースの狭さ、閉まっている店の多さなどを挙げていた。特に、生徒は、バスと歩行者がすれ違う度に駅前通の狭さや歩道の狭さを実感したり、シャッターが閉まってる店の多さに驚いていた。

表2-1 単元計画

過程	学習活動	主な学習内容	主な活動	かかわり
問題把握	①まちづくりシミュレーション	まちづくりシミュレーションゲーム「みんなのまちづくり」を体験し、まちづくりに必要なことは何かを学び、よりよいまちづくりについて話し合う。	グループ	他者
	②桶川ってどんなまち（まち探検準備）	桶川のいいところと課題をグループ毎に話しい、桶川市について理解を深めるとともに、資料を基に桶川市のまちづくりの取組を理解することができる。各グループ毎に、桶川市東口・商店街の地図をもとに、まち探検で見るポイントやインタビューの内容等について考えることができる。	一斉話し合い	地域広報紙地図
課題設定	③桶川市東口・商店街のまち探検	グループ毎に中山道商店街や桶川駅東口駅前商店街のまち探検を行い、商店街やまちづくりのいい所と課題を見つけることができる。気になった場所を写真で撮ったり、商店主や客にインタビューを行ったりして多角的に地域を見ることができる。	まち探検	商店主商店街客大学生
問題解決の討論情報収集	④⑤まち探検のまとめ	まち探検で得た情報(いい所と課題)を写真やインタビューの内容等も加え、模造紙に分類図としてまとめることができる。	ワークショップ話し合い	他者地域
	⑥桶川市職員による講義	桶川市都市計画課の職員の方から「桶川のまちづくり」についての講義を聴くことを通して、桶川市(行政)のまちづくりの取組について理解することができる。なお、講義を聴きながら、マニフェスト型評価用紙を用いて、自分たちの挙げた課題について桶川市の取組を5段階で評価する。	講義	桶川市職員桶川市の都市計画
	⑦商店会会長による商店街の取組の講義	中山道商店会会長さんから「商店街の取組」についての講義を聴くことを通して、商店街の取組や中心市街地のまちづくりの取組について理解することができる。なお、講義を聴きながら、マニフェスト型評価用紙を用いて、自分たちの挙げた課題について商店会の取組を5段階で評価する。	講義	商店会会長商店会の取組
問題解決の討論	⑧NPOによるマニフェスト講義	NPOの方から講義と資料をもとに政策立案の手順について理解する。	ランキング話し合い	NPO他者地域

協働	育成したい 社会参加力	評価規準	重視する 評価項目
	問題発見 情報収集	まちづくりゲームに意欲的に参加することができる。	関心・意欲
		まちづくりについて必要なことについて考えることができる。	思考・判断 表現
	問題発見 情報収集	桶川市の取組や財政について広報紙や議会だよりをもとに理解できる。	知識・理解
		まち探検で見るポイントやインタビューの内容等について考えることができる。	思考・判断 表現
埼玉大学 学生同行	問題発見 情報収集 価値判断	まち探検を行い、商店街やまちづくりのいい所と課題を見つけることができる。	関心・意欲 技能
	課題追究 思考 合意形成	まち探検で得た情報を模造紙に分類図としてまとめることができる。	技能・思考 判断・表現
桶川市都市 計画課出前 講義「まちづ くり」	情報収集 価値判断	「桶川のまちづくり」についての講演を聴くことを通して、桶川市(行政)のまちづくりの取組について理解することができる。	知識・理解
		講義を聴きながら課題の取組状況についてマニフェスト型評価を用いて評価することができる。	思考・判断 表現
中山道商店 会講義「商店 街の取組」	情報収集 価値判断	講義を聴きながら課題の取組状況についてマニフェスト型評価を用いて評価することができる。	思考・判断 表現
ローカル・マ ニフェスト 推進ネット ワーク講義 「政策立案」	課題追究 表現力	講義や資料をもとに政策立案の手順について理解することができる。	知識・理解

過程	学習活動	主な学習内容	主な活動	かかわり
問題解決の討論	⑨⑩マニフェスト型政策立案	政策立案ワークシートを使い、まち探検のまとめをはじめこれまでの学習をもとに、商店街の課題をランキングし、上位3つの課題について改善策を話し合うことができる。	ランキング 話し合い	NPO 他者 地域
提案行動	⑪⑫改善策についての意見交換(中間発表)	改善策を商店街関係者の方にプレゼンテーションし、改善策についての評価並びにアドバイスをしてもらう。また、商店街や地域住民の方の切実な願いや思いをインタビューし、自分たちの提案に生かすことができる	プレゼン 話し合い	商店街関係者 地域住民
合意形成	⑫⑬改善策の練り直しから再調査、ヒアリング	商店会関係者や地域住民の方のアドバイスをもとに、改善策の練り直し行い、マニフェスト型の提案資料を作成することができる。また、グループ毎に中山道商店街や桶川駅東口駅前商店街のまち探検やインタビュー、資料収集を行い、改善策の見直しに役立てることができる。	話し合い	地域 他者
情報収集	⑭プレゼンテーション資料の作成	まち探検のまとめをはじめこれまでの学習をもとに、商店街の改善策をまとめ、わかりやすいは発表資料を作成することができる。	資料作成	地域 他者
提案行動・振り返り	⑮マニフェスト型提案のプレゼンテーション	改善策を市役所担当職員や商店主、地域住民の方にプレゼンテーションすることができる。	プレゼン	商店街関係者 地域住民

学習後:
桶川のまちづくり＝桶川市のまちづくりの取組への関心
社会参加　　　　＝授業での取組を市民・地域へ発信(桶川市観光協会
社会参加力の育成＝情報処理力、合意形成力、提案発信力

協働	育成したい社会参加力	評価規準	重視する評価項目
埼玉ローカル・マニフェスト／シティズンシップ教育研究会（ワークシートの開発）埼玉大学の学生がファシリテーターとして参加	課題追究 合意形成 表現力	まち探検のまとめをはじめこれまでの学習をもとに、商店街の課題をランキングし、上位3つの課題について改善策を話し合うことができる。	思考・判断 表現
地域社会の商店主・地域住民（アドバイザー）	表現力 提案発信 自己評価	自分たちが考えた改善策を地域住民の方に発表することができる。	技能
		生徒のマニフェスト型提案に対してゲストから評価・コメントをいただく。	
埼玉大学の学生がファシリテーターとして参加	意思決定 合意形成	まち探検やインタビュー、資料収集を行い、改善策の見直しに役立てることができる。	関心・意欲 思考・判断 表現
	問題発見 情報収集 価値判断	まち探検のまとめやこれまでの学習をもとに、商店街の改善策をまとめ、発表資料を作成することができる。	技能・表現
	合意形成 表現力 価値判断	自分たちが考えた改善策を地域住民の方に発表することができる。	技能・表現
	自己評価 振り返り	生徒のマニフェスト型提案に対してゲストから評価・コメントをいただく	

にプレゼンテーション資料を掲示、商店街新キャラクター掲示他）

また、埼玉大学の学生の支援を受けながら、商店主や地域住民、まちづくり期成会の方からヒアリングを行った。その際、商店街の現状や集客のための努力、行政への不満など商店街の問題と直面している当事者の"生"の声を聞くことができた。

まち探検でのヒアリング　　　　　まち探検のまとめ（分類図）

4-2. 市役所・地域・市民社会組織との協働
　　——桶川市役所職員およびローカル・マニフェスト研究会（NPO）関係者の講義

　桶川市都市計画課の職員による講義の中で、市の予算や人口の増減等が数字で示された上で、桶川市の区画整理事業や中心市街地の活性化に向けた取組などについて画像や資料を使い、丁寧に説明をしてくれた。市の職員からは、「中学生らしい意見が欲しい。」とのアドバイスを受けた。

NPOの方によるマニフェスト講義　　　　　桶川市職員による講義

市民社会組織の講師のによる「マニフェストゲーム」を通して、生徒はあいまいな指示で作成した形と具体的でわかりやすい指示で作成した形の違いを実感した。マニフェストゲームを通して、マニフェスト（型指示）が持つ「わかりやすさ・具体性」についての講義を受け、マニフェストについての理解を深めることができた。講義後の感想の中で、「相手の立場を考えた提案をしたい」などの意見が出た。

4-3. 大学・地域との協働──桶川市商工会・商店街関係者との意見交換

　埼玉大学の学生にファシリテーターとして参加してもらい、市民社会組織・大学との協働によって開発した「提案とりまとめシート」を用いて、政策立案を行った。まちの課題をランキングし、上位の課題について「中学生の自分たちにできること」と「自分たちにはできないこと」に分けて提案作成を行った。そして、これまでの学習のまとめとして、桶川の東口・商店街の課題を明確にした上で、「東口・商店街の改善案」を商工会・商店街の関係者と意見交換を行った。

　生徒からの改善策には、駅前通の拡幅や駅前ロータリーの建設、駅前通の歩行者天国化、南小学校跡地の利用、大型ショッピングセンターの建設などハー

商店街関係者との意見交換

ド面の提案と空き店舗の活用や品揃えの多様化などソフト面の提案が見られた。生徒の提案に対する意見交換の中で、ゲストの方からいただいた講評やアドバイスの中には、提案を実現させるための金銭面の問題、地権者との問題、利用者と商店の考え方のすれ違いなど具体的な問題点を指摘していただいた。一方で、中学生の柔軟な発想やこれからの桶川を担う世代からの提案に感心していただくとともに、これからの取組に期待を寄せる講評もあった。

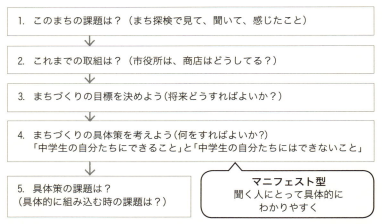

図2-3 マニフェスト型思考を生かした提案取りまとめ方(マニフェスト型思考の流れ)

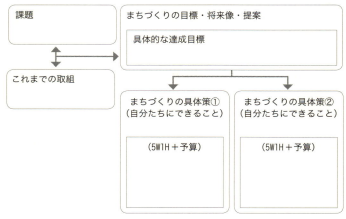

図2-4 マニフェスト型思考を生かした提案とりまとめシート

4-4. 大学・地域との協働——桶川市役所・商工会・商店街関係者への提案発表

これまでの学習の成果として、桶川駅東口・商店街の活性化を目指したマニフェスト型のまちづくり提案を、授業にかかわっていただいた桶川市役所や商工会、商店街関係者など、授業にかかわっていただいた方の前で提案発表会を行った。提案内容をまとめた『まちづくり提案書』と模造紙を使用し、自分たちの考える商店街の活性化に向けて提案を行った。

発表の際に、ゲストティーチャーには、「提案評価用紙」を持っていただき、「賛同できるか・できないか」の視点で評価をしてもらった。

ゲストティーチャーからは、生徒の提案に対して、概ね「賛同」の評価をいただいた。さらに、「どの班も商店街の現状と課題をしっかりと把握できていた」「中学生が自分の住む地域のまちづくりについて考えることは大変意義あることだ」「これからも市民の一人としてどうしていきたいか、どうなってもらいたいかを考え続けて欲しい」「さまざまな立場から提案が考えられていた」「マニフェスト型の提案にしたことで自分たちにできる視点が加わった」等の講評をいただいた。

■桶川駅東口・商店街の活性化を目指して——協働によるマニフェスト型まちづくり提案

班	メンバー名					中学生の自分たちにできること	中学生の自分たちではできないこと
1 課題	第1位		理由)		4 まちづくりの具体策	具体的な方策)	具体的な方策)
	第2位		理由)				
	第3位		理由)				
2 これまでの取組	桶川市)					なぜ・目的)	なぜ・目的)
						いつまでに・どれくらい)	いつまでに・どれくらい)
	商店街)					どこで)	どこで)
						誰が)	誰が)
3 まちづくり						何を)	何を)
						どうする)	どうする)
						予算)	予算)
					5 課題		

図2-5 マニフェスト型思考を取り入れた提案発表フォーム

商店街の方による講評

パビリオン型の提案発表

表2-2 提案発表内容

課題	1位) 活気がない 2位) 道が狭い 3位) アピールできていない	課題	1位) 活気がない 2位) 道が狭い 3位) 商店街が暗い
まちづくり 目標	目標) たくさんの人が来てくれる商店街にする 数値) 現在より35倍位の人に来てもらう	まちづくり 目標	目標) 活気のある商店街にしよう 数値) 今よりも2倍の人に商店街を知ってもらう
まちづくり 提案	・インターネットを使って桶川や商店街をアピールする ・キャラクターや特産品をつくる	まちづくり 提案	・昔の建物は残し幅広い世代で利用しやすい商店街に ・商店街の名前を募集し、ポスターや広告で宣伝する
具体策 自分たちにできること	Why) 商店街、駅前の活性化のために When) 1～2年後 Where) 商店街 Who) 桶川市、商店街 What) キャラクターを考えHPでイベントの提案をする How) 親しみやすいキャラクター、特産品、HP作成	具体策 自分たちにできること	Why) 商店街、駅前の活性化 When) 2～3年後 Where) 公民館・市役所、商店街 Who) 桶川市、商店街 What) 商店街の名前(命名権) How) 命名権を買ってもらいスポンサー料を活用

5. 授業の振り返り

5-1. 生徒の振り返り

本単元の授業を終えて、生徒から以下のような振り返りが見られた。

◎この授業に取り組んだ感想

・はじめは桶川駅の東口や商店街について知らないことばかりだったけど、実際に商店街

へ行ってインタビューしたりしていくうちに、今抱えている問題や現状を知ることができて良かった。…どうなったら客の数が増えるだろうかと考えながら、マニフェストの三つのポイントや5W1Hを押さえて、より良い桶川になるように提案を出し合う時に、予算や方策を考えるのがすごく難しかったけど、班で決まった案を商店街の人に発表した時に、「なかなかいい案だね」と褒めてもらえたことが嬉しかった。もっと桶川のことについて知りたいとなあと思った。

- 私は、今まで東口がこうなって欲しいとかいろいろ思っていたけど、思っていただけで何も行動していなかった。この授業で実際にやってみるとけっこう大変でした。私たち中学生からの目線だと無理なこともたくさんあった。大変だったけど、自分たちのまちの将来を考えるのは、楽しかった。これからも提案書に書いた「私たちにできること」は実行に移していきたいと思う。
- 今回の取組を通して、桶川市のいい所と課題を見つけることができた。課題について講師の方や商店街の方、大学生の力を借りてまちづくりの提案をまとめることができ、桶川市への理解がより深まった。
- この取組を通して、色々な立場から目線を変えて見ることができた。班の皆で意見を出し合い、自分の住んでいるまちづくりについて知り、考え、参加できたことが良かった。
- 実際に商店街を歩いて見て、桶川駅東口と商店街の問題等がわかった。これからの桶川の活性化は、僕たちがしていくものだと思った。
- こんなにまちづくりについて真剣に考えることができて良かったし、いい経験になった。これで終わりにしないで、市民の一人として考えていきたい。

◎この授業の中で、いろいろな方の講義や商店街の方と意見交換を行った感想

- 商店街を良くしようという方々がいて、いろいろ努力とかもしてきたけど、あまりよくならないのは現実だからこそ、私たちに少しでもできることは、どんどん実行していきたい。
- いろいろな大人の考えや意見が聞けて、良い経験になった。違った見方や考え方をしていたり、なるほどと思ったこともあった。また、大人の側から厳しい意見も聞くことができた。中学生の提案を真剣に聞いてくださってとても嬉しかった。
- 自分たちが思っている以上に、提案を実現させるのは難しいと思った。子ども意見は夢

があるけど、もっと細かく現実的に見ることが今の私たちに足りなかったことに気がついた。

◎今回の授業を通して、「将来自分の力で社会を変えていくこと」をどう考えたか

- 私は、選挙に絶対行くと思う。やっぱり、自分の住んでいるまちのことは自分で少しでも考え、意見を出したいから。また、自分の力で社会を変えていくことは難しいし、無理かも知れないけど、少しでも自分たちにできることは協力したいなあと思った。
- 選挙は一種のまちづくりだと思うので、20歳になったら投票に行きたいと思う。
- 自分一人では社会を変えられないけど、自分の責任ある一票で社会が変わっていくということはすごいことだと思う。自分で意見を出すというのは重要なことだから、選挙に投票にいくことは　大切なんだと再認識した。

◎今回の授業を通してどのような力がついたか

- 自分たちの住んでいる地域について調査・探検をし、全体を見つめ直して、いい所と悪い所を判断する力やそこから課題を見つけ出す力、まとめる力、自分の意見を相手に伝え、相手の意見を理解する力、課題に対する方策を考える力等、さまざまな力がついたと思う。自分たちのまちのことを考え、実行する力、みんな協力して自分たちのまちの将来を考え、そこに住んでいる人たちのことも考えて、桶川をより良くするよう頑張る力がついた。
- 自分で考え、発言し、意見を交わし合い、まとめていき、一つの目標を達成させるためにやらなくてはいけないことを具体的に決めていく力と協力する力、普段では絶対につかない力がついた。とても楽しくできた。

5-2. 地域の方からの感想

　最後に、生徒が作成した『マニフェストを活用したまちづくり提案書』と模造紙を桶川市観光協会の中山道宿場館に展示させていただくことになった。授業実践後に行われた市民祭り（11月開催）で市民の方にも見ていただく機会をつくることができた。

◎市民の方からの感想

- 私も普段疑問に思ったり、こうしたらいいのではと思うことがたくさん提案されていて、大変すばらしいと感じました。かなり具体的な提案もあり、なるほどと感心しました。私たち60歳代のイメージと若い人たちとは違うなというか、ある意味辛辣とも思うが、率直な意見として大人は受け止め、その改善に取り組むべきと思った。また、具体的な提案もあり、取組の真剣さが窺え、感心しました。行政は、この声・提案をしっかり受け止め、まちづくり計画を立てて欲しいと思います。
- 具体的な提案として出された昔からある店は残し、空き店舗を利用するのはすばらしい。若い世代をターゲットにした提案も良い。駅前のロータリー化は大賛成である。しかし、財源を募金活動や空き缶拾い、駅前募金などでは難しいと思う。各班ともよく見、よく考え、工夫し合いました。すばらしい提案でした。それ以前に、このようなマニフェストづくりに取り組まれた授業は、とてもすばらしいと思います。子どもたちは、これからもまちづくりに、国づくりにと目を向けていくことでしょう。このような取組が増えることを願っています。

◎商工会の方のコメント

- 1班から13班までの提案を聞いて大変感激いたしました。短い期間で桶川の商店街の良い所悪い所を指摘し、課題を見つけて改善策を提案することは専門家でも何年もかかることです。実際に、桶川市商工会では専門家による改善策を検討していただきましたが、その専門家の提案と同じような提案をしてくれた班もあり、とても驚きました。皆さんが提案していくれた内容は決して夢のような提案ではないので、どんな形になるかわかりませんが実現すると思っています。…ですので、ぜひ桶川駅東口の開発に関心を寄せていただき、中学を卒業しても見守っていて下さい。
- 自分たちでできることとして100円ショップを提案したならもう少し具体的に考えて欲しかった。
- (1班の提案)対象者を老人、子どもに絞り込んだところはすごいと思う。絞ることにより具体的な案が出てきたのでよかった！
- 大人の視点ではなく、中学生の視点からのインタビューを是非実際にやってみて欲しい。

- 一般市民に市の取組や商店会の取組を伝える難しさに気づかされた発表でした。
- (5班の提案)キャラクターを考えたことはとてもよかったと思います。キャラクターはぜひ使いたい。特産品の提案(べに花製品)待っています。HPの作成もぜひ参加して欲しい。

第3節　社会参加とシティズンシップ教育

1. 実践の成果

　本実践では、「シティズンシップ教育推進ネット」(NPO)、「埼玉ローカル・マニフェスト推進ネットワーク」(政策研究・市民活動団体)、埼玉大学教育学部(公民教育)と桶川市立加納中学校が連携・協働し、各組織・団体の持ち味をうまく組み合わせたことによって「実践・参加型」のシティズンシップ教育の授業モデルを提案することができた。本研究では、シティズンシップ教育の可能性を探るため、地域社会の「ひと・もの・こと」や「他者」との「かかわり」を重視した「社会参加学習」を構想し、実践してきた。その成果をいくつか挙げてみたい。

　一つ目に、地域社会の「ひと・もの・こと」と直接的にかかわる場面を単元に位置づけたことにより、生徒の地域社会を見る視点や地域社会に対する考えを広げることができた。特に、まち探検は、普段気がつかなかった視点で地域社会を見直すきっかけとなった。また、自分たちの改善策(提案)を地域の方に聞いてもらい、一緒に考える機会をつくれたことで、自分たちの提案に足りない視点等を示唆してくれ、市民や当事者側のニーズに気づくことができた。

　二つ目に、提案資料をマニフェスト型にしたことにより、地域社会の課題を明確にし、数値目標を挙げながらその課題に対する改善目標と改善策をよりわかりやすく具体的に練り上げることができた。そして、提案の際に、無責任な改善策や非現実的な改善策を提案しっぱなしにするのではなく、自分たちにできる視点を盛り込んだ実現可能な提案をすることができた。

三つ目に、生徒が構想した提案資料(マニフェスト型の提案)を地域社会に発信できたことにより、生徒が地域社会とかかわりを持つことができ、地域社会へ貢献できたという自己効力感や達成感を味わせることができた。さらに、社会の一員としての自覚や地域社会に積極的にかかわっていこうとする意欲を高めることができ、いわゆる「市民性」を萌芽させ、育成することができた。

　四つ目に、いわゆる「協働」の場面をつくれたことにより、学習の展開に広がりと深まりを見ることができた。唐木が推奨する「実践・参加型」のシティズンシップ教育を展開することができた。

2. 今後の課題

　今後の課題として以下の三点を挙げることができる。

　まず、本実践のような「実践・参加型のシティズンシップ教育」を社会科や総合的な学習の時間の年間計画にどのように位置づけていくか、ということである。本実践は、平成18〜20年当時、選択「社会」の枠を利用して行った。マニフェスト型の提案を立案する際に、いわゆる財源をどうするのかという問いに、生徒は「市民からの募金」という回答をしたり、その話し合いの段階になると思考がストップしてしまったりする場面が見られた。ソフト面の改善策であれば、市民からの募金によって実現可能なものもあるが、インフラの整備などハード面の改善策では、市民からの募金では到底賄いきれない。どのくらいの予算があればインフラの整備が可能なのかなど具体的な数値、すなわち、地方自治体の予算がどのくらいで、そのうち土木費はどのくらいあるのか、その土木費でどんなことをしているのかなどについて、必修「社会科」の公民的分野の「地方自治」の単元の学習とリンクさせていれば、提案立案の際の財源についての理解がより深まるとともに、議論も深まったのではないかと考える。現行の学習指導要領では、社会参画の視点を授業づくりに盛り込むことが示された。そこで、本実践の指導計画の見直しを図り、地理的分野の「身近な地域の調査」や公民的分野の「地方自治」、「よりよい社会をめざして」(いわゆる「卒業論文」として位置づけられる)の単元で、限られた時数の中で扱える内容に再構成し提案していきたい。(筆者が埼玉県立総合教育セン

ターに籍を置いた時に、「学力向上BOOKLET『「社会参加に関する学習」にどう取り組めばいいの?』で地理的分野の「身近な地域の調査」の単元計画を開発し、埼玉県立総合教育センターHP[4]で紹介しているので、参照されたい。)

次に、マニフェスト型の提案が市民性の育成に結びついているかという視点で授業分析を行い、検証をしていきたいと考える。特に、社会科の授業の中で身につけた知識やスキル等を実際の生活の中にどう生かしていくか、それらを生かすには授業の中でどのような場面を設定すればいいか等についても検討を加えていく必要がある。

さらに、本実践では地域社会の「ひと・もの・こと」とかかわる場面を学習過程に組んでいく際に、教師自身が関係機関にアポイントを取り、商店街の方や市役所の職員、NPOの方等をゲストティーチャーとして授業にかかわってもらうことができた。特に、本実践では、「シティズンシップ教育推進ネットワーク」や「ローカル・マニフェスト推進ネットワーク」のような市民社会組織とも連携を図ることができた。しかし、市民社会組織や地域の関係諸機関と連携を図る際のコーディネーター役が存在すれば、さらに地域社会の「ひと・もの・こと」とかかわりを持たせながら授業づくりができたと考える。現在、埼玉県教育委員会の「第二期埼玉県教育振興基本計画(生きる力を育て絆を深める埼玉教育)」の「学校応援団の活動の充実」という施策の中に、学校応援団コーディネーターとの連携という事業があるが、こういった方との連携を進めていくことで、地域社会と協働する授業が生み出せると考える。

3. 社会参加とシティズンシップ教育の方向

門脇は、『社会力再興』の中で、

> 地方自治法第2条に定められすべての市町村で文章化し公表している『総合計画』に盛られている地域づくり計画案や地域の課題の解決案を総合学習のテーマとして設定し、その計画や課題を実現するためにどうしたらいいかについて学習したり、調査研究したり、話し合ったりして実現プランを策定し、策定したプランに基づき自分たちが実際に行動することでそれを実現するという授業[5]

を提案している。「総合学習の授業を地域の大人たちの協力を得ながら実践することは、まさに社会力を育てる絶好の機会となるのである」とつけ加え、この授業案のメリットとして、①自分で資料を集め分析し考えるようになる、②自分も社会の一員であるという自覚が育ってくる、③地域への関心を高めていく、などを挙げている。さらに、

> 地域づくりの課題に取り組み学習し活動し、実際にその課題の実現に成功した場合、地域の大人たちからまず間違いなく「よくやった！」と言われることになるはずである。地域の若い世代が自主的に取り組み学習し行動することで、よりよい地域にするために実現すべき課題を実現したとなれば、その努力と行為が評価されないはずはなく、大人たちから褒められことで子どもたちの成就感が膨らみ、ひいては自分の自信につながり、さらには「次はもっと難しい課題に取り組もう！」という意欲を高めていくことにつながるはずである[6]。

とも述べ、このような授業の意義と効果を挙げている。

この門脇が提案する授業こそ、本実践で研究してきたものである、と確信した。本実践で取り組んできた「実践・参加型」のシティズンシップ教育が、学習に広がりと深まりを生み、子どもたちの「市民性」を育んでいくと考える。

また、唐木は、『子どもの社会参加と社会科教育』の中で、国際理解教育、情報教育、環境教育のほかにも、金融経済教育、法教育、人権教育、グローバル教育など、社会の変化に対応する教育を追究した結果として、今日ではさまざまな「○○教育」が社会科の中に導入されてきている。これまで社会科教育の中で蓄積されてきた「○○教育」を貫く「串」となるような「社会参加」という観点から、社会科授業を構造化することが必要であると述べている[7]。この唐木の提案は一つの視点を与えていると考える。学習指導要領が改訂され、「社会参画」の必要性が強調されている今日だからこそ、社会科授業を再構築し、年間指導計画を立案していく必要があるであろう。

さらに、2006年の経済産業省の『シティズンシップ教育宣言』の中で、シティズンシップが発揮される3分野として、①公的・共同的な活動、②政治

活動、③経済活動を挙げている。①②の分野に関連する活動として、地域社会における生活の質を維持・向上するために他の住民たちと協力して取り組む活動(防犯・防災、介護、青少年育成など)や①③の分野に関連する活動として、賛同する関係者とネットワークを形成しながら環境保護・省エネルギー、貧困撲滅・経済支援など国内外の課題解決に取り組む活動を紹介している。シティズンシップ教育として取り上げられる活動が幅広いことに改め気づくことができる。そこで、唐木の「社会参加」という視点で、シティズンシップ教育のプログラムを見直すと、日本型のシティズンシップ教育の目指す方向のヒントが見えてくる。

4. おわりに

現行の学習指導要領の改訂において、「習得」「活用」「探究」「参画」というキーワードが使われている。すなわち、「社会的事象に関する基礎的・基本的な知識、概念や技能を確実に習得させ、それらを活用する力や課題を探求する力を育成する」こと、並びに「公共的な事柄に自ら参画していく資質や能力を育成する」ことを重視する方向で、社会科・地理歴史科・公民科の改善を図ることが目指された。特に、「社会的事象に関する基礎的・基本的な知識、概念や技能を確実に習得させる」ことが、「それらを活用する力や課題を探求する力を育成する」こととセットで捉えられている点、「活用」の学習活動において「言語活動」が重視されている点、「公共的な事柄に自ら参画していく資質や能力を育成する」ことを目指しながら、「知識・概念や技能を活用する力」の育成を重視しようとしている点を強調している。その際に、「習得型の教育」と「探究型の教育」との両者を結びつける接着剤として、「知識・概念や技能を活用する力」が位置づけられている。このことは、「習得型」学習は教科で行い、一方「探究型」学習は総合的な学習の時間等で行うといった役割分担論ではなく、各教科の学習において「習得」「活用」「探究」のいずれの学習活動も相互に連動させながら取り入れていくことが必要であると考える。改めて、「社会的事象に関する基礎的・基本的な知識、概念や技能を確実に習得させ」としている点、すなわち、「知識」だけではなく「概念」や「技能」を明記している点に

も注目する必要がある。

　また、2008年の中央教育審議会答申では、「言語活動」として、①各種の資料から必要な情報を集めて読み取る学習活動、②社会的事象の意味・意義を解釈する学習活動、③事象の特色や事象間の関連を説明する学習活動、④自分の考えを論述する学習活動、を列挙している。ここで示された「言語活動」は、単なる識字能力を身につける学習活動にとどまらず、ある課題を解決していく際に、言語という道具を使いこなせる力を育成していくための学習活動である。こうした「言語活動」は、ある課題を探求してくことを目指して、習得した知識、概念や技能を活用する際に、重要な意味を持ってくる学習活動となる。特に、今回の改訂に際し、審議の過程で強調されているのが、「意見交換」を通した「学び合い」である。現行の『中学校学習指導要領解説　社会編』においても「意見交換したり」「議論などを通して互いの考えを伝え合い」といった表現も見られる。

　先の答申では、「社会参画」において、将来の社会を担う子どもたちには、新しいものを創り出し、よりよい社会の形成に向け、主体性をもって社会に積極的に参加し、課題を解決していくことができる力を身につけさせることが重要であると指摘している。すなわち、「よりよい社会の形成」に向けて「主体性をもって」社会に積極的に関わっていくことを意味していると考える。これを受け、『中学校学習指導要領　社会』の地理的分野の内容(2)－エでは、「(前略)生徒が生活している土地に対する理解と関心を深めて地域の課題を見出し、地域社会の形成に参画しその発展に努力しようとする態度を養うとともに(後略)」や公民的分野の内容(4)－イ「持続可能な社会を形成するという観点から、私たちがよりよい社会を築いていくために解決すべき課題を探求させ、自分の考えをまとめさせる。」という内容項目がつけ加えられ、社会の形成に参画する資質や能力を育成することが社会科教育に求められていることを改めて確認することができる[8]。

　今次の改訂のねらいや動向を見直したり、次期の学習指導要領の改訂に向けた動きを見たりすると、本研究で取り組んできたことが今後の社会科教育の一つの方向性を示すことができたと考える。実践開発に至る経緯や実践開

発を進めていく際の学校・大学・地域社会・市民社会組織との協働の在り方、実際のまちづくり学習の単元構成や学習内容・学習活動等を参照していただき、新たに示された社会科教育の授業づくりに少しでも参考になれば幸いである。しかし、本研究で取り組んできたまちづくり学習は、シティズンシップ教育の一つの分野での実践である。他の分野と社会科授業との関連を図りながら、どの学校でも実践可能な授業がたくさん生み出されることを期待したい。

　3年間にわたる研究並びに実践開発を行ってきた中で、今後、社会科教育の中でシティズンシップ教育に取り組んでいく上でのヒントを得た。それは、現時点でシティズンシップ教育の実践・参加型プログラムやプロジェクト型のプログラム、さらには具体的な指導方法等にふれたことがない学校や教員が多いと思われるが、その一歩を踏み出すキーワードが「協働」であるということである。多くの学校や先生方によって「協働」による社会科の授業が行われ、子どもの学びが社会に開かれていくことを期待したい。

注

1　唐木清志「日本―実践・参加型の授業づくりを目指して―」嶺井明子編著『世界のシティズンシップ教育』東信堂、2007年、52頁。
2　大友秀明・桐谷正信・西尾真治・宮澤好春「市民社会組織との協働によるシティズンシップ教育の実践」『埼玉大学教育学部附属教育実践総合センター紀要』(第6号、2007年、118頁)を参考にした。
3　同上書、118-119頁。
4　埼玉県立総合教育センター　「学力向上BOOKLET」『「社会参画に関する学習」にどう取り組めばいいの？』　http://www.center.spec.ed.jp/?page_id=49
5　門脇厚司『社会力再興』学事出版、2006年、125頁。
6　同上書、126-128頁。
7　唐木清志『子どもの社会参加と社会科教育』(東洋館出版社、2008年、154-155頁)を参考にした。
8　中央教育審議会『幼稚園、小学校、中学校、高等学校及び特別支援学校の学習指導要領等の改善について(答申)』(2008年)、文部科学省「中学校学習指導要領」(2008年)、文部科学省「中学校学習指導要領解説　社会編」(2008年)等を参考にした。

第3章
中学校における「震災」の授業実践
―― 社会参画を促すために ――

清水 利浩・大友 秀明

第1節 はじめに

　本章のねらいは、平成23年3月11日の「震災」を題材にした授業実践の意義や課題を「社会参画」の観点から明らかにすることである。なお、本時の授業は平成23年5月24日に埼玉大学教育学部附属中学校の教育研究協議会で提案されたものである。

　ここでは、まず、社会参画が期待されるシティズンシップ教育と災害・震災(防災)との関係を概観する。次に、「震災」を題材にした中学校社会科(公民的分野)教育の構想と実践内容を報告する。最後に、「震災」から「防災」への筋道や、震災を含めた現代の「リスク社会」における教育の在り方に関する暫定的な考えを提示してみたい。

第2節 シティズンシップ教育と社会参画

　近年、シティズンシップ教育が世界で注目されるようになっている。シティズンシップという概念は、ある政治体制を構成する構成員(市民)として保障される権利、および市民たるにふさわしい資質、という二つの側面を含んでいる。したがって、シティズンシップ教育とは、市民としての権利につ

いての認識を培い、その社会に積極的に参加・参画できるための資質を育む教育であるといえる。簡潔にいえば、市民性、あるいは公民的資質を育む教育である。

　ここでは、平成20年版の学習指導要領にみるシティズンシップ教育と災害との関連を取り上げる。平成20年版の学習指導要領の改訂は、教育基本法等の改正を踏まえたものである。改正教育基本法では、第2条(教育の目標)に「公共の精神に基づき、主体的に社会の形成に参画し、その発展に寄与する態度を養うこと」が新たに加えられている。それを受けて、社会科改善の基本方針のひとつに「持続可能な社会の実現を目指すなど、公共的な事項に自ら参画していく資質や能力を育成すること」を挙げている。

　ここに示されている「公共の精神に基づいて、持続可能な社会の実現に参画していく資質や能力や態度を養うこと」は、社会科教育の究極の目標である、公民的資質の基礎の育成と密接にかかわるものである。今回の社会科改訂の趣旨は、シティズンシップ教育の理念に相通じるところがある。シティズンシップ教育は、社会参画・参加を重視しているからである。

　社会科において「よりよい社会の形成に参画する資質や能力」の育成にかかわる内容とは何であろうか。

1. 小学校社会科の場合

　平成20年版の「改善の具体的事項」では、①社会生活を営む上で大切なルールや法および経済に関する基礎となる内容の充実を図ること、②我が国の国土や地域に関する内容について、環境保全、防災および伝統や文化、景観、産物などの地域資源の保護・活用などの観点を重視して再構成することの二点が指摘されている。

　「内容の改善」から主な項目を抽出してみる。

　①地域社会に関する学習の改善
- 人々の健康を守る諸活動の内容：内容の取扱いに「節水や節電などの資源の有効な利用」や「社会生活を営む上で大切な法やきまり」を扱うことが追加されている。

- 人々の安全を守る諸活動の内容：内容に「関係機関は地域の人々と協力して、災害や事故の防止に努めていること」を加えている。
- 県(都、道、府)の地形や産業、県内の特色ある地域の内容：内容の取扱いに「自然環境、伝統や文化などの地域資源を保護・活用している地域」を加えている。

②我が国の国土と産業に関する学習の改善
- 我が国の国土の様子と国民生活との関連の内容：「自然災害の防止」を加えている。
- 我が国の情報産業と国民生活との関連の内容：「情報ネットワークを有効に活用して公共サービスの向上に努めている教育、福祉、医療、防災などの中から選択して取り上げること」を新たに加えている。

③我が国の政治の働きに関する学習の改善
- 内容の取扱いに「国会と内閣と裁判所の三権相互の関連、国民の司法参加」を加えている。
- 内容の取扱いを「社会保障、災害復旧の取組、地域の開発(などの中から選択して取り上げる)」と改められている。

2. 中学校社会科の場合

社会参画に関する学習について、次のように改善を図っている。
①地理的分野：身近な地域の調査で、生徒が生活している地域の課題を見出し、地域社会の形成に参画してその発展に努力しようとする態度を養う。
②公民的分野：社会科のまとめとして、持続可能な社会を形成するという観点から、社会的な課題を探究し自分の考えをまとめる学習を行う。

このようにみると、今回の改訂のポイントである「社会参画」に関する学習内容は意外に少ない。社会科教育全体で目指す理念が「社会参画」である。ただし、小学校ではあるが、「資源の保護」「資源の有効な活用」「防災」などの学習が強調されている。そして、その実現のために何ができるかを考えることが期待されている。ここに、持続的な社会の形成に参画する資質や能力の育

成にかかわる内容がある。

次に、現実の「震災」に直面した中学生を対象にした実践を提示してみたい。さらに「震災」から「防災」への道筋を考えてみたい。　　　　　（大友秀明）

第3節　シティズンシップ教育の展開
　　　――震災を通して社会参画の在り方を考える

1. 研究の意図

　教育基本法第2条の教育の目標に「公共の精神に基づき、主体的に社会の形成に参画し、その発展に寄与する態度を養うこと」とある。これは、中学校社会科学習の究極の目標であり、公民的資質の基礎の育成と密接にかかわるものである。社会参画に関しては、今回の学習指導要領改訂の三つの要点の一つとして、各分野で改善が図られた。公民的分野において、社会参画の在り方について考える本単元では、東日本大震災後の避難所をめぐるさまざまな問題を事例として扱う。

　本単元で扱う内容は、新学習指導要領の「(3)ア 人間の尊重と日本国憲法の基本原則」と「(3)イ 民主政治と政治参加」の項目に位置づけることができる。震災直後、おもに地方公共団体によって避難所が開設された。しかし、被災した人々のニーズに対応するためには、民間のボランティアの協力があって満たされる場合が多かった。被災した人々と支援する側の人々がそれぞれの立場を深く理解し、ともに生きることを目指すことが必要とされた。この学習を通して、生徒たちが現在または将来に向けて何ができるかを考えさせ、行動にまで結びつけさせたい。

　まちづくりを考える際、自助・共助・公助という考え方がある。この三つについて、災害を通して考えるならば、「自らの生命は自らが守る」という自助、「自分たちの地域は自分たちで守る」という共助、「住民の財産や権利を公共機関が守る」という公助となる。この震災を機に、ともに生きるという市民の意識と行動の高まりがみられる一方、必ずしもこれが有効な支援につながっていない状況がみられた。中学生は、災害時にほぼ確実に地域にいて、

一定の理解力と体力を有する貴重な存在である。この中学生に着目して、埼玉県では、平成22年に「中学生向けの危機管理・防災に関する教材」を作成している。本実践にあたり、地域社会の課題解決を目指した社会的活動に子どもを積極的に関与させ、子どもの市民性(シティズンシップ)を高めることをねらいとしたサービスラーニングという教育方法を用いた。

具体的には以下の点に着目した。①「震災時に、中学生は一体何ができるか」という生徒自身にかかわる課題を中心として取り上げる。②問題把握→問題分析→意思決定→合意形成→提案・参加という学習活動を行う。③振り返りの重視として、震災後の避難所の開設・運営や支援に携わった外部講師の助言を生かし、生徒の思考を深める。④思考力・判断力・表現力を高める指導と評価の工夫として、個人→集団→個人という学習形態で進める。⑤この学習を通して、生徒の現在または将来の備えとなることを目指す。

2. 授業の展開

2-1. 指導計画

◎指導目標

基本的人権を中心に、人間尊重についての考え方を深めさせ、共生社会の在り方について考えさせる。さらに、民主的な社会生活を営むために、法にもとづく政治の重要性とともに、地方自治の基本的な考え方についても理解させる。

◎単元の指導計画(6時間扱い)

公民的分野の(3)のアとイにまたいだ指導計画を作成した(表3-1)。1〜4時間目と5〜6時間目を連続して行うのではなく、時期をずらした。長期間にわたる学習となるため、それぞれの学習のねらいを明確にした。

2-2. 本時の学習

◎ねらい

①震災直後の避難所の設置と運営の様子の情報収集を通して、被災した人々とその支援をする人々がともに生きるという共生社会の在り方について、関心を寄せ、さまざまな問題を把握している。

表3-1 単元の指導計画(6時間扱い)

時間	学習活動・学習内容	学習段階	必要能力	能力(思考力・判断力・表現力)の育成方法	具体的な評価の仕方 観点	具体的な評価の仕方 方法
1~2	東日本大震災の様子を振り返り、その復興について考えよう ・東日本大震災の状況とその対応を自分／家族／被災地で整理する。 ・震災の復興に向けた行動について意見交換する。 ・地方公共団体の仕事について確認した上で、避難所とはどういうもので、地方公共団体やボランティアはその開設と運営にどのようにかかわっているか確認する。 ・避難所でどのような問題点がおきているか、新聞資料などを手がかりに情報を集める(家庭学習)。	・つかむ段階 ・考えを持つ段階	思考力	・思考の道筋がつかみやすいようにワークシートを工夫する。 ・意見交換する場面を意図的につくる。	意思：震災を通して、自助・共助・公助に対する関心を高め、民主的な政治について考えようとしている。	・ワークシートの記述 ・意見交換の様子
3~4	避難所の運営にあたり、中学生は何ができるか考えよう ・避難所に関する情報を整理する。 ・被災者のニーズに対する対応とその結果について一覧表にまとめる。その対応の主体は誰かを確認する。 ・中学生として何ができるか個人の考えをもち(意思決定)、それを班で意見をまとめる(合意形成)。 ・実際の様子について、外部講師の話を聞く。その話を基にしてより深く考える。	・思考を高める段階 ・まとめる段階	思考力と判断力	・根拠を明確にする論理的思考を積み重ね集団としての意見をまとめ発表する。	思技：避難所での被災者のニーズとその対応について資料を基にして表現する。意見交換を通して考えを深めている。	ワークシートの記述
					意思：震災後の避難所を事例に、共生社会の在り方について関心を寄せている。	話し合いの態度
5~6	まちづくりに参加しよう ・さいたま市内250カ所以上の避難所がある。本校もその避難所の一つである。今回の学習で明らかとなった避難所での課題を未然に防ぐために、中学生は、大人に守られる存在ではなく、積極的にかかわっていくことが求められる。自助・共助・公助を効果的に進めるにはどのような行動が必要か意見をまとめる。	・思考を高める段階 ・まとめる段階	判断力と表現力	・論理的思考を積み重ね、意見をまとめ、市や県に提言する。	意思：さまざまな意見を踏まえて社会参画を試みようとしている。	話し合いの態度

注) 「思」は「思考・判断・表現」、「関」は「関心・意欲・態度」、「技」は「技能」の略語

②避難所で生活する被災した側の人々のニーズとそれに対応する支援する側の人々の状況を理解した上で、中学生として何ができるか、さまざまな資料や外部講師の助言など情報を適切に選択し、集団や個人の考えを深めている。

◎展開

本展開は、6時間扱いの4時間目にあたる（表3-2）。各自が集めた避難所に関する情報を班で整理し、その成果を発表する場面である。この発表時に、外部講師を招聘し、生徒の発表に対して講評をいただいた。このことで自分たちの考えをさらに深める場面とした。

新聞資料などを手がかりに情報を集め、班で情報を整理する生徒

表3-2 本時の展開(4時間目)

過程	学習活動・学習活動	学習段階	必要な能力
意欲	1. 学習の流れを確認する。 ・避難所とはどういうものか振り返る。 ・震災を通して、本時までどのような学習を行ったのかを確認する。		
課題提示	被災支援に向けて、中学生として何ができるか考えよう		
課題追究	2. 被災した人の支援に向けて中学生として何ができるか、班ごとに発表会を行う。 ・本時までどのような資料を収集し、それを根拠に、中学生として何ができるかを具体的かつ論理的に説明する。	まとめる段階	表現力
意欲	3. 他の班の発表を聞いて、自分たちの意見を見直す。 ・他の班の意見で参考になることは、自分たちの班の意見に付け加える。	考えを深める段階	判断力
課題追究	4. 実際に避難所の開設や運営・支援にかかわった外部講師から、避難所の様子等の話を聞く。さらに、外部講師と意見交換することにより自らの意見を深める。	考えを深める段階	判断力
課題追究	5. 外部講師との意見交換を基に、もう一度自分たちの班の意見を見直す。	考えを深める段階	判断力
整理	6. 学習のまとめと感想の記入を行う。 ・自助、共助、公助の考え方を確認する。	まとめる段階	表現力

第3章 中学校における「震災」の授業実践

能力(思考力・判断力・表現力)の育成方法	指導上の留意点	具体的な評価の仕方	
		観点	方法
	・避難所には、一時的な避難所と中長期的な避難所がある。本校に開設された帰宅難民のための避難所もあれば、さいたまスーパーアリーナのように大量の人々を受け入れる所もあることをおさえる。		
・課題に対し、調査したことや資料を根拠にして論理的な思考を積み重ね、その結果を図表を用いて表現させる。	・班は8つ。発表は3～4班程度とする。1班の発表時間は2分程度で要点をまとめて発表させる。	思技:さまざまな資料から情報を適切に選択し、それを根拠にわかりやすく説明している。	発表の状況
	生徒の発表内容の質をより高める指導と評価 発表内容の根拠を明確にする資料や学習過程を発表時に含めさせる(発表の手順を例示)。		
	・他者の考えを参考にして、さらに議論を練り上げていく。 ・他者との対話により、お互いの考えを深めさせる。		・発表態度 ・ワークシート
	・生徒が調べた内容と実際の状況との差異が明らかとなるように教師が補足し、生徒に新たな課題を気づかせる。	思:外部講師の話や質疑応答から支援に対する自らの考えを深めている。	
	生徒の思考をより深める指導と評価 自分たちの主張に対して、批判的に見る目を養う。外部講師と積極的に意見交換させる(教師が意図的に指名する)。		
・多くの情報を総合的に判断し、班の主張を練り上げていく。		関思:支援策だけに注目するのでなく、被災した人々と支援する側の人々がともに生きる共生社会の在り方についても考えている。	ワークシート

3. 授業のポイント

3-1. 東日本大震災の様子を振り返る

東日本大震災の状況とその対応について、三つに分類(自分・家族・被災地)し、整理した。質問の内容は、以下の通りである(図3-1)。

質問：みなさんは、東日本大震災を学校で経験しました。

①あの日のあなたの生活をふりかえります。どのような問題点や苦労があり、どのように乗り切りましたか。

②おうちの人は、どのような状況で、どのように乗り切りましたか。

③ニュースでみる様子は、どのような状況でしたか。できるだけ詳しく！

＊縦軸：周囲の状況／どう乗り切ったか
＊横軸：自分自身／親・兄妹／ニュースでみる

図3-1 事前アンケート用紙

3-2. 新聞やインターネットで情報を集める

避難所では、どのような問題がおきているか、新聞やインターネットの資料を手がかりに情報を集める。集めた資料は、スクラップブックとしてノートに貼りつける。資料の収集は、3月中旬から5月下旬としたが、中には、その後も継続し9月上旬まで続けた生徒もいた。

◎〈生徒の感想〉 平成23年5月19日頃

- 学校というところが大きな役割を果たしていることが分かった。
- 被災した人々の要望が、日がたつにつれて「住む場所→食料→医療→プライバシー→心の癒やし」と変化していることが分かった。

- 被災地はたくさんの問題を抱えているが、被災した人々も支援する人々もお互いに手を取り合い、励まし合いながらさまざまな工夫をしてその状況を乗り越えようとしていることが分かった。

3-3. 情報を整理する

　避難所に関する情報を整理する。東日本大震災に関する情報を、新聞やインターネット、聞き取り調査などから集め、それをクラス統一のまとめ用紙（図3-2）に記入し、手作りのデータベースを作成した。

　この項目は、被災者のニーズへの対応策とその対応の主体、その結果についてとした。また、中学生として、主体的に行えるものか、協力できるものか、かかわれないものかも考えさせた。

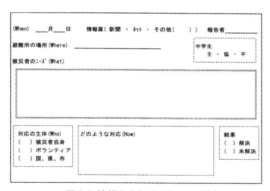

図3-2　情報をまとめるための用紙

◎〈生徒の感想〉　授業日：平成23年5月20日頃

- 情報を分類することで、未解決のものもあるが、時間がたつにつれて解決していくものが増えてきていることが分かった。また、宮城県の問題が一番多かった。物理的なものより精神的なものが多かった。
- 国や地方公共団体やボランティアで活動しているものが多く、問題が解決したものの多くはこのような公助のものが多い。

・仲間と情報を共有することで、お互いの視点で情報が集められて興味深くできた。

3-4. 整理した情報を発表する

クラス統一のまとめ用紙を、班ごとにグルーピングした。縦軸に東日本の県名、横軸に時間でつくる班もあれば、解決したか未解決かを軸に据える班

まとめ用紙をグルーピングした様子

生徒の発表の様子

もあった。そして、班ごとに発表会を開き、中学生として何ができるか個人で考えをもち(意思決定)、再び班で意見を共有した(合意形成)。

◎〈生徒の感想〉　授業日：平成23年5月20日頃

- 「中学生だからこそできること」と「できない」ことがあることに気づいた。小学生以下の子どもとかかわるというのは、私たち中学生だからできると思う。また、中学生を主体として行動するのは難しくても、大人に手助けしてもらえばできることもあることに気づいた。
- 被災者が必要としている物資をインターネットで調べて、送るということに気づかなかった。ただ物資を送るだけでなく、相手の立場に立って必要なものを考えることができれば、より被災者の手助けになると思う。
- 一時の支援でなく、長期的にできる支援(手紙交換など)を行うことや自分たちで調べ自ら情報を発信する手段があることに気づいた。
- 私たちの班とは違い、精神的な問題や物資の問題を中心に考えている班があり、私は全然思いもつかないものばかりだった。特に手紙交換をして、被災者の心の支えになるというのはよいアイデアだと思った。
- 子どもたちにもプライバシーや不安、ストレスがあり、その傷はすぐに癒そうと思っても簡単に癒せるものではないことがわかった。その中で、私たちでも協力できることをしっかりと考えなければならないことがわかった。

3-5. 自分たちの発表を外部講師の先生方に聞いてみる

　実際の様子について、外部講師の話を聞く。その話をもとにしてより深く考える。

◎〈外部講師：西尾真治氏(さいたま市行財政改革推進本部兼政策局都市経営戦略室)〉

【講演の論点】
- 避難所の開設・運営は行政の仕事
- さいたま市　震度5強で使える避難所の数250か所(学校・公民館など)
  …この避難所はさいたま市民のための避難所(市外からの人々には本当は使えない)

- スーパーアリーナ、土呂、片柳のコミュニティー・センターの3か所は、さいたま市民のためではなく、臨時の避難所として開設した。
- ある避難所に20人の避難民がいるとすると、250か所では
    ペットボトル　1人に2本配布　250×2個×20人＝10000本／日必要
    職員2人　8時間3交替　250×2人×3交替＝1500人／日必要
- 市役所だけでは避難所の運営はできない
    NPO…ボランティアコーディネートが必要となってくる。
    （ボランティアに来てくれた人々に仕事の割り振り等を行う）＝市民の自治
- 避難所のデザイン　何でもかんでもでない。自分のことは自分で。生活の自立＝自立支援
- 食べるところと寝るところを分ける。
- ボランティアへの指導
- 生活不活発病…ボランティアのやり過ぎ

◎〈外部講師：三浦匡史氏（特定非営利活動法人さいたまＮＰＯセンター）〉

【講演の論点】

- NPOとは何か
- 公助と共助が協力…市民も公共的な役割を行った。（＝新しい公助の形）
- スーパーアリーナ、土呂、片柳のコミュニティー・センターの3か所は、さいたま市のためではない避難所として開設。避難所の運営を行政の人間ではなくて、NPO法人が協力して運営
- 今回の地震を自分たちに置き換える（＝想像力が大切である）
    被災地は、どうなっているのか。被害者の中学生はその時何をしていたのか。今どうしているのか。思いやることが大切である。
- 早い時期に解決したのか、解決に向けて長期間かかったのか、未解決の問題は、どうしていまだに未解決なのか。
- 地震が来たら自分たちがどう動くのか。中学生としてどうするのか。しっかり考えておくことが大切である。

第3章 中学校における「震災」の授業実践 77

外部講師による指導の様子

◎〈生徒の感想〉 授業日：平成23年5月28日頃

- 自分で考えていたよりもさらに深く震災について考えていくことが重要だとわかった。私たちも被災者であるという言葉が印象に残った。日本全体として考え思いやることが大事だとわかった。
- いろいろな視点からこの震災を考えてみて、自分たちにできることはたくさんあるという事がわかった。実際に行動するだけでなく、心で「思いやる」ことも支援であると教わった。
- 外部講師の方々のお話しを聞いて、中学生ができることとして、物資を送る事や募金するだけでなく、思いやったり考えたりする事だけでも支援なんだとわかった。
- 三浦さんの「思いやることが大切」は、確かにそうだなと思いました。これからは、東北までは少し遠いけど、ずっと思い続けて東北の方々にできることをみつけていきたい。
- 中学生が現地で活動しているのに、自分たちはこんなことしかできなくて無力さを感じた。同じ中学生だから自分たちはもっと本当はできるんじゃないかと思った。
- 東日本大震災に対して自分が何をできるか考えることも大事だけど、ここに地震が来たらどうするのかを考えることも大事だと思った。
- 自分たちにできることはないかと考えるとついつい必要以上に支援を考えてしまうこともある。NPOの方の話にもあったように、自立支援をし、「ともに生きる」という視点が今、

被災者に最も必要なことだと感じた。

3-6. まとめる

　さいたま市内250カ所以上の避難所がある。本校もその避難所の一つである。今回の学習で明らかとなった避難所での課題を未然に防ぐために、中学生は、大人に守られる存在ではなく、自らも積極的に復興支援にかかわっていくことが求められる。自助・共助・公助を効果的に進めるにはどのような行動が必要か意見をまとめた。

◎〈生徒の感想〉

■ 震災が発生した時に、中学生として避難所でボランティア活動を行い、被災者の心のケアや食糧の配給をすべきだと思うが、ボランティアのしすぎに注意し、被災者のこれからのことも考えて、被災者が自立できるような取組を行うようにする。
　　[そのように考える根拠や具体的な事実]
　　・ニュースを見ていても、中学生が中心となり、活動を行っている姿をよく目にするので、中学生として行える支援はいくつもあると思う。
■ 私たちの学校が避難所になったら、物資や食料の配布を手伝ったり、避難してきた人に学校内の案内ができると思う。それに備えて被災を想定した訓練が必要である。
　　[そのように考える根拠や具体的な事実]
　　・学校について普段いる場所だからよく知っているし、少しは落ちついていられる。また、体力的な面でも他の人に比べて活動できると思う。
■ 中学生は避難所に行き手伝えることがあると思う。加須市のように被災地でないところに多くの人々が避難しているところでは、地元の中学生が積極的に手伝うことができると思う。
　　[そのように考える根拠や具体的な事実]
　　・被災地で中学生が非難された人々に向けて合唱を披露したニュースを見た。実際に避難所で中学生が非難された人々1人1人と交流したり作業をしたりしている様子が報道された。

■ 私が被災者で避難生活を送っているとしたら、衣食住に関する仕事を手伝うのはもちろんそれ以外でも自分より小さい子と遊んで世話をしたり勉強を教えることをする。

[そのように考える根拠や具体的な事実]

・被災したショックで精神的に不安定になってしまう小さな子が多くいましたが大人は他の仕事で忙しく世話ができませんでした。また、避難所生活が長引いて学校に行けず勉強が遅れてしまう子どももたくさんいた。そのような子どもたちの世話を年齢が近い中学生がすることが大切だと思いました。

個人で学習をまとめる様子

第4節 社会参画・シティズンシップ教育・防災教育

1. 社会参画と防災教育──その成果と課題

埼玉の子どもたちは、被災地から遠く離れてはいるが、震度5強の揺れを経験し、その後も幾度となく余震を経験した。都心に通う保護者が帰宅難民となり、何時間も保護者の帰りを待つことも体験した。また、計画停電も経験し、原子力発電所からさいたまアリーナに避難してきた人々に対するボラ

ンティアに参加した生徒もいた。
　この震災を通して、生徒は、防災を自分のことと捉え、考えることができた。そして、中学生として避難所において何ができるかという学習を、人権の学習から地方自治の学習までいくつかの単元を貫くテーマとして追究した。中学生ができることは多くないが、それでも、中学生として何ができるか考えることができた。
　今後の課題としては、学習したことを中学校の授業で完結せず、地方公共団体に提案するなど発信することが必要であると考えた。その一つの試みとして、県が作成した防災マニュアルを中学生の視点として考え直し、その結果を発信した。
　　　　　　　　　　　　　　　　　　　　　　　　　　　（清水利浩）

2. リスク社会と防災教育
2-1.「震災」から「防災」へ
　清水実践を通して、中学生の子どもたちは何を学んだのか、また、社会科で「震災」を題材に取り上げる意味・意義について考えたい。ここでは、大きく三点ほど指摘しておきたい。
　第一に、子どもたちは被災地・避難所のために何ができるのかを考えている。その際には、「自分にできること」「できないこと」を分けて考えることが必要である。「できること」についても、以下の事柄に配慮する必要があろう。
- 被災地や避難所に送って助かるもの、困るものは何か。被災地等のニーズが何で、どのような仕方で送れば助けになるのかを把握すること。
- ボランティア活動については、普段からの準備、活動、心構えが大切であろう。ただ、子どもたちは、支援物資の荷おろし、仕分け、配布や掃除などの活動、また、子どもと遊ぶ活動などを考えていた。

　第二に、実際の震災や被災地を調べることは、自分たちを危険(リスク)や災害から守るためにはどうしたらよいかを考える契機になる可能性がある。その場合、被災の経験のない子どもたちには、考えるための参考資料が必要になる。ほんの一例であるが、以下のものがある。
- 『12歳からの被災者学―阪神・淡路大震災に学ぶ78の知恵―』(NHK出版、2005年)

- 『中学生向けの危機管理・防災に関する教材』(埼玉県危機管理課ホームページ)

　自分の身を守るためには何が大切なのか。まず、震災に関する基礎的な知識や震災に際してとる行動について習得しておくことである。次に、安全で、震災に強い「まちづくり」について考えることである。住民も参加して災害への対応が迅速な地域、自分たちのことを自分で行う自治、自律している地域・コミュニティーの知恵を活かすことである。また、国・行政(公助)だけではなく、自助・共助の精神を発揮し、難局に地域の方々と力を合わせて暮らしと社会の復旧・復興・再建に尽力するという心構えを身につけることであろう。その他にも、防災のための知恵が上記の参考資料に掲載されている。

　第三に、災害時の時だけではなく、今後生きるために、子どもたちにとって必要なこと、考えておくべきことについて、政治学習として構想することである。

　例えば、以下の事柄が考えられる。

- 「命の尊さ、一人ひとりの人間が大切にされる社会とは」「自然と共存しながら人々の暮らしの幸せを確立するには」「どうなり、どうすることがよいのか」を追究すること。
- 冷静な態度、助け合いの精神、自制心ある姿や場面(帰宅難民への心配り、炊き出し、暖かいお茶の提供など)を自覚すること。

　このように、災害のことを知り、それを生活の中に活かしていくことが、被害を最小限度にすること「防災」につながるのではないか。そのためには、今回の震災を記憶し、教訓を語り継ぐことが大切であろう。

2-2. リスク社会における防災

　「防災」や「防災教育」を考えるにあたって、近年ブームにもなっている「リスク」「リスク社会」について取り上げたい。リスク(risk)と危険(danger)を区分するという。リスクは、発生する被害や損害が自己の意思決定や行為に依存するもので、責任は本人に帰する。危険は、被害や損害が他人の意思決定や行為に依存するので、責任は他人あるいは社会に帰するとする。責任の所在

を明確にする上では、この区分は重要なことであるが、問題は、被害や損害のどこまでが自己責任で、どこまで他人責任・社会責任かを認定することである[1]。

　例えば、震災は、それに対するアクション(観測・予測・事前対応等)にかかわりを持つ人々にとってriskとしてあらわれるが、そうではない人々にとってdangerとしてあらわれる。要するに、リスクは、対象(自然)の側に備わった特性ではなく、それと対峙する当事者(人間・社会)の側にかかっているが、当事者の営みとは独立に存在すると想定される震災をリスクと呼ぶ場合もある。したがって、リスクとは「人が何かをおこなった場合、その行為に伴って(あるいは行為しないことによって)将来こうむる損害(damage)の可能性」であり、何もしないことによる損害もあり得るので、「天災も人災」といえることになる。震災は、すべての人々にとってリスクとして現出している。このリスクの増大とリスクに敏感になった社会を「リスク社会」と呼ぶことができる[2]。

　この文脈の中で、防災も考えられるようになっている。リスク社会における防災については、二つの動きがある。

　一方では、自然災害に関する情報が、一般の人々に提供させるようになっている。各種のハザードマップが公開されているし、気象や地震などの危険情報をホームページ等で確認することもできる。他方では、地域住民を主役とした防災ワークショップや防災訓練が各地で行われている。

　この両者は連動している。例えば、地震予知に関する自然科学的な知識が蓄積され、ある確率をもった予知が可能になれば、被害が生じるかどうかは、どのような対策をとるかなど人間社会の選択に依存することになる。このことは、地域住民すべての災害への主体的関与を促すものである。しかし、自然科学的な知識が提供されても、真の意味でどのように主体的に行動できるかという防災能力が育成されない。ここに防災教育の必要性がある[3]。

結びに

　本実践でも強調されたように災害時には「自助・共助・公助」のバランスが求められる。しかし、「自助・共助には何が求められるのか」「自助・共助の効果を高めるために、市民は何を知り学ばなければならないのか」「自助・共助の推進を図るためには必要な公助とは何か」などの問への解答を模索することが大切である。

　「社会参画を促す」といっても何が「真理・正解」なのかは簡単には見出せない。防災に関しては、当事者たちが、各地域のローカルな事情や自分たちの価値観を踏まえて、ローカルな「合意」を共同で生成していくことが必要なのではないか。

　そのヒントのひとつに「防災ゲーム」がある。阪神・淡路大震災後の当事者（罹災者、公務員、市民など）への聞き取り調査にもとづいて作成されたものである[4]。防災教育の一環として、中学生の子どもたちにも有効なのではないか。

（大友秀明）

注

1　橘木俊詔編『リスク社会を生きる』岩波書店、2004年。
2　今田高俊編『社会生活からみたリスク』岩波書店、2007年。
3　矢守克也・吉川肇子・網代剛『防災ゲームで学ぶリスク・コミュニケーション』ナカニシヤ出版、2005年。
4　吉川肇子・矢守克也・杉浦淳吉『クロスロード・ネクスト―続：ゲームで学ぶリスク・コミュニケーション―』ナカニシヤ出版、2009年。

参考文献

唐木清志『子どもの社会参加と社会科教育』東洋館出版社、2008年。
唐木清志・西村公孝・藤原孝章『社会参画と社会科教育の創造』学文社、2010年。
大友秀明・桐谷正信・西尾真治・宮澤好春「市民社会組織との協働によるシティズンシップ教育の実践」『埼玉大学教育学部附属教育実践総合センター紀要』第6号、2007年。
橘木俊詔・長谷部恭男・今田高俊・益永茂樹編『リスク学入門 全5巻』岩波書店、2007年。

付記

本章は、大友秀明・清水利浩「社会参加を促すシティズンシップ教育の構想と展開―震災を学ぶ―」『埼玉大学教育学部附属教育実践総合センター紀要』(第11号、2012年)を再構成したものである。

第4章
中学校における「模擬裁判」の授業実践
―― 法曹三者による法教育 ――

二瓶　剛・大友　秀明

第1節　はじめに

　新学習指導要領の改訂における改善の一つに「法教育」の充実がある。これは、裁判員制度の実施など我が国の司法制度の改革などに起因するものである。本章では、シティズンシップ教育の観点から法教育、とりわけ「模擬裁判」の授業の意義と課題を検討する。
　まず、法教育とシティズンシップ教育の関連について概観する。次に、平成25年5月28日の埼玉大学教育学部附属中学校の教育研究協議会で提案された「模擬裁判」の授業の意図と実際を報告する。最後に、「模擬裁判」の授業のシティズンシップ教育としての可能性と課題を提示する。

第2節　法教育とシティズンシップ教育

1. 法教育の定義と背景

　法教育とは何か。法務省「法教育研究会」は『はじめての法教育』(ぎょうせい、2005年3月)を公刊し、法教育の基本的な考え方を示した。そこでは、「我が国における法教育は、個人の尊厳や法の支配などの憲法及び法の基本原理を十分に理解させ、自律的かつ責任ある主体として、自由で公正な社会の運営に

参加するために必要な資質や能力を養い、また、法が日常生活において身近なものであることを理解させ、日常生活においても十分な法意識を持って行動し、法を主体的に利用できる力を養うことが目指されるべきである」と述べている。

ここでは、①憲法および法の基本原理を理解し、自由で公正な社会の運営に参加するための資質や能力の養成、②日常生活において法意識を持って行動し、法を利用できる力の養成が図られている。

このような法教育が求められる背景は何か。第一に、今日の我々の社会が紛争やトラブルを法にもとづいて解決する「法化社会」に向かっているということである。規制緩和や国際化の進展が「法化社会」への移行を加速化させている。法が日常生活に身近なものになっている。第二に、司法制度改革、特に裁判員制度の導入により、法および司法に関する学習の機会の充実が図られたことである。第三に、教育基本法および学校教育法の改正に伴って、公共性を育む教育が求められたことである。法の理解を通して、社会に子どもたちが参加・参画できるようにすることが意図されている。

2. 法教育の内容とシティズンシップ教育

新学習指導要領では、法教育に関連する内容はどのように記述されているのか。まず、小学校の場合、具体的な改善事項に「社会生活を営む上で大切なルールや法及び経済に関する基礎となる内容の充実」とある。また、中学校公民的分野について「ルールや通貨の役割などを通して、政治、経済についての見方や考え方の基礎を一層養う学習」を重視している。ここにあるように、法やルールの役割の理解が不可欠な内容になっている。

次に、シティズンシップ教育の観点から法教育の意義を考察してみたい。第一に、法教育の重要な内容に「法・ルール・きまり」の意義の学習がある。「なぜ法・ルール・きまりが必要なのか」の学習を通して、規範意識や遵法精神を育むことができる。しかし、時には、安易に、大人にとって都合のよい価値観を上から子どもたちに注入し、それに合わない子どもを排除するという抑圧的な教育になってしまう危険がある。上からの規範意識の注入ではな

く、下からの公共性をつくり、自由で公正な社会の担い手を育てる教育が求められている。それがシティズンシップ教育である。第二に、法教育の重要なねらいに「社会的な自立と社会参画」がある。これは公共的な社会の在り方を議論し、法や司法への参画によって自由な公正な社会の創造にかかわっていく能力や資質を育成する教育である。法教育がシティズンシップ教育として位置づけられる所以である。

「法化」社会に対応して法教育を導入したアメリカでは、その教育を「シティズンシップ教育」として位置づけ、授業が展開されているという。我が国においても、「国民一人ひとりが司法や法を身近に感じ、法的なルールに従って問題を解決するという意識」を身につけさせることが、教育課題である。

以下に示す実践は、生徒たちに「司法や法を身近に感じさせる」ために試みた法教育、シティズンシップ教育研究の一部である。　　　　　（大友秀明）

第3節　法教育としての「模擬裁判」の授業

1. 授業の意図

ここで取り上げる公民的分野の授業のねらいは、模擬裁判を行うことにより、裁判員制度について自分の身近な存在であることを理解させ、裁判官、検察官、弁護士の見解、被告、証人の証言、証拠等のさまざまな資料を用いて多面的・多角的に捉え、グループでの評議・評決により、考えや理解を深めていきながら、学習意欲とともに、思考力・判断力・表現力を高めることにある。

また、法律の専門家であるゲストティーチャーを招聘し、評議や評決の場面で指導助言をいただくことにより、裁判や法に関しての興味関心を高め、それぞれの立場によってものの見方や考え方が異なることを気づかせる指導の工夫を図った。

2. 単元の構成

本単元で扱う内容は、『中学校学習指導要領解説：社会編』の内容(3)「わた

したちの政治」のイ「国民の権利を守り、社会秩序を維持するために、法に基づく公正な裁判の保障があることについて理解させるとともに、民主政治の推進と、公正な世論の形成や国民の政治参加との関連について考えさせる」を受けて構成したものである。

「内容の取扱い」に「『法に基づく公正な裁判の保障』に関連させて、裁判員制度についても触れること」とある。そこで本単元では、法にもとづく公正な裁判によって国民の権利が守られ、社会秩序が維持されていることに気づかせたい。その際、裁判官、検察官、弁護士などの役割について裁判員制度にかかわる模擬裁判を通して理解させる。この模擬裁判は、裁判員裁判制度だけでなく、地方自治や国民の政治参加なども視野に入れた広い意味での社会参画について考える一つのきっかけになる可能性を持った教材であると考える。

本単元では「わたしたちの政治」の中で、法にもとづく公正な裁判の保障にかかわる、模擬裁判の実践を重点として取り上げることとした。模擬裁判は、生徒に国民の司法参加の意義を捉えさせる機会であり、また実際のシステムにも近づかせることにより、現実的な環境から生徒たちは関心意欲を高めて取り組むのではないかと考える。

事前に学習した内容(1)「わたしたちと現代社会」における対立と合意、効率と公正で学習した最終的にはお互いが納得して合意形成することの大切さを既習事項として呼び起こさせ、本時でもその部分を基本的な考え方として捉えさせる。その際、今回は刑事事件の裁判の証言や証拠などから、根拠を持って話し合いに臨み、評決に関してもグループで合意形成に向けて取り組ませた。

また、今回は法律の専門家である裁判官や検察官、弁護士の方々をゲストティーチャーとして招聘し、評議の場面等で指導助言をいただき、生徒の評議・評決の指導はもちろん、それぞれの立場に立ったものの見方や考え方も生徒に対して示していただいた。仲間の評決だけでなく、専門家の話を聞くことにより、関心意欲を高めていきながら、さらに多面的・多角的に社会的事象を考えることができる。最終的には個に戻し、自分自身の考えを再構築するとともに、根拠をもって自分の考えを表現させた。

下記が本実践の単元計画である。

表4-1 単元の指導計画

時限	学習活動	評価の観点
1	国会の地位としくみについて理解させる。	関心・意欲・態度、知識・理解
2	国会がどのような仕事をしているか理解させる。	知識・理解
3	内閣の仕事の内容と、国会との関係がどのようになっているのかを考えさせる。	思考・判断・表現、知識・理解
4	社会の変化によって、行政の役割がどのように変化したのか考えさせる。	思考・判断・表現、技能
5	社会生活の中で裁判はどのような役割を果たしているのか理解させる。	思考・判断・表現、知識・理解
6	裁判の種類を理解し、裁判ではどのような人権が保障されているのか理解させる。	思考・判断・表現、知識・理解
7	模擬裁判を通して、裁判員制度について理解させる。(模擬裁判)	技能、知識・理解
8	模擬裁判の評議・評決を通して、多面的・多角的に考えさせる。(本時)	関心・意欲・態度、思考・判断・表現
9	国会・内閣・裁判所の三権の関係について考えさせる。	思考・判断・表現、技能

3. 模擬裁判の実際

今回の模擬裁判で使用した資料は、東京書籍の教科書『新しい社会 公民』にある「○市コンビニ強盗致傷事件」とさいたま地方検察庁の資料を参考に、本校の生徒の実態に合わせて再構成したものである。その概要は以下の通りである。

> ×月×日深夜1時ごろ、○市のコンビニエンスストアに、男が強盗に入った。男は店員Aをナイフでおどし、カウンターから現金10万7千円をうばった。その後、店員Aと店の前の路上でもみ合いになり、男は店員Aをなぐりたおした。店員Aは全治1か月間のけがを負った。
> 事件から1週間後、警察は店員Aが見た男と目もとがよく似ており、また住民が目撃したものとよく似たバイクを所有している同市に住むBを被疑者として逮捕した。Bの自宅を調べたところ、銀行預金10万円のほかに、現金9万7千円とその他共通する証拠品を所有

> 　調べに対してBは、強盗が入った時間帯は一人で部屋におり、テレビを見ていたと主張し、容疑を否認した。Bは、刑法240条前段にのっとり、強盗致傷の疑いで起訴された。
> ※その他目撃者・証人等も登場する。

　この模擬裁判は学習計画では第7時間目にあたるものである。
　裁判官、検察官、弁護人、被告人、被害者、証人等の役割分担を行い、次時の評議・評決をスムーズに進めるために模擬裁判を通して、裁判の争点などを整理させていった。その他の生徒は裁判員になり、ワークシートを用い、模擬裁判の内容を整理させていくと同時に、この段階で自分が有罪か無罪かどちらの立場に立つのかも考えさせた。
　模擬裁判を担当する生徒には、事前にシナリオを渡しているので、内容について細かな部分まで捉えられていると感じた。裁判員の生徒に関してもワークシートに裁判に内容をまとめさせたり、自分の考えを書かせたりしたので、評議・評決の本時の授業の時に生徒同士お互いに裁判の争点がある程度しぼられ、またはしぼりやすい状態で入ることができた。

模擬裁判法廷の様子

4. 本時の学習

　本時の学習は、前時の模擬裁判を受けて、評議・評決を中心とした授業を行った。クラスを5人1グループに分け、全部で9つの裁判員グループを形成した。また、そのグループ内では、主に模擬裁判時に役割演技を行った生徒を司会者に据え、グループ内の評議・評決が円滑に進むように配置の工夫を行った。

　最初にグループごとに、有罪・無罪の立場を明らかにさせて授業をスタートさせた。これは、評決の時に評議によってどの程度意見が変化したのを見るためであり、その変化を教師側が捉え、子どもたちが出した評議の意図を読み取るために行った。特に、最初にほとんど有罪だったグループが、評議によって評決時に全員無罪になった場合など、顕著な変化を見るためには有効な手立てと考える。

　評議においても前半と後半に分けて行った。前半は生徒同士が模擬裁判を踏まえて、自分の立場を明らかにし、グループとして有罪か無罪か意見の統一を図るものである。ここでは、具体的な証拠などの資料をグループごとに与え、それらを踏まえて考えさせていった。

グループ内での評議の様子

後半では、新しい視点をあたえるために、ゲストティーチャーとして招聘した検察官と弁護士それぞれに前半の評議の様子を見ていただきながら、生徒たちに足りない点や、もっと議論してもらいたい点などを話していただいた。概要は以下のとおりである。

◎さいたま地方検察庁・検察官より

- 意見がしっかり言えて感心したこと。
- 検察官としては証拠一つで有罪だといっているわけではない。
- いろいろな証拠から総合的に判断して有罪・無罪を決めること。
- 一つ一つの主張をつぶしていくのでは不十分。
- これも、これも、これもあるから有罪・無罪だと説得しないといけない。

◎N法律事務所・弁護士より

- 裁判は証拠があるかないかということがとても大切。録画機能がついているテレビなのか、現実に録画しているという証拠があるのか非常に重大な違いである。
- 被告人の家とコンビニの位置関係、道路の標識など見落としている点はないか。
- 裁判で一人の人生が決まってしまう。被告人が犯人で間違いない、この人以外にいないくらいに疑いを持たないと有罪にはできない。
- 疑いをかけられた側は、疑いを晴らすためにとても労力が必要。だから裁判官は一つ一つの証拠を十分注意して見なければならない。

各先生方の指導により、生徒はもう一度証拠を見直したり、有罪・無罪のそれぞれの立場についてもう一度考えたりするなど、さらに思考を深めていきながら議論を進めることができたと考える。

評決について、有罪が2グループ、無罪が3グループ、判決を下せないが4グループとなり、半分近くが評決に至ることができなかった。

◎有罪側の主な根拠

- 証拠となる持ち物がほとんど一致していること。

- テレビの内容を覚えすぎているのは逆におかしい。
- 目撃者の証言や、バイクの色などから被告人は犯人である。
- 被告人のアリバイが薄い。

◎**無罪側の主な根拠**

- 顔や声など1回しか見たり聞いたりしていないので、被告人が犯人と断定できない。
- 思い込みや、決めつけがあるのではないか。
- 証拠や証言に確かではないことが多すぎる。

◎**評決を下せなかった班の意見**

- 録画できるテレビがあるとアリバイが立証されない。
- バイクは夜でも光に照らされれば、赤と白くらいはわかるのではないか。
- 顔や声など信憑性に欠ける。
- 似ているだけではないか。

検察官・弁護士からのアドバイスを真剣に聴く生徒たち

グループ内での評議結果を全体に示す様子

　どの班も争点になるところは被告人のアリバイの部分と、目撃者の証言や証拠品の信憑性にしぼられていたように感じる。

　どの班も部分的ではあるが、班全員の生徒が積極的にかかわりながら意見を交わしていた様子が見てとれた。また、司会者が議論をスムーズに進めていくことができている班は、特に、争点となるところをしぼって議論していたように思われる。主に裁判官の先生に評議の様子を見ていただき、発表における抽出班のご指導をいただいた。最後にそれらの意見を振り返っていただきながら、弁護士と検察官の両先生より本時の授業を評価していただいた。

◎評価の主な内容①（さいたま地方検察庁・検察官より）

- どっちがいいかを説得することが難しいということをわかっていただけたと思う。
- 私も、こういう風に人を説得するっていうのは難しいので今後もっとわかりやすいように検察官として立証していかなければならないと思った。
- 今後、裁判だけでなくいろんなもの、いろんなことには、いろんな人が意見を持っているので自分が正しいと思うことがあったらきちんとその理由をいって相手を説得することが大切。そういったスキルを磨いていってほしいと思う。

◎評価の主な内容②（N法律事務所・弁護士より）

- みなさんの意見というのがそれぞれ尊重されるべきだと思う。
- 算数では1＋1は2だが、法律の世界はそうではない。多数の人の意見が正解とは限らない。それを覚えていてほしい。
- 法律の世界は民主主義ではない。疑いをかけられた人は疑わしい事情があるから裁判になっている。皆が疑わしいと思っただけで直ちに被告人にしてよいか考えてほしい。
- 私からは正解というものはない。ただ自分の考えというのはそれぞれ尊重されるべき。今後、今日のことを思い出し自分の意見を出してほしい。
- この人を本当に犯人にしていいのか、そこは常に葛藤してほしい。

　その後、クラスの仲間の意見と先生方の意見より、思考の再構築を図った。これに関しては、より思考が深まり、確信を持てた生徒もいれば、いろいろな人たちの意見から別の立場に変化した生徒もいた。思考の再構築を図ることは、本時の授業をまとめるということと、さらに自分が本時の学習の中で考えたことを深めていくといった点で有効であると考える。

思考の再構築後の発表の様子

◎生徒の意見①(無罪をさらに強く確信した生徒の意見)

- どの証言も被告を見ていないので信憑性に欠ける。
- 目撃者もはっきりわかっていない。直接見ていない。
- 被害者は倒れた時にサングラスが外れた顔を見たと言っているが、一瞬にして顔を見ることができたのか。
- 被告人は有罪が決まるまで無罪なので、それが正しいとは言い切れないからさらに無罪を確信した。

◎生徒の意見②(有罪から無罪に自分の考えが変化した生徒の意見)

- 弁護士や検察官の先生より、一つの証拠だけでなく、いろいろな証拠から有罪を決めると言うことと、逆に一つでも全体でもその証拠に確証を持てるのかということを合わせた場合、一つ一つの証拠は絶対という確証がない。
- 裁判によってその人の人生が決まってしまうことを考えると、信憑性が高くないものを絶対と決めつけることができない。

最後に模擬裁判の意義も踏まえて、裁判官の先生にご指導いただいたので紹介したい。

◎さいたま地方裁判所・裁判官①(本時の授業について)

- 毎日のように裁判員裁判をやっているけど、もう君たちなら明日からでもできる。
- 人の話をちゃんと聞いて、ここはあっている、ここは間違っているとか折り合いをつけている。本当の裁判員もここまでできない。
- 基本的には自由に話すことが一番大事。本当に自分が言いたいことを自由に言えるのがいいこと。
- 人の意見を聞いて自分の意見を変えることはなかなかできない。プライドがあるから。だけど、それをやらないと話し合う意味が無い。私たちの世界では「乗り降り自由」と言っている。「さっき言ったけどやっぱり降りた。やめた」こういうのを一年中しながら評議している。それが一番大切なことだと思う。それは皆さんよくできていたと思う。

- 法律を知らなくて裁判ができるかって思っている人が多いが、自分たちで評議をやってみて全く法律知らないけど十分できていたと思う。そうすると裁判は法律の問題ではないことがわかる。真実の問題である。
- 例えば兄弟げんかをしていてどっちの言い分が正しいかお母さんは毎日判断しているわけである。そういうことと同じ。今回の事件ではこの人が犯人かどうかが争点であるだけである。

◎さいたま地方裁判所・裁判官②（裁判員裁判が始まった理由について）

- これまで皆さん裁判のことについてよく知らない。専門家がやっているんだから任せといていいなという意味で信頼されていたが、そういうことで良いのかという話である。
- 皆さんが裁判員裁判に参加してみて信頼されるのと、今までの信頼とは意味が違う。実際にやってみてこういうことなら裁判って信頼できるなっていうことがねらいである。
- 外国の先進国で民主国家ならほとんど国民が裁判に参加している。日本だけが参加していないのはまずい。どんな流れから見ても国民が司法に参加するのは当然ということになる。
- いろいろ問題はあるけど、国民が早くなれるのが大切だと思う。そうするにはどうするのが良いかって言うと結局は学校で学習すること。今回は、まさに司法的で実践的。これまでの社会科ではしくみとか制度についてだったから「中身に踏み込んだ」のは画期的だなって思う。こういう授業を聞いて将来裁判員やってみたいと思えるのが一番である。

裁判官の講話の様子

5. 各関係機関との連携について

今回連携させていただいた各関係機関は以下の通りである。
①さいたま地方検察庁
②埼玉弁護士会およびN法律事務所
③さいたま地方裁判所

　連携の流れとして、以前本校で、さいたま地方検察庁の先生方に出前授業をやっていただいた経緯があり、4月上旬にさいたま地方検察庁に相談させていただき、授業の展開や指導案の検討などを図った。また、その際さいたま地方検察庁において作成した資料をいただき、この資料をもとに授業計画を立てた。5月上旬にほぼ完成した指導案を送付し、今回の授業の展開を確認した。

　埼玉弁護士会では刑事弁護の充実に関する検討特別委員会より、出前授業の紹介の通知をいただいており、今回の授業の趣旨を相談したところ、快くお引き受けいただき、埼玉弁護士会所属の弁護士の先生の派遣を決めていただいた。こちらはさいたま地方検察庁のご協力がほぼ決まった、4月中旬に御連絡をさせていただいた。

　さいたま地方裁判所については、依頼が最も遅くなり、5月中旬となってしまった。しかし趣旨をお話しして、授業内容についても伝えたところ、こちらも快くお引き受けいただいた。

　今回の連携の依頼について、さいたま地方検察庁に関しては計画的にご依頼をし、授業計画を立てていったが、特にさいたま地方裁判所のご協力のお願いに関しては大変遅くなってしまい、計画不足の感が否めない。今後の反省として、このような形で授業ができたので、時間に余裕を持って計画的に連携を進めていく必要があると感じた。

　場合によっては、模擬裁判から、法曹三者の先生方にご協力いただき、評議・評決もご指導いただくという形の方がより、深まりが見せるのではないかと考える。ただ、どこの関係機関にしても、本授業の趣旨にご理解いただき、生徒のために快くお引き受けいただいたことに心から感謝申し上げたい。

6. 実践の成果と生徒の感想

生徒の感想をいくつか紹介したい。

◎生徒の感想

- 私は今回被告人を無罪という意見で授業に参加しました。目撃者や被害者の証言から被告人を犯人だと指し示しているがそれだけで逮捕できる証言では無いと思ったので無罪にしました。また、これだと言える証拠が無いと思ったからです。私たちの班は判決を下すことができなかったけれども、充実した評議になったと思います。改めて他人を納得させる意見を言うことや、それを認めると言うことは本当に難しいと思いました。それができたら平和な生活が送れると思います。今回習ったことは生きていく上で大切なものなので忘れずに心にとめておきたいと思います。
- 今回の授業で、僕は評議・評決の難しさと、楽しさを感じました。それは考え方の違う相手を納得させることと、自分の考え方を変えることの難しさ、自分の考えを自由に述べ、相手にどうすれば伝わるのかを一生懸命考えることの楽しさです。裁判のことなど今まで正直目にもとめていなかったのですが、かっこいいという感情から興味を持ち始めました。

生徒の感想発表の様子

・無罪・有罪という二つの大きな主張の中で一つの評決を下すのはとても難しかった。それは、どちらの意見も、「たしかにそうだ」と賛同できる内容、根拠が含まれていたからだと思う。今日の授業で一番印象に残っていることは、検事・弁護士・裁判官の方々からのお話を聞くことができたことだ。それによって、自分の意見、またはみんなの意見の視野が広くなり、今までの事件や、それぞれの意見の見方が変わるとともに、自分の下した評決も変わった。班のみんなと話し合えば話し合うほど班の意見は複雑になっていったが、先生方の助言やお話しにより、班の評決を下すことができて良かった。また、今日の授業によって、どうすれば相手を納得できるのかをよく考えさせられた。また、自分の意見が正しいとは限らず、相手の意見を聞いた上でさらに良い意見をつくり出すことの楽しさ、難しさそれをやり遂げる上での達成感を身をもって学ぶことができた。

以上の感想から、成果として次のことを挙げることができると考える。
①司法制度について生徒が身をもって学ぶことができた。
②証拠や証言をもとに有罪か無罪かを決める評議・評決を行うことによって論理的思考はもとより、相手を納得させる話し合い活動を進めることができた。
③難しい社会的事象ながらも生徒は積極的にかかわりながら楽しく学習を進めていくことができた。

やはり一番この学習を通して感じたことは模擬裁判など実際の司法制度にもとづいてより身近に感じさせることの大切さである。さらに、専門家を招いての指導助言をいただけたことは、生徒にとってもまた、指導する教師にとっても意味のある経験であったと考える。

また、生徒が自分の立場を明らかにして根拠を持って自分の意見を述べ、お互いに交流していく活動の大切さも感じた。特に、本校の生徒は意見交流していく中で、考えをより研ぎ澄ますし、練っていく活動が好きであり、今回は内容もしっかりと伴っていたように感じた。相手を納得させるという新しい視点も今回の学習では中心事項でもあったので生徒たちも生き生きと活動していた。

もう一つ社会科を教えていく上で、生徒たちから教師が気づかされたこと

として、楽しく学習を進めていくことの素晴らしさを改めて教えられた。普段の授業ではなかなか楽しく学習できたと思う生徒はそう多くはないが、今回の授業では、多くの生徒が充実感を持っており、楽しいと感じたことが授業感想などから読み取ることができた。

第4節 「模擬裁判」授業の課題と可能性

1.「模擬裁判」授業の課題

課題として挙げられるのは以下の通りである。
①裁判所・検察庁・弁護士会との連携の仕方に、より学習効果を高める方法があったのではないか。
②事前と事後の学習活動の充実。

まず、課題の①であるが、三者の連携には次のような学習が考えられる。例えば、実際に三者に今回のシナリオをもとに模擬裁判を行ってもらい、生徒はその様子を見ながら裁判員となって裁判の内容を整理していくという活動である。また、その直後の時間に評議・評決を行う学習活動を行っていく形とする。授業の時数的に言うと、連続した2時間という形で実践していくことで、模擬裁判の直後に評議・評決ということになれば、生徒の関心や思考が高まった中で学習を進めていくことができるのではないかと考える。

ただし、この学習方法自体にもいくつか課題があり、法曹三者の先生方のスケジュールが2時間という拘束時間があるということで合うかどうかという問題。生徒自身が、冷静な思考で整理して模擬裁判の争点に向かい合う時間が無くなってしまうのではないかという課題もある。

課題の②であるが、本時の評議・評決の学習効果を高めるためには事前の学習である司法の仕組みや、模擬裁判自体の内容の理解は不可欠である。そのために、学習時間を十分に確保していくことや、学習の内容を効果的に進めていくためにワークシートや視聴覚資料を活用していき、理解を深める助けとなるような活動が考えられる。

事後であるが、司法の仕組みから模擬裁判、評議・評決の学習を整理し、司法の仕組みを捉えつつ、現在における司法の動きを学んだところから再度捉える学習活動が必要なのではないかと考えられる。そのための活動として、司法の学習について論述させたり、司法の現状と課題についてディベートさせたりなどのまとめ方が考えられるのではないか。
　これらの点を踏まえて、今回の実践がここまで丁寧にやれたか、特に事後の学習については不十分であった感があるので課題として挙げることとした。
（二瓶　剛）

2.「模擬裁判」授業の意味
　ここでは、本実践「模擬裁判」の授業が意味することを若干列挙しておきたい。
　第一に、「模擬裁判」の授業のねらいは多岐にわたる可能性がある。いくつか例を示そう。①「模擬裁判を通して、裁判員制度について理解させる」という目標設定が可能である。その場合、裁判員制度とその意義を理解させることになるが、指導内容としては、裁判所の見学、裁判員制度に関する広報ビデオの視聴、専門家(法律家)の出前授業の導入などが考えられる。模擬裁判も裁判員制度の形式で行うことになる。②「模擬裁判の評議・評決を通して、多面的・多角的に考えさせる」という目標設定も可能である。判決を考え、評議を通して思考の深化(深める)を目指すのであれば、あえて模擬裁判を実施しなくてもよいことになる。模擬裁判を実施する場合は、単に多面的・多角的に考えさせるのではなく、「紛争・係争解決のための思考力」「コミュニケーション能力」の育成を目指すことになろう。また、裁判員が扱う刑事事件でなく、民事事件でも教材になる。③「模擬裁判などの体験的な学習を通して、国民の司法参加についての意義を考えさせ、市民として主体的に社会に参画する態度を育てる」という目標設定も可能である。この実践では、活動体験後の「振り返り」が大切になる。この活動を通して、市民が司法に参加する意義、「国民の視点や感覚が反映させているのか、司法に対する理解や信頼が深まったのか」を捉えなおすことが必要になろう。体験を通して、学習

プロセスには参加していることにはなる。

　第二に、ゲストティーチャー・専門家の活かし方は授業のねらいによって工夫する必要があろう。裁判員制度の場合は、検察官、弁護士が評議に加わることはありえない。しかし、「思考力・判断力・表現力」の育成をねらう「模擬授業」の場合、法律家・法曹界の専門家からアドバイスを受けることには意味がある。その道のプロからの指導は生徒たちにとっては貴重な体験になる。

　最後に、授業実践を観察しながら、生徒が自分の思考を思考すること、「メタ思考」の必要性を感じた。「模擬裁判」の授業を通して、「なぜ、自分はこのように判断したのか」「なぜ考え・評決が変わったのか」「明確に判断するためにはどんな証拠が必要なのか、何が足りないのか」などを考える場面を設定することも重要であろう。ただし、生徒の感想等にはその一部を垣間見ることができた。

おわりに

　この「模擬裁判」の授業は、埼玉大学教育学部附属中学校社会科部会の研究課題「知識・技能を活用する社会科学習〜思考力・判断力・表現力の高まりをとらえる〜」にもとづいて構想・実践されたものである。当初から、シティズンシップ教育を主題としたものではない。ただし、「模擬裁判」を通して裁判員制度の役割を考えることによって、国民の司法参加の意義を理解することは「シティズンシップ教育」につながると考える。

　法教育を通して育む「シティズンシップ」とは、「法的なものの見方や考え方」「法的リテラシー」などの資質とされる。まず、「法・ルールの意味を理解し、それを受け入れること」、そこから規範意識を育むことが法教育のねらいの一つであり、シティズンシップの育成にも通底する。今後も、法曹界からの助言を受けながら、シティズンシップ教育としての法教育を構想・実践していきたい。

（大友秀明）

参考文献

江口勇治・大倉泰裕編『中学校の法教育を創る―法・ルール・きまりを学ぶ―』東洋館出版社、2008年。
大杉昭英『法教育実践の指導テキスト』明治図書、2006年。
鈴木啓文監修・江口勇治・渥美利文編著『「法教育」Q＆Aワーク　中学校編』明治図書、2008年。
大村敦志・土井真一編著『法教育のめざすもの―その実践に向けて―』商事法務、2009年。

付記

本章は、大友秀明・二瓶剛「シティズンシップ教育としての法教育の課題と展開―模擬裁判の授業―」(埼玉大学教育学部附属教育実践総合センター紀要、第13号、2014年)を再構成したものである。

第5章

高等学校における「政策づくり」の授業実践

華井 裕隆

第1節 はじめに

　参加型民主主義を理解・実践するために必要なスキル・知識・態度を身につけ、行動的な市民となることを目指すシティズンシップ教育において、社会的課題解決の参加意欲と技能、政治リテラシーを高めるために、高等学校でどのような授業ができるのだろうか。

　筆者は、埼玉県立浦和第一女子高等学校(以下、実践校)において、2009年度から2014年度まで、1学年必修科目「現代社会」(2単位)の政治分野の単元において「政策づくり授業」や「政策えらび授業」を実践した。実践校は、埼玉県さいたま市浦和区に所在し、創立110年以上の歴史を持つ伝統校で、県内有数の進学校である。なお、授業時間は65分である。

　「政策づくり授業」は地方自治体、「政策えらび授業」は国のレベルの社会的課題を扱うが、どちらの実践も、行政側の視点を備えた政策立案能力・政策分析能力の育成を図るシティズンシップ教育である。本章では「政策づくり授業」、次章では「政策えらび授業」のねらいと内容を紹介し、その成果と課題、効果と限界についても考察を行う。

第2節 「政策づくり授業」とは

1. さまざまな政治参加

　社会のルールや予算配分、さまざまな政策を、社会の構成員である私たちが決定する、それが民主政治である。戦後70年、日本国憲法のもと民主政治を行ってきた我が国において、どのような政治参加の形態があるだろうか。高等学校「現代社会」の教科書には、議員や行政職に就く以外に、一市民として政治に参加する方法として、以下のような制度が紹介されている。まず、選挙で投票をする。条例の制定・改廃請求をする。自治体に事務監査の請求をする。地方議会の解散請求をする。自治体首長・議員・役員の解職請求をする。ある政策についての賛否を住民投票で問い、投票する。オンブズマン制度を利用して行政運営の実態を調査し、是正勧告を行う。そして、まちづくり協議会に参加して、役所と協働して公共政策の形成を行う、など。

　現実には、その他にも以下のような政治参加がある。

　「首長への提案制度」「役所への提案制度」を利用して提言する。特定の政策課題について、役所が意見募集を行い、検討、回答する「パブリックコメント」制度を利用して提言する。首長などが主導して、市民へ市政の状況を報告する「タウンミーティング」へ参加する。特定の政策課題について、市民の意見を取り入れるために設ける審議会や行政委員会の委員に応募したり、傍聴を行う。請願や陳情という形で、国や地方公共団体の議会や行政機関に意見や要望を述べる。自分たちの提案や要望を、議員へよびかけて議会による取組を促す。事業仕分けや、公開討論会、マニフェストの評価大会へ参加する、など。市民の政治参加の方法は、かくもたくさん存在するのである。

　日本では、1960年代後半から、公害や環境破壊、福祉、情報公開などの問題に対して各地で市民運動や住民運動が展開され、住民が地方の政治や行政に影響を及ぼすようになった。そして、1995年の阪神・淡路大震災以

降、市民による自主的なボランティア活動が注目され、1998年に「特定非営利活動推進法(NPO法)」も制定された。一方で、1980〜90年代に、地方分権の推進が求められ、今までよりも自治体が自由に政策形成をすることができ、NPO団体との協働を模索するようになった。日本の政治構造は「ガバメント(上下関係)」から「ガバナンス(対等・協力関係)」に移行しつつある。

しかし、市民の政治参加といっても、現実には以下のように参加のレベルに違いが見られる[1]。周知(インフォーミング、情報の提供)、形式参加Ⅰ(形だけの意見聴取)、形式参加Ⅱ(形だけの協議の場あり)、実質参加Ⅰ(決定の協議の場に参加)、実質参加Ⅱ(協議の場でイニシアティブ発揮)の5段階があり、市民が政治参加をしても政治行政がどの程度市民の意向を反映させるかは場合による。

これら政治参加の状況も「政策づくり授業」で折りにふれ生徒に紹介する。

2.「政策づくり授業」のねらいと方法

「政策づくり授業」は、実践校1学年必修科目「現代社会」の筆者の担当クラスにおいて2009年度から2014年度まで実践した授業である。

「政策づくり授業」は、6〜7時間構成で、さいたま市の問題(社会的課題)の改善策を考える授業実践である。社会的課題を解決するスキルを身につけ、政策立案過程や政治参加の知識を得ることにより、社会的課題解決への意識・意欲を高める学習を目指す[2]。

分析対象としたさいたま市は、実践校が所在する市であり、生徒の半数近くが居住している。また、市外居住の生徒にとっても、浦和駅や南浦和駅など、通学の際にさいたま市の施設を利用することは多い。本実践では、生徒が班に分かれて、さいたま市の生活者あるいは利用者として、さいたま市の問題について調べ、改善策を考える。市町村の社会的課題は、路上駐輪や分煙、ゴミ問題など、生徒にとって身近で改善しやすく感じられるものが多い。しかも、改善策を行政に提言する場合は、国よりも政治参加制度が充実していて、提言を届けやすい。改善策を行政に提言することにより、従来の政治学習とは違い「地方自治は民主主義の学校」という言葉を体感できる学習となる。

表5-1は、さいたま市の問題(社会的課題)の改善策を発表するまでのステップ(手順)を示している。1〜11の各ステップをクリアできれば、効果的な、実現可能性のある改善策を作成できる。逆にいえば、よい改善策が思いつかない場合は、これらの段階のどこかでつまづいているといえる。この表をもとに、授業の中でどのステップが足りていないのか、教員が確認して指導をすることができる。また、各ステップにおいて習熟度の評価をすることもできる。

本実践では、政策を考える上での注意点として、以下の五点を指導している。

①「問題の切実性」は十分か？(その問題は、本当に解決すべき問題なのか。被害状況の事例や数値を挙げて、「問題解決の必要性」を示すべき。この作業を充実させることで、この政策に予算をかけてまで行う必要性が伝わる。)

②「問題が生じる背景」を十分知っているか？(その問題が生じるのはなぜなのか。「問題が起こる原因」「問題が起こる原因の原因」の追究を深めるべき。この作業を充実させることで、問題を解決するアプローチが的確に浮かんでくる。)

③「改善策の妥当性」は十分か？(その改善策は、問題解決に効果的なのか。「なぜ効果的だと思うのか」なるべく詳しく説明できるようにすべき。この作業を充実させることで、他の改善策よりも優れていること、ぜひ実施すべきであることを強調できる。)

④「政策の長期目標」は見えているか？(その改善策を行うことで、どんな社会にしたいのか。多くの人が「住みたい」と思える社会を目指すべき。この作業を充実させることで、さいたま市に個性・独自性が生まれる。また、長期的な政策となる可能性がある。)

⑤「私たち(浦和一女生)にできること」はあるか？(市役所にできること・できないこともあれば、市民にできること・できないこともある。この作業を充実させることで、行政に頼らない改善策を思いついたり、社会の構成員としての自分に気づいたりできる。)

また、予算面での考え方として、①改善策の実施費用を推測する、②既存の予算の枠内でまかなえるかどうか考察する、③予算の増額を要求する場合

表5-1 さいたま市の問題(社会的課題)の改善策を発表するまでのステップ

	ステップ	授業の内容とねらい
1	問題の原因を探り、解決策をいくつか考える。	内容：「問題の原因は何か、さらにその原因の原因は何か」を挙げる。問題の原因を縦軸、横軸で考えながらたくさん挙げる。 ねらい：問題が生じる背景を深く広く探ることにより、現実的な改善策が浮かびやすい。
2	さいたま市役所や市民がすでに行っている対策を把握する。	内容：問題の原因を探る際、さいたま市役所や市民がすでに行っている対策も合わせて考える。 ねらい：さまざまな対策があるのになぜ解決しないのかを考えることで、問題を的確に把握し、よりよい改善策を考えることができる。
3	解決策には、市民ができることと行政がすべきことの二通りがあることを認識する。	内容：たくさん挙がった問題や原因、解決策の中で、「自分たちにできること」と「自分たちにできない(ので行政などにしてもらう)こと」に分ける。 ねらい：自治意識が高まることで提言の必要性を認識できる。また、問題解決への意欲が高まる。
4	問題の切実性を明確に把握する。	内容：その問題は、なぜ解決しなければならないのか、三点挙げる。 ねらい：問題の切実性を把握することで、問題をより的確に把握することができ、問題解決への意欲が高まる。
5	さいたま市の特性を知り、改善策にさいたま市の理想的将来像を反映させる。	内容：「さいたま市のいいところ」を挙げてグルーピングをして(KJ法)、「さいたま市の将来像」を考える。 ねらい：さいたま市の長所に着目することで市への愛着が湧く。また、さいたま市の長所を把握し、改善策に「さいたま市の将来像」を盛り込むことで、長期的な政策プランを提示できる。
6	「政策」レベルを目指して、具体的な改善策を考える。	内容：問題について、効果的な、実現可能性のある改善策を一つ挙げて、実施方法や期限、数値目標、予算などを具体的にワークシートに記入する。 ねらい：改善策を詳細に考えることで、具体性が増す。
7	独善的でない改善策を考える。	内容：「改善策の効果」「デメリット」「実現に向けて困難な点」「さいたま市の将来像」を書く。 ねらい：効果やデメリットなどを考えることで、独善的な改善策になることを防ぐ。
8	他の自治体や他団体の事例を参考にして、よりよい改善策を模索する。	内容：問題に対する他市の事例を調べる。 ねらい：よりよい改善策を模索することができる。
9	さいたま市の政策の方向性に合う改善策を考える。	内容：さいたま市の総合計画や政策の方針を調べ(あるいは教員などが提示し)、それに沿う改善策を考えさせる。 ねらい：改善策の実現可能性を高めることができる。
10	改善策実現のために適切な提案方法を選択する。	内容：改善策実現のために適切な「改善策の提案の仕方」を選択し、その様式で記入する。 ねらい：改善策の実現方法は選択肢が多数あることを理解し、各方法の手順を擬似体験できる。
11	改善策をわかりやすく、相手に切実に的確に伝える。	内容：各班がまとめた「発表シート」を全員に配布し、各班独自の方法で発表を行う。 ねらい：寸劇や模造紙の使用など、わかりやすく、相手に切実に的確に訴えるプレゼン力を育成できる。

は政策の必要性を説明する、④他の予算を削って財源を確保する場合は、他の政策との優先順位のちがいを説明する、という以上四点を指導している。

第3節　「政策づくり授業」の実践

　「政策づくり授業」は、実践校1学年必修科目「現代社会」の筆者の担当クラスにおいて2009年度から2014年度まで実践した授業である。
　2009・2010年度の実践では、クラス内で4人程度の班を設けて、各班が解決したいと望むさいたま市の問題について改善策を作成した。作成後、希望する者は「わたしの提案」という市長への提案制度を利用して、さいたま市役所に提案をした。
　2011年度には、各班がばらばらの問題に取り組むのではなく、クラスに一つの問題を設定し、各班が共通の問題に取り組むようにした。一つの問題に対して、クラスでさまざまな改善策が提示されることにより、学習効果が深まると考えたのである。
　2012・2013年度には、さいたま市の先進的取組である「公共施設マネジメント計画」を題材にして、財政面の負担を考慮しながら、老朽化する公共施設をどうするのか、また、どのような複合施設が考えられるのかについて、学習した。
　そして、2014年度には、女子高にとっても我が国にとっても切実な問題である、女性の生き方・働き方についてクラスで改善策を考える実践を行った。
　このように、「政策づくり授業」ではさまざまな内容・形態が考えられる。以下、実践した年度順に、三つの学習形態を紹介する。

1. 各班別テーマ学習(2009年度3学期2クラス・2010年度2学期3クラスで実践)

　本実践の事前学習として、夏季休業中に「わたしの町の困ったこと、気になること」と題する宿題を課した。内容は、生徒の居住地あるいは通学地の

社会的課題を、各自が一つずつ選び、地方自治体や市民の対策を調べて、10段階で評価を行い、可能であれば「私の考える改善策」を書く。生徒が選択した社会的課題は、財政や温暖化対策、待機児童、ごみ収集など多岐にわたっていた。この宿題を通して、生徒は自ら選んだ社会的課題と政策に対して関心を高め、理解を深めることができる。しかも、調査対象地域がさいたま市に限定されないため、他の市町村の政策を「政策づくり授業」で活かすことができる。スキルとしては、社会参加の基礎的能力でもある情報収集・情報分析の技能を高め、さらに、改善策を考えた場合には、提案の技能も高めることができる。

　本実践では、4人程度の班をつくり、この宿題をもとに、さいたま市のどの問題に取り組むか、生徒が自由に設定した。2年間で合計41班(5クラス)が選んだテーマは、放置自転車や自転車の運転マナー、ひったくり被害など交通関係が15件、ごみの分別徹底やレジ袋の削減など環境問題が8件、待機児童の解消や子育て支援など保育・教育が5件、その他には、喫煙マナーや財政の改善、農業人口の減少やムクドリのフン害、岩槻駅周辺の活性化など、さまざまな問題が設定された。

　このような問題に対して、高校生らしく、具体的な改善策を考案するよう求めた。

　そのために、特に「問題の原因を探る」こと(ステップ1)を重視した。例えば、自転車の路上駐輪が多い原因は、駐輪を面倒くさいと思うためか、駐輪場の値段が高いためなのか。駐輪を面倒くさく思う原因は、駐輪場が駅から遠いためか。駐輪場の値段を高いと思う原因は、買い物目的で短時間停めるには高いためなのか、原因の原因まで考察するよう求めた。また、路上駐輪の実態調査など、問題を詳細に分析することにより、改善策の妥当性が向上することも指導した。さらに、ステップ7で「この改善策を実施することで得られる効果と、デメリット」についても考察することで、「独善的でない改善策を考える」よう指導し、「この改善策を実現するために困難な点」について考察することで、実現可能な改善策を考案できるように指導した。

　また、「さいたま市役所や市民がすでに行っている対策を把握する」こと(ス

テップ2)を求め、さいたま市長が掲げた100以上の政策集「しあわせ倍増プラン」や、さいたま市の市報、議会報などを各クラスで閲覧できる状態にした。すでに行われている対策と重複しては意味がないし、行政の政策や市民活動を学習するよい機会だからである。

そして、「この改善策を実施することでどのようなさいたま市にしたいのか」(ステップ5)を考察するよう求めることで、単発の政策ではなく長期的視野を持った政策を作ることを意図した。「さいたま市の将来像」を考えることは、市への愛着や自治意識を向上させることにもつながるためである。

このように、できる限り実現可能で、かつ解決力のある改善策を考えることにより、生徒が社会的課題解決の意欲を高め、市政への提案意欲も高めることを期待した。

以下に、実際に市役所に提案を行った班の提案内容と、市役所からの回答(A～C班いずれも2010年度)を紹介する。

まず、A班は、川の流域のゴミをなくすために以下のような提案をした。

> さいたま市のPRキャラクターのヌゥを使って、さいたま市の人々に興味を持ってもらうように工夫しました。①ごみのポイ捨て防止ポスターの設置、②分別ゴミ箱の設置、③ごみ拾いボランティア(ポイントカード制)です。③については、ヌゥが元気に住める川づくりをテーマに、ヌゥのイラストのポイントカードを作り、川のゴミ拾いをするたびに1ポイントたまり、5ポイントで粗大ゴミ一つを無料で回収、焼却できるという制度です。これらの対策により、ゴミ放置が減り、地域の人とのかかわりが増え、環境に対する関心も増えます。ご検討よろしくお願いします。

これに対し、市役所からは以下のような回答(要約)をもらった。

> ①ヌゥを使用したポスターの設置については、すでに行っています。②分別ゴミの設置については、ポイ捨てゴミの減少には一定の効果が見込まれるが、不法投棄を誘引する恐れが大きく、非常に困難です。③ごみ拾いボランティアについては、すでに「さいたま市水辺のサポート制度」を実施しており、サポーター(ボランティア)を確保していますが、ポイ

ントカード制の導入については、本制度のサポーター支援充実のための貴重なご意見として、今後の参考にさせていただきます。

また、B班は、さいたま市のCO_2排出量削減と、発展途上国への貢献という一石二鳥の改善策として、ペットボトルのキャップ収集箱設置を提案した。これに対し、市から以下のような回答(要約)をもらった。

ペットボトルのキャップを集めワクチンにするというエコキャップ運動については、人道的、および環境への配慮の観点から、大変有意義と受け止めています。市庁舎や区庁舎、学校から排出されるエコキャップを関係団体に引き渡す協力を今後も行います。廃棄物処理法では、一般廃棄物は、廃棄された自治体で処理を行うという原則があります。一度確認したのですが、キャップは資源物ではなく、廃棄物であるというのが国の意見です。つまり、さいたま市で排出されるキャップは、一般廃棄物に該当するため、これを関連団体へ送ることは、違法状態を推進することになってしまいます。そこで市では、キャップなどはチップ化してプラスチックの材料に活用してもらっています。現在市庁舎にキャップ回収箱がありますが、あれは団体に420円を負担してもらって設置しており、人道上有意義であるため、看過している状態です。

そして、C班は、以下のような提案を行った。

私たちは、家庭ごみ収集場にゴミが散らかっていることを不快に思いました。そこで、三つの改善策を提案します。一つ目は、ゴミにかぶせるネットを黄色で目の細かいものに変えることです。普通のネットの約2倍の価格ですが、カラスの特徴を調べたところ、効果が期待できます。二つ目は、ごみの中身を新聞紙でくるむことです。これは各家庭のことになりますが、カラスにゴミをあらされることを防ぐことができます。三つ目は、この二つ目の改善策を実行してもらうように呼びかけることです。ポスターなどで呼びかけることで、少しでも市民の意識を変えられたら、と思います。改善策は以上です。ご検討よろしくお願いします。

これに対し、市からは、以下のような回答(要約)をもらった。

> 家庭ごみ収集所の管理は、市ではなく、地域住民が行っています。カラス対策は、確かにネットの使用が有効なのだが、住民に強制はできず、呼びかけをしています。

　以上のように、生徒の提案は、市役所職員の対策見直しを迫るような鋭い視点からのものもあった。しかし、その一方で、市役所の対策を十分踏まえていないと思われる提案内容もあったが、提案と市役所からの回答を通して、生徒はなぜその政策が実現しにくいのかを学ぶことができた。

　2年間の実践で、2009年度は17班(2クラス)のうち4班(少子化、財政、ゴミ問題、放置自転車)が、2010年度は24班(3クラス)のうち6班(河川敷のゴミ問題、ペットボトルキャップ回収箱設置、家庭ゴミ収集場の整理、駐輪場改善、自転車盗難、浦和駅前の景観美化)が、「わたしの提案」制度を利用して市役所へ提案を行い、これら10班のうち5班が「優れた提案である」など高評価の回答を得た。中でも、浦和駅前広場のゴミ箱を分別にする改善策は、市の政策として採用された(2010年度)。また、さいたま市のさまざまな手当をくまなく利用してもらうために、別々の窓口ではなく、市民に一つの窓口で案内するという改善策については、さいたま市がつい2年前から実施し始めたことであり、他の市ではまだ実施していないので非常に優れている改善策である、という評価を得た(2009年度)。さらに、路上駐輪を減らすために、駐輪場をポイント制にして商店街などでポイントを使用できるようにする改善策については、提言の後、実現可能性について市役所と生徒の意見交換の場が持たれた(2009年度)。

　2010年度は、2学期に「政策づくり授業」を実施して市に6班が提案し、市役所からの回答を3学期の授業で紹介し、地方政治について学ぶ教材とした。同時に、改善策に対して、四つの観点(解決すべき問題であるという切実性が伝わっているか、改善策の実現可能性は高いか、問題への効果は高いか、実施に値するか)で5段階評価を行い、生徒に還元した。総合評価の低い班(3点台前半)は、改善策の予算額が大きいがその必要性を説明しきれていなかったり、さい

たま市としてその改善策に取り組む重要性が説明不足であったり、この改善策がどの程度効果があるか疑問であったり、まだ改良の余地が残っていた。総じて、どの班も「問題の切実性」「問題の効果」についてはよく考えていたが、「実現可能性」「実施に値するか」については不十分な状態であった。このように各班の改善策に対する教員からの評価を伝え、パソコンルームで他市の事例を調べる時間を設けて、改善策のブラッシュアップを図った。その結果、8班が3学期に市政(あるいは市政では限界があったため県政)に提案を希望したため、年間を通じてのべ14班が提言を行った。あわせて、市政への提案だけでなく、議会への請願・陳情や条例制定請求などさまざまな手法があることを示し、改善策を実現化するためにはどの方法が最適か、考察するよう求めた。

2. 各クラス別テーマ学習 (2011年度2学期5クラスで実践)

本実践では、各班がばらばらの問題に取り組むのではなく、クラスに一つの問題を設定し、各班が共通の問題に取り組むようにした。一つの問題に対して、クラスでさまざまな改善策が提示されることにより、学習効果が深まると考えたためである。夏休みの事前学習(宿題)の中から、解決したい問題をクラスで一つ選び、表5-1のステップで各班が改善策を考案した。

担当した5クラスでそれぞれ扱った問題は、「放置自転車」「自殺者数が多い」「投票率が低い」「生活保護世帯が増加し財政負担が増大している」「災害対策」の問題の五つであった。各クラスで一つの問題を扱うことにより、防災課や福祉総務課、健康増進課、選挙管理委員会など市役所職員を外部講師として迎えて、改善策作成の際にアドバイスを受けたり、改善策について講評していただくことができた。改善策を考察する際に、生徒も教員も、市役所の政策も調べるのだが、なかなか調べたりないものである。担当課の職員に直接話をうかがうことで、より深い政策の理解につながった。

以下に、5クラスで考案された改善策を紹介する。

まず、「放置自転車」問題を扱ったクラスでは、以下のような改善策が考案された。

- 自転車に業者にしか読み取れないコードをつけておき、自転車を放置した場合、呼び出されて3回目には罰則を受けるようにする。
- 路上駐輪多発スポットに「この自転車は寄付したものとみなします」「自転車をご自由にお取りください」という張り紙を貼る。
- 広い歩道に線を引いて整列して駐輪できるスペースを増設し、駅前や商店街の店に用がある時は、利用したお店で駐輪券をもらって駐輪料金をタダにする。そして加盟店の従業員が交代で駐輪券をチェックする。
- 地元の子どもたちからデザインを募集して、放置自転車が置かれるところに子どもの描いた絵や浦和レッズのサインなどを地面に設置する。

　その他には、小中学生にポスターを作製してもらい、放置自転車の撤廃を訴えるなどの改善策が出された。総じて、教育で路上駐輪禁止の意識を啓蒙したり、路上駐輪をしたくない状況を作ったり、正規の駐輪場に駐輪したくなる状況を作ったり、駐輪場の狭さを改善したりという意図が見られた。
　次に、「自殺者が多い」問題を扱ったクラスでは、以下のような改善策が考案された。

駐輪場の案を発表している様子

第5章　高等学校における「政策づくり」の授業実践　117

- 小中高の授業の一環としてカウンセリングの方法を学ばせる。道徳の授業の変わりに、生徒参加型のカウンセリングの授業を入れる。「心のノート」の代わりにカウンセリングの教科書を作る。
- 相談所のポスターをいたるところに貼ったり、携帯電話に相談所の番号を入れたり(購入時)して、相談できる場所があることを知らせる。
- 義務教育期間に、学校で自殺防止の講演会を開催する。
- 引きこもりの人に対して、TVで放映するCMでうったえて、CMをはやらせる。例えば、アニメで「死んじゃだメダカ！」「気軽に相談しよウナギ！」「悩みを話そウツボ！」「一人じゃなイルカ！」「いつでも君のみかタツノオトシゴ！」「君の相談で悩みが晴れるよ、電話しよう！」とよびかける。

　その他には、自殺しそうな人に、人生の楽しみを見つけられるイベントや相談所を増やすなどの改善策が出された。総じて、教育で自殺防止の意識を啓蒙したり、カウンセリングマインドのある人材を増やしたり、自殺しそうな人を相談所につなぐ手段を増やしたり、CMやイベントで孤独でないことや人生の楽しさを伝えたりという意図が見られた。

選挙管理委員会の職員による講義

班での話し合い

　そして、「投票率が低い」問題を扱ったクラスでは、以下のような改善策が考案された。

- 選挙啓発出前講座を、市内のすべての中学校で行う。
- インパクトのあるキャッチコピーを設定し、公共交通機関を利用したはりだし、若者に、投票に参加しないことが自分たちの首を絞める結果になることを伝える。
- 選挙のお知らせの紙を投票用紙にして、投票箱は駅などの人が集まる場所に設置する。
- 選挙の雰囲気をよくするために、投票所に花を置いたり、音楽を流したり、みらいくん（選挙啓発のキャラクター）が町中を歩き回ったりする。

　その他には、学校や職場に投票所をつくったり、年代別の立候補者枠をつくり、どの年代も均等に立候補できるようにして若者に興味を持たせる、法律を制定して投票を義務化する、ポイント制にして治療費や運賃など公共機関の優先権や割引券を発行する、などの改善策が出された。総じて、教育で投票意識を啓蒙したり、投票しないデメリットを伝えたり、投票所を気軽に行ける雰囲気にしたり、投票所を増やしたり、若者に興味を抱かせたりという意図が見られた。

　また、「生活保護世帯が増加し財政負担が増大している」問題を扱ったクラスでは、以下のような改善策が考案された。

市役所職員を招いての質疑応答

- 生活保護受給者の調査をする際に家庭訪問や書類審査を強化して、本当に必要な人を絞り込む。そして、一生のうちに生活保護をもらえる期間を3年間など設定することにより、自立を促す。
- 生活保護受給者に就職支援プログラムを実施したり、不正をなくすために強制監査をしたり、ボランティアへ派遣して働く意欲を増加させたりして、受給者のタイプごとに細やかな対応をする。
- 生活保護受給者に必要な資格習得をサポートして、農家、福祉介護分野など労働が不足している職場で働く機会を与える。
- 職業訓練をイベント化して参加率を上げ、これに参加しないと生活保護を減額するようにしたり、職業訓練に参加したことを履歴書に反映させて、就職しやすくしたりする。

その他には、生活保護受給者は、生活保護カード（クレジットカード）と、受給者は引き落としができない公共料金など用の口座を作り、それで買い物をしてもらい、自治体が買い物内容を確認して無駄をなくす、などの改善策が出された。総じて、生活保護受給者の自立を促したり、受給者の出費を管理したりという意図が見られた。

最後に、「災害対策」問題を扱ったクラスでは、以下のような改善策が考案された。

- 駅や学校など公共施設のトイレに、「危ない場所」「市が行っている対策」「私たちにできる対策」「避難経路」を貼ることを義務化する。
- 駅の出口に、避難場所の地図を設置して、出先の人や外国人でも避難場所がわかるようにする。
- 現在地から最寄の避難所までの地図をポスターにして貼る。また、周辺の避難所や施設の位置や距離をまとめたものを、フリーペーパーとして店舗においてもらったり、各学校や会社に配る。
- 帰宅困難の際に、障害者に対応できる人を呼びかける。障害者に状況を知らせたり、危険な場所からの避難誘導をしたり、障害の種類にあわせた対応をする。

その他には、避難所以外に集会所を作り、みんなが集える場所にして、地震発生直後は安否確認をして、長期的に住民自ら食事を作るなどの作業を通して交流し、子どもやお年寄りなど幅広い世代が集まる場所、仮設に分かれても集える場所にするという改善策などが出された。総じて、日常生活で避難経路を意識させたり、外国人や障害者の避難を保障したり、災害発生後の人のつながりを重視したりという意図が見られた。特に障害者や外国人への配慮は行政でも充実していない部分であり、避難経路の意識化も市職員から高く評価された。以上5クラスにおいて、改善策が不十分で現実的でない班も見受けられたが、外部講師の市職員からは、「どの班も問題をよく分析しており、実現可能で効果的な改善策もあるし、我々が気づかない独自の視点もあった」との感想をいただいた。

3.「公共施設マネジメント計画」学習（2012年度・2013年度の3学期1クラスで実践）

本実践では、さいたま市の先進的取組である「公共施設マネジメント計画」を題材にして、財政面の負担を考慮しながら、老朽化する公共施設をどうするのか、また、どのような複合施設が考えられるのかについて、学習した。

築35年の笹子トンネルが崩落した事故（2012年12月）にも見られるように、全国で公共施設の老朽化が進んでいる。現在は、公共施設が多く建設された高度経済成長期（1965～73年）からすでに約半世紀が経過している。さいたま市の公共施設（建物）の半分は学校であり、大半が築30年以上経過している。さいたま市が現在改修・更新にかけている予算は128億円（2011年度）だが、今後40年の平均は約2.2倍の283億円かかると試算されている。もしも、予算を増額しない場合は、55％の公共施設（建物）が更新できず、使用不可能となってしまう。さいたま市でも、少子高齢化による生産年齢人口の減少と高齢人口の増加、税収の減少と社会福祉費の増大は予想されている。

今後のシナリオとしては三つあり、第一は、何も改修・更新をしないで公共施設が崩壊してしまうケース、第二は、多くの施設を改修・更新して財政破綻におちいるケース、第三は、現状の予算額で新築・改修・更新を続けて使用可能な施設と使用不可能な施設が中途半端に混在するケース。ここでさ

いたま市が目指すのは、第四のシナリオ「公共施設マネジメント計画」である。つまり、できるだけ新設はせず、新設する場合には複数の施設を同じ敷地にまとめて作り直して(施設の複合化)、現在の施設量(床面積)の約15%を今後40年間で削減しようという計画である[3]。これは国内でも先進的な事例であり、今後他の自治体でも必要とされる計画である。

　学校と公共施設の複合化について、個別具体的な事例を使用して考えることは、政策立案の実務的な部分であり、今までの「政策づくり授業」よりも一歩踏み込んだものとして、実践する価値が高い授業であると考え、授業実践に取り組むことにした。ただ、事情により時間数が厳しく、4時間構成で実践を行った。

　1時間目には、外部講師としてさいたま市行財政改革推進本部行政改革チームの西尾真治氏を招いて、さいたま市における公共施設の現状と課題、財政への影響、さらに「公共施設マネジメント計画」における複合化の考え方が紹介された。授業の最後に、「公共施設(公民館、児童・老人センターなど)をどのような活動で使ったことがあるか？」家族に質問するという宿題を出した。

　2時間目には、少人数の班に分かれて、小学校と公民館や高齢者施設、児童館など公共施設を複合化することについて、メリット・デメリットを挙げた。そして、「あなたはどのような公共施設を利用したことがあり、公共施設のどのような活動を知っているか？」「将来どのような施設があったらよいか？」話し合った。最後に、実践校近くの公共施設として、浦和南公民館、仲本児童センター・老人福祉センターの年間スケジュールを提示して活動内容を紹介した。

　3時間目には、「浦和南公民館が10年後に改築をすることになった。浦和区の高砂小学校にも空き教室ができた。住民からは老人福祉施設・乳幼児施設の要望もある。そこで、高砂小学校の空き教室、あるいは校舎を増設した場合に、他の機能を併設するとしたら、どのような機能を複合化するか？」というお題を出して、各班でベストと思える複合化案を提案するよう指示した。これにより生徒は、複合化で生じる課題に対して、ハード面、ソフト面でど

のような工夫をするかが問われることとなる。そして4時間目には、各班の意見を発表した。

　本実践は、今までの「政策づくり授業」よりも一歩踏み込んだ、個別具体的な政策について学習する授業実践となった。生徒はこの学習を通して、さまざまな市民の存在についても学んだ。しかし、さまざまな市民の存在をもっとリアルにつかめるように、ロールプレイや合意形成の要素を授業に盛り込むべきであったと反省している。

4. さまざまな「政策づくり授業」

　「政策づくり授業」では、当初、「わたしの提案」という市長への提案制度を利用して提言を行っていた。さいたま市に在住・通学する者として、問題についての改善策を提言して、文書や電話で市役所からの回答をいただく、というものである。しかし授業実践2年目にして、広報課より、「この提案制度は、学習のためのものではない。提案への回答には各課が真摯に応えている。あまりに提言が多いと困るので数を絞るか、パブリックコメントなども利用してほしい」との連絡が入った。本実践の提言は、稚拙な提言は含まれていないと自負しているし、本来、さいたま市民やさいたま市の利用者からの意見は、広く受けるべきであるとも思う。しかし、広報課の意見もむげにはできないため、3年目から授業内容を変えて、外部講師を迎えてコメントをいただく形に変えた。また、パブリックコメントへの提言も実践しようと考えたが、例えば「さいたま市の再生エネルギー政策についての意見を求めます」という課題が設定されてから、2ヶ月程度しか提言を受けつけておらず、市からの回答がホームページで公開されるのにも時間がかかる。さらに、授業で扱いたいパブリックコメントの課題が必要な時期にあるとは限らない。これらの点により、パブリックコメントはあまり授業実践には向かないと考える。

第4節 「政策づくり」授業の成果と課題

　さまざまなタイプの「政策づくり授業」であるが、いずれも、授業のねらいとして以下の三つを設定し実践した。

　第一に、社会的課題を解決する技能を高め、社会的課題の解決や提言についての意欲を高める。第二に、地方政治に対する知識・理解を深め、関心を高める。第三に、社会的課題の解決や、政治参加についての知識・理解を深める。

　本実践の成果と課題を、授業前後のアンケート結果(2010年度)[4]をもとに述べる。

　まず、本実践の成果は四点挙げられる。第一に、社会的課題の解決・提言の技能と意欲を高めた。授業前の生徒は、社会的課題に対する関心は高いが、問題解決のための技能に自信がないため、社会的課題解決にかかわろうとしたり提言したりする意欲が低く、また、政治参加についての知識・理解は少ない状態であった。ところが授業後は、社会的課題に対する関心が高まり、解決・提言をする技能と意欲が高まったと答える生徒が多かった。つまり、社会的課題の解決・提言の技能を高める実践を行うと、解決・提言の意欲も高まるという結果が示されたのである。アンケートによると、提言した班だけでなく、提言しなかった班も、社会的課題解決・提言の意欲と技能は高まっている。授業前には、提言班は非提言班よりも意欲や技能が低かったが、提言後の意欲と技能の高まりは、非提言班以上のものがあった。この結果は、意欲や技能の低い生徒・学級・学校であっても、社会参加への意欲や技能を高められる可能性を示唆している。そして第二に、地方政治に対する知識・理解を深め、関心を高めた。地方自治体の選挙への関心も高まり、政治や社会の問題と聞いて地方の問題を連想する生徒が増加した。また、行政機関などが社会的課題に対してさまざまな対策をしており、市民の声を活かす工夫を増やしていることを理解している生徒も増加した。第三に、社会的課題の解決や、政治参加についての知識・理解を深めた。行政や市民の解決策やさまざまな政治参加の形態を学習した。第四に、本実践では、政策の優

先順位など行政側の立場も学ぶことができるので、地方自治や政治参加だけでなく、社会保障や財政の分野でも、生徒の学習に深みが増した。

　一方、課題も挙げられる。授業後アンケートでは「社会的課題について、解決策を見つけて提言することができない」と考える生徒も多く存在した。この中には、問題解決の技能が低い生徒と、技能が高くても、社会的課題の解決はそれほど簡単ではないと考える生徒が混じっていると思われる。いずれにせよ、問題解決の技能を伸ばすことは、今後の授業実践の課題である。問題の把握・分析が不十分なために、改善策の妥当性が低くならないよう、調査・分析段階の学習活動を充実させなければならない。また、構想力、提案力、プレゼン能力など総合的な能力の育成が必要である。

　さいたま市を教材とする「政策づくり授業」の実践は、社会的課題に対して改善策を考案することを学び、必要に応じて行政へ提言のできる人材を育成する実践となった。有為な社会の形成者の育成に貢献できる教材として、本実践を紹介したい。

注
1　松下啓一『政策条例のつくりかた』第一法規、2010年、138頁。
2　華井裕隆・大久保正弘「高等学校公民科におけるシティズンシップ教育実践―社会的課題解決の教育モデルに基づくさいたま市政策づくり授業―」日本社会科教育学会『社会科教育研究』第115号、2012年、39-52頁。
3　さいたま市行財政改革推進本部『さいたま市公共施設マネジメント計画』、2012年、4-11頁。
4　華井・大久保、前掲論文2、47-51頁。

第6章
高等学校における「政策えらび」の授業実践
——原発問題を通じたエネルギー政策を考える——

華井 裕隆

第1節　はじめに

　前章では、シティズンシップ教育において、社会的課題解決の参加意欲と技能、政治リテラシーを高めるための高等学校での実践として、「政策づくり授業」を紹介した。

　「政策づくり授業」と、本章で紹介する「政策えらび授業」、どちらの実践も、行政側の視点を備えた政策立案能力・政策分析能力の育成を図るシティズンシップ教育である。

　筆者は、埼玉県立浦和第一女子高等学校(以下、実践校)において、2012年度から2014年度まで、1学年必修科目「現代社会」(2単位)の政治分野の単元において「政策えらび授業」を実践した。実践校は、埼玉県さいたま市浦和区に所在し、創立110年以上の歴史を持つ伝統校で、県内有数の進学校である。なお、授業時間は65分である。

　本章では、まず、「政策えらび授業」のねらいと内容、成果と課題、効果と限界について考察したのち、「政策づくり授業」と「政策えらび授業」をあわせた実践の可能性と、「政策づくり授業」と「政策えらび授業」の効果と限界について考察を行う。

第2節　「政策えらび授業」とは

　「政策えらび授業」とは、一つの社会的課題に対して、メリット・デメリット、コストや利害関係者、トレードオフなど、さまざまな観点から考慮して政策を選択する学習であり、社会全体の利益や将来の利益、公平性などについても考察することで、ルソーのいう「一般意志」的思考を育成することができる学習である[1]。このような「政策えらび授業」によって政策的思考を育成することができ、ポピュリズムに流されやすい大衆的な有権者ではなく、政策を考えて行動し投票をする市民的資質を備えた有権者を育成でき、ひいては、より成熟した民主社会の形成に貢献できる。

　政策的思考とは、社会的課題についてさまざまな視点で考察し、実行可能な解決策を構想する思考である[2]。私たち市民は、行政を監視し、政治家に投票し、その他さまざまな政治参加をする。しかし、高校教育において、政策について深く掘り下げ、政策評価力、政策判断力を育成する実践は現状では足りていない。

　では、なぜ政策的思考が必要なのか。第一に、政策を多角的に評価する能力を育成することで、政策を考えて行動し投票をする市民的資質を備えた有権者の育成が可能になり、より成熟した民主社会の形成に貢献できる。第二に、$R = P \times B - C + D$という式は、投票に伴うコスト(Cost)よりも、投票による利益(Benefit)や自分の投票の有効感(Probability)、投票義務感(Duty)が高ければ、投票行動を行うことを示している[3]。政策的思考の育成は、政党や候補者の政策と自分の関係、投票の必要性・重要性を実感できる取組であり、投票意欲を喚起できる。第三に、政策的思考の育成は、日本の政治教育に「社会的道徳的責任」「共同体への参加」だけでなく「政治的リテラシー」の視点を加味することになる。国家に都合のいい市民ではなく、シティズンシップ教育の目標である「政治文化の変革を担う積極的な市民」の育成に貢献できる。

　現在の日本では、高校進学率は9割を超え、準義務教育化している。有権

者になる直前の貴重な時期に政策的思考を育成することで、有為な社会の形成者を育成し、公論を盛んにすることや、より豊かな社会を実現することに寄与できると考える。

本実践の教材には、現在国論を二分していて、今後の社会の方向性に大きくかかわるエネルギー政策を選んだ。3・11の原発事故も生徒の記憶に新しく、エネルギー政策は、生徒の実生活にかかわりの深いテーマである。また、多面的に政策を分析できる教材である。

第3節 「政策えらび授業」の実践

「政策えらび授業」は、実践校1学年必修科目「現代社会」の筆者の担当クラスにおいて2012年度から2014年度まで実践した授業である。本稿では、2013年度の実践を紹介する。

「政策えらび授業」は、6～7時間構成で、問題の解決策（政策）について、多面的な分析を行うことにより、政策的思考を育成し、政策評価力、政策判断力の育成を図る実践である。

1. 原発事故

2011年3月11日に発生した東北地方太平洋沖地震と津波によって、東京電力福島第一原子力発電所の1～4号機はすべての電源を失った。このため、圧力容器内の水位が低下し炉心が高温になったが、非常用電源が故障したため緊急炉心冷却システムが作動しない状態が長時間にわたって続いた。福島第一原発の6基のうち、1～3号機は炉心損傷、冷却機能喪失、建屋損傷を起こし、定期点検中だった4号機も水素爆発を起こして建屋を損傷した。日本初の原子力緊急事態宣言が発令され、周辺半径20kmの住民には避難指示が出された。経済産業省原子力安全・保安院は、事故の深刻さを示す国際評価尺度の暫定評価を8段階のうち「レベル7」にすると発表した。

そもそも2010年に策定されたエネルギー基本計画では、地球温暖化対策

の必要もあり「発電電力量に占める原発の割合を2030年には約50％まで増加」「そのために14基以上の原発新増設」を目指しており、震災前は、日本の電力の32％を原発でまかない、54基の原発が存在していた。しかし震災後は、原発依存度は低下しつづけ、2012年5月5日にはついに日本中の原発が止まった。要因としては、政府による停止要請だけではなく、日本の原発は13ヶ月ごとに定期検査を受けることになっており、検査後も国民感情や地元不安があって再稼働できなかったためである。こうして電力供給力が大きく損なわれたため、計画停電(輪番停電)が行われ、暮らしや経済活動に大きな影響を与えた。同時に、火力発電の比率が高まり、燃料となる石油や液化天然ガス(LNG)の輸入が急増したため、2011年、日本は31年ぶりに貿易赤字に転落した。

　その後、保安院が原発に対してストレステストを実施したり、原子力規制委員会が原発敷地内の断層は活断層でないか調査するなどしている。「反原発」「脱原発」の国民世論が盛り上がりを見せる中、早急に原発稼動ゼロを実現することは非現実的だという意見や、仕事を失われてしまうという原発地元住民の意見もあり、国論は定まっていない。国のエネルギー政策の指針となる「エネルギー基本計画」についても、民主党の野田内閣は「2030年代に原発稼働ゼロ」を目指した(2012年10月)が、その後の安倍内閣では、原発を「重要なベースロード電源」と位置づけ、再稼働を進める方針を明確にした(2014年4月)。福島第一原発の事故処理も目途がたっておらず、核燃料サイクルもいまだに完成していない。日本のエネルギー政策の方向性はまだまだ定まってはいない。

2. 授業のねらいと内容

　本実践においては、四つの立場を設定した。将来的に現状よりも原発の基数を増やす場合は「拡大」派、変えない場合は「維持」派、減らす場合は「縮小」派、すべて無くす場合は「廃止」派と設定した。この四つの政策をめぐる対立軸は、少資源国日本での「電力の安定供給」と「安全」である。

　「廃止」派は、3・11の事故があった以上、安全な原発という幻想は捨てる

べきであり、再生エネルギーなどで安全な電力の供給を目指すべきで、また、原発のコストが安いという情報も、事故の補償額を含めれば疑わしいと考える立場である。「縮小」派は、たしかに事故はあったけれども、安全に運転できる原発も存在するので使わないともったいない、新エネルギーの開発には時間と金額がかかるため、残せる原発を利用していこうと考える立場である。「維持」派と「拡大」派は、事故が起きた反省を生かせば、より安全な原発を開発できるし、世界でもトップレベルの原発技術を捨てるべきではなく、他国へも輸出すべきだ、核燃料リサイクルの完成も近い、一方、新エネルギーは効率が悪く少量の電力しか得られず、安定供給ができないと考える立場である。

　つまり本実践は、少資源国日本での「電力の安定供給」と「安全」をともに可能にするエネルギー政策が定まっていないという社会的課題に対して、授業では、原発拡大・維持・縮小・廃止の四つの立場を設定して、さまざまな観点で政策を分析することにより生徒の政策的思考を育成する実践となっている。

　表6-1は、授業前の生徒の意見と、家庭の購読新聞との相関表である。

　朝日・東京新聞は反原発・脱原発、読売・日経新聞は原発維持・原発推進という傾向が、購読者にもよく反映されている。新聞社の主張が購読者の思考に影響を与えるのか、あるいは、購読者が思考に合った新聞社を選択しているのかは定かではないが、購読している新聞と、購読者の思考は似ている傾向があると思われる。また、未購読の家庭では、明確な傾向はないものの、やや原発維持に偏っている。

　本実践では、社会的課題に対する政策を生徒が理解し、考えを深め、生徒がある政策を選択する際に、その論拠を示しながら判断できる状態を目指す。このねらいを達成するために、ユージン・バーダック[4]とウォルター・パーカー[5]の政策分析の手法を参考にして、表6-2のような7時間構成の授業計画を作成した。

　授業の流れとしては、まず現状理解として、原発事故の内容と現状、政府や各政党のエネルギー政策を学習し(1時間目)、生徒が「原発拡大」「原発維持」

表6-1 生徒の意見と講読新聞(2013年度)

生徒の意見 (一時間目開始時)	朝日	読売	毎日	東京	朝日 毎日	朝日 日経	読売 日経	未購読	計
原発拡大	1		1					1	3
原発維持	2	8			1	1		2	14
原発縮小	4	5		1			2	2	14
原発廃止	5	1	1						7
計	12	14	2	1	1	1	2	5	38

表6-2 2013年2学期　政策えらび授業(エネルギー政策編)授業計画／対象クラス：1年3組(40人)

事前学習 アンケート		・1学期に、参院選の模擬公開討論会を実施して、9党の立場を理解した。 ・夏季休暇中に、宿題「エネルギー政策に関する新聞記事の切り抜き(10枚以上)」を課した。 ・2学期の最初に、アンケート(原発政策に対する現在の考え方、その理由、家庭では何新聞を取っているか)を実施する。
1時間目 (現状理解)	ねらい	①問題について理解する。 ②問題に対して、現在提示されている複数の解決策を理解する。
	内容	①東日本大震災当時の原発事故の内容と、現状について学習する。日本のエネルギー比率と、現在稼動している原発の数について学習する。 ②政府、各政党のエネルギー政策について、新聞の各党公約から班ごとに読み取り、クラス全体で共有する。 ③「原発拡大」「原発維持」「原発縮小」「原発廃止」の四つの立場に班分けをする(各班10人程度)。
2.3時間目 (調べ学習)	ねらい	①班員と協力しながら、情報を収集・活用して、自分の立場の主張を考察・作成する。 ②他の立場への質問を考えることで、政策のメリットとデメリットについて考察する。
	内容	①新聞記事やマニフェスト、インターネットを活用して情報を収集しながら、自班の主張を示す。 〈3時間目のはじめに、教員作成の資料プリントを配布する。〉 ②他班に質問し、論破するための準備を整える。
4時間目 (討論①)	ねらい	①情報を活用しながら、自分の立場の主張を伝え、他の立場と議論を深める。
	内容	①各立場に分かれて、今後日本はどの立場の政策を採用すべきか、討論を行う。 司会と、黒板に論点を書き出す書記の2名を生徒から選出しておく。 最初に各立場の主張を伝えて、その後、討論に入る。
5時間目 (論点整理考 察／コスト)	ねらい	①前回の討論を振り返りながら、政策論争の論点を理解する。 ②政策の効率性について、コストの面から考察する。

第6章　高等学校における「政策えらび」の授業実践　131

5時間目 (論点整理考察／コスト)	内容	① 前回の討論の発言録を見ながら、争点を振り返る。 ② 前回の討論で出ていない点、議論する上でおさえておくべき点を教員が説明する。 ③ 日本の電力供給量、震災前の各発電の発電量、各発電のコスト、原発の廃炉コストについて調べ、拡大・維持派は、原発事故への対策を、縮小・廃止派は、原発分の電力を何発電でどのくらい補うのか、考察する。
6時間目 (考察／公平性・その他)	ねらい	① 利害関係者とトレード・オフについて考察し、公平性の実現を考察する。 ② 社会全体の利益、将来の利益、政策が実現する価値について、それぞれの政策を考察し、政策を多面的な視点で評価する力を育成する。 ③ 公平とはどのようなことか、さまざまな視点から考察を深める。
	内容	① 公平とはどのようなことか、どのように公平性を実現するか、政策によって利益・損害を受ける人はだれか、損害を受ける人にどのような補償をするか(トレードオフ)、政策は社会全体の利益や将来の社会にどのような利益を与えるか、政策が重視する価値は何か、ワークシートに記入して、その後、クラス全体で共有する(→表2)。 ② 公平について、教員が二つの視点を提示し、考察を深める。
7時間目 (討論②)	ねらい	① 情報を活用しながら、自分の立場の主張を伝え、他の立場と議論を深める。
	内容	① 生徒がこれまで感じた質問に教員が答える。そして、いつごろ日本で原発が導入されたのか、チェルノブイリと東海村の事故について説明をする。 ② 各立場に分かれて、今後日本はどの立場の政策を採用すべきか、討論を行う。最初に各立場の主張と、拡大・維持派は、原発事故への対策を、縮小・廃止派は、原発分の電力を何発電でどのくらい補うのかを伝えて、その後、討論に入る。 ③ 最終的な自分の意見を書く。

「原発縮小」「原発廃止」の各立場に分かれて、各立場のメリットとデメリットについて調べ(2・3時間目)、今後日本がとるべきエネルギー政策について討論をする(4時間目)。

そして、その討論で挙がった論点について再度調べなおし(5時間目)、その他の観点(利害関係者とトレード・オフ、社会全体の利益や将来的利益、政策が実現する価値、公平性)から、各立場について考察する(6時間目)。そして再度討論を行い、最終的な自分の意見を書いてまとめる(7時間目)、という計画である。

通常のディベートや討論と異なる点は、メリットとデメリット以外に、以下四つの観点で、政策分析を深めることを求めた点である(6時間目)。第一に、もしこの政策を実施すれば、どのような人が損害をこうむり、どのような人

が利益を得るのか、政策の影響力を考察する。第二に、政策により損害を受ける人に対してどのような補償をするのか(トレード・オフ)を考察する。これらの考察により、この政策を実行するためにはどのような人を説得しなければならないのか、被災者への現在の補償は十分なのかについても考察できる。第三に、その政策が与える社会全体の利益、将来的利益や公平性について考察することで、社会を多面的に捉える思考の育成に役立つ。第四に、すべての政策には実現したい価値が盛り込まれているが、それは自分の立場にとってはどのような価値なのかを考察する。これにより、政策を見る視点を深めることができる。これら四点の考察を、ワークシートに記入し、班で話し合い、その内容をクラスで共有した。

　また、政策を評価、分析するには多くの観点があるが、こと原発問題については、地方と都市の関係が背景にあり、経済か安全かという議論にもなりやすい。政策の「公平性」について考えなければならない問題である。そこで、「公平性」について深く考察するために、一つの視点として以下のような講義をした。

　まず、マイケル・サンデルの『これからの「正義」の話をしよう』にも出てくる、「暴走する路面電車」の事例を紹介した[6]。この事例は、路面電車により確実に誰かが犠牲になる場合、被害者を1人か5人か、どちらの選択肢を選ぶのがよいかという、功利主義的観点の入った事例である。その上で、都市部にも建設されている火力発電所と、都市部の近辺には決して建設されておらず、事故の被害が最小限ですむ人口の少ない土地に置かれている原子力発電所の場所を地図で紹介した。これらを踏まえて公平とは何かについて考察し、それぞれの立場を支持する理由を公平性の観点から主張することを求めた。

　原発拡大・維持派の生徒からは、多数の幸福のためには少しの犠牲は仕方ない、しかし損害を受ける人のために安全確保や補助金で少しでも公平に近づけるべきだ、また、何かを犠牲にして生きているという自覚が私たち全員足らないのではないかと思う、などの意見が感想用紙に書かれた。一方、原発縮小・廃止派の生徒からは、東京湾に建てられないならば原発は廃止にすべきだ、少数の人を危険にさらしてまで豊かさを求めるべきではない、しか

し、周りのことを思って多少の犠牲を受け入れることは尊いことだし公平な世の中につながる、などの意見が書かれた。マイノリティから見る公平性について学習したことで、公平とは何か、補償とはどのようなものかなどについて考察を深めることができた。

司会・書記が活躍

四つの立場に分かれて議論

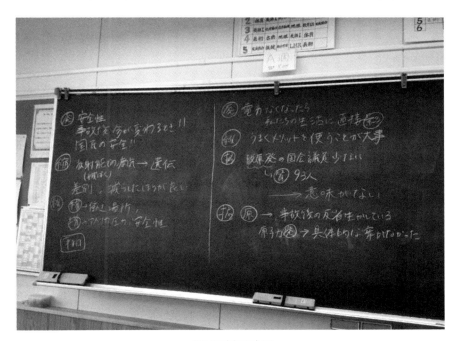

四つの立場の主張

第4節 「政策えらび授業」の成果と課題

　「政策えらび授業」では、授業のねらいとして以下の三つを設定し実践した。
　第一に、政策分析能力を育成する。各政策のメリットとデメリットだけでなく、公平性・効率性・適法性・社会全体の利益・将来的利益などの点から各政策を分析する。最低限、各政党の政策について、足りない点を指摘できるレベルを目指す。第二に、政策立案能力を育成する。利害関係者を把握し、政治過程、政策実現方法を考察する。ある政策を実現するには、どのような障害をクリアすればよいかがわかるレベルを目指す。第三に、情報収集・活用能力を育成する。教員による講義を減らし、生徒が時間をかけて調べ、各立場の主張をまとめ、討論する授業構成にする。
　本実践の成果は、生徒の討論内容・ワークシート・アンケートなどから、四点を挙げることができる。第一に、さまざまな観点で各政策を分析して、メリットとデメリットや、効率性・社会全体の利益・将来の利益に着目して議論を行うことができた。第二に、公平性とは何か、「少数者の犠牲」という視点をもとに、利害関係者やトレードオフもまじえて考察を深めることができた。第三に、講義形式に頼らない授業計画で、生徒が各政策に分かれて討論の準備をしたため、議論が盛り上がり、生徒の情報収集・活用能力の育成に寄与できた。第四に、原発問題・エネルギー政策への関心も高まった。
　一方、課題も四点挙げられる。第一に、授業時間の制限により、各政党の政策について足りない点をじっくり考察する時間を設けられなかった。第二に、討論において細かい部分が議論しきれていなかった。つまり、原発の安全対策をどのように行うのか、再稼動してもよい原発とはどのような原発なのか、各発電のコストはいくらかかると考えているのか、政策により損害を受ける人への補償はどうするのか、公平性を実現する政策とはどのようなものか、などの論点についてもっと具体的に議論できてもよかった。第三に、「省エネ」や、電力の使用時間を変える「ピークシフト」、「電力自由化」などのアイデアは討論に出なかったことから、大量の電力を独占企業によりまかな

うという現在の社会の価値観を変えるような考察は、不十分であったといえる。これらの視点は、討論の前段階で資料を配布して紹介したのだが、生徒には、あまりに突飛なものとして感じられたのかもしれない。第四に、本実践では、生徒が自分の立場を設定してから調べ学習・討論に入ったため、授業を通じて生徒の意見が変わることはほぼなかった。講義形式でさまざまな立場のメリットとデメリットを時間をかけて比較する実践では、多くの生徒の意見が変容したため[7]、さまざまな意見を柔軟に取り入れる姿勢を形成する工夫が今後の課題である。

　最後に、今後も同じ授業実践を行うとすれば、授業の最後にエネルギー政策のマニフェストを作ることを盛り込みたいと考えている。より高度な政策分析と、どのような障害をクリアして政策を実現するか考察することも求めることができるからである。

　エネルギー政策を教材とする「政策えらび授業」の実践は、一つの社会的課題に対して、さまざまな観点から政策を分析することを学び、政策的思考の育成に寄与できる実践となった。有為な社会の形成者の育成に貢献できる教材として、本実践を紹介したい。

第5節　「政策づくり授業」と「政策えらび授業」の可能性

1. 模擬選挙・模擬公開討論会とあわせる

　「政策づくり授業」と「政策えらび授業」いずれにおいても、事前・事後学習として国政選挙や地方選挙の学習を行うことは、効果的である。広い視野から一つの政策を捉えることも可能になり、また、政治行政への興味・関心もより喚起できるためである。

　模擬選挙学習を「政策づくり学習」の事前学習として実施したことがある(2009年さいたま市長選、2012年衆院選、2013年参院選)。国政選挙や地方選挙における各候補や政党のマニフェストを比較して、政策のメリット・デメリットなどを考察し、自分の考えに合う候補者(政党)を探し、模擬投票を行う学習

である。

　これにより、社会的課題とその対策について知識・理解が深まり、政治参加への関心・意欲が高まる。特に、市長選挙と市の「政策づくり授業」をあわせて行えば、市の改善策づくりに直結するため効果的な学習になる。また、地方選挙の投票率が低いことを考えれば、「政策づくり授業」とあわせて長期的に市政について学習できる、必要性の高い学習になるといえよう。

　また、模擬公開討論会を「政策えらび学習」の事前学習として2時間構成で実施したこともある(2013年参院選)。まず1時間目は、主要政党の数に対応してクラス内9班に分かれて調べ学習を行い、「この政党が主張したいことは、これです！！」「この政党の政策を実現すると、こんな社会になります」「この政党の政策には、こんなデメリットもあります」の三点をワークシートに記入する。そして9党のワークシートを全員分印刷・配布して、2時間目は模擬公開討論会である。各班が3分ずつ発表し、質疑応答をして、投票を行う。質疑応答では、「物価上昇については、どう対処するのか？」という質問に対して、生活の党では「派遣社員を減らして、年金額を増やす」、自民党では「富裕税で、教育・医療を免除する」、社民党では「富裕税と、農水産業を保護して食糧費を抑える」、みどりの風では「大企業増税と、女性や若者の雇用を充実させて、景気回復後に増税する」と答えるなど、政策理解を踏まえた上での応答が見られた。また、国政選挙のニュースではあまり聞かれない「共産党が政権をとったら、日本を社会主義にするのか？」「社民党の政策では、軍備を縮小するのか？」という率直な意見や、「維新の会が言っている、憲法改正の国民会議というのは、関心のある人しか参加しないだろうから、裁判員制度みたいに抽選にする方が平等に意見を吸い上げられるのではないか？」「みどりの風などは、TPP関連で、ASEAN＋6ということで、東南アジアと協力して経済をがんばるというが、アメリカと組まないと大して力にならないのではないか？」という踏み込んだ質問も見られた。

　「政策えらび授業」では一つの政策を深く分析するが、模擬公開討論会で、各政党ごとの政策を広く見渡せば、社会的課題に対して、どういう意見や支

持基盤を持つグループがどのような意見を主張するか理解が深まり、効果的な学習になるといえる。

2. パブリックコメントとあわせる

「政策えらび授業」の実践1年目(2012年度2学期に実施)には、授業後に、さいたま市のパブリックコメント(以下、パブコメ)に投稿をした。このパブコメは、「さいたま市新エネルギー政策(仮称)(素案)」についての意見を、2012年12月25日から1か月間募集するというものであった。そこで、3学期にパソコンルームでさいたま市のホームページを見て、パブコメについてメモをしながら、考察をする授業を行った。もしパブコメに投稿できなくても、このような政治参加制度を知ることができ、また、地方自治体のエネルギー政策について理解を深められると考えたためである。

2時間調べ学習を行ったところ、1人の生徒が以下のような投稿をした。

> さいたま市は県内有数の乗降者数をほこっている大宮駅や浦和駅などを有している。さらに市内には32駅もある。それを生かして発電床を設置するべきだと思う。導入コストも一般的な床材の約1.5倍だというし、工事中の浦和駅などから設置していけばいいと思う。さいたま市内の各駅は通勤・通学の拠点ともなっている駅が多いため、太陽光発電による電力供給があまり見込めない雨や曇りの日などでも安定した供給が見込まれると思う。一日あたり平均して約13万人の乗降者数をほこる大宮駅に設置が可能となれば、とても大きなエネルギーとなることは明らかである。エネルギーの自家発電をしていく面でも設置を推進してはどうか。

また、質問は思いついたものの直接投稿を希望しないという生徒が3人いたため、生徒の意見を代表して筆者(さいたま市在住)が以下の三点について投稿をした。

> さいたま市新エネルギー政策(仮称)(素案)について意見を述べます。政策の方針については賛成しますが、三点述べさせてください。

一点目は、28ページの、2030年には市域における車両保有台数の約半分が次世代自動車になる、という目標は、非現実的なのではないでしょうか。この目標は、現実的に、予算的にも、可能な数値なのでしょうか。
　二点目は、太陽光パネルについて、さいたま市の補助金では、3万／1kw上限1万500円ですが、多い市では、8万／1kw上限0円など、2倍になっています。設置を促進するためにも、もっと制度を整えなければならないのではないでしょうか。
　三点目は、新しいマンションには太陽光パネル設置を義務づけるなど、エコシティ化を進めるには、義務づけの政策も必要なのではないでしょうか。

　結果として、このパブコメには134名から148件の意見が提出された。意見への回答は2013年4月1日からホームページ上で公表された[8]が、すでに年度が変わっていたため、授業では扱う機会がなかった。ホームページ上で、生徒の床発電についての回答は見つけられなかったが、三点の質問については、以下のような回答が掲載されていた。

　一点目については、環境省が設置した検討会では、平成22年に「環境対応車普及戦略」を取りまとめています。その中では2030年には保有台数シェアの49.4％が次世代自動車になると予測しています。さいたま市は、総合特別区域法にもとづく「次世代自動車・スマートエネルギー特区」に指定されており、次世代自動車の普及を含めた環境未来都市の実現を目指しています。
　二点目については、現在、さいたま市では「さいたま市『スマートホーム推進・創って減らす』機器設置補助金』の交付を行っており、太陽光発電パネル設置についても同補助金として交付します。限られた予算の中でより多くの市民に交付すること、また省エネルギー化設備等の太陽光発電以外の設備に対しても交付を行っていること、これらを踏まえて補助金額を設定しています。なお補助制度は市の政策実現に向けて継続する予定です。
　三点目については、新エネルギー政策では、エコなエネルギー利用を行う建築物をEーエネルギー建築物として、エコポイントを付与するなどによりその導入を促すなど、建築物への再生可能エネルギーなどの導入促進を積極的に進めたいと考えています。

このように、パブコメへの投稿は、「政策えらび授業」とあわせて実施すると、地方行政と国政の関連や、現場レベルでの具体的な政策について学習できるよい機会となるが、前章2.4.でも述べたとおり、都合のよいパブコメが都合のよい時期にあるわけでもないため、実践には困難が伴うといえる。

3.「政策づくり授業」と「政策えらび授業」の効果と限界

　「政策づくり授業」では、問題（社会的課題）の発生原因を分析して、改善策を考案するという、政策提言を意識した授業構成となっている。一方、「政策えらび授業」では、問題（社会的課題）に対するさまざまな改善策を分析して、その改善策の特徴（長所・短所や公平性など）を比較検討するという、政策分析・政策選択を意識した授業構成となっている。さまざまな政治参加を行う人材の育成として、政策提言を意識する「政策づくり授業」と、主に選挙や政治を見る視点の育成として、政策分析・政策選択を意識する「政策えらび授業」。どちらの授業実践でも、問題解決力や政策分析力というシティズンシップ教育には欠かせない能力を育成できる学習となっている。

　さらに、「政策えらび授業」の政策分析の視点を「政策づくり授業」に反映することも可能であるし、「政策えらび授業」の実践後、政府や政党が出している政策に不満があれば、政策を考案して提言することも考えられるだろう。

　しかし、本実践においては、二つの限界が存在する。

　一つ目は、本実践では、問題が発生している現場に行って学習しているわけではなく、問題のさまざまな利害関係者に話を聞いたわけでもないため、問題分析が甘いということである。そのため、問題分析にあたっては、教員・生徒によるあくなき情報収集が必要である。この問題分析が甘いと、「政策づくり授業」で改善策とよべるものにはならないし、逆に問題分析がしっかりできて、予算や実現可能性などにも考察が深ければ、政策とよべるものにもなるであろう。また、「政策えらび授業」においても、情報収集や政策分析が甘い、つまり社会認識が甘いと、納得のいく政策選択にはならないだろう。

　二つ目は、本実践では、問題の改善策を実行に移したわけではなく、問題

の解決に大きく寄与してはいないということである。そのため、行政への提言や選挙での政策選択以外の、社会的課題の解決方法を身につけるには、別の機会を用意するしかない。実際、高校生がどこまでかかわることを許されているのだろうか。社会的課題への改善策を見つけて、行政に提言することは「学習」の範疇に入るにしても、行政とともに主体となって政策を実現していくことは「学習」の範疇を超えるという批判もある。ある政策を行うと損害を受ける人もいるわけで、高校生がそのしがらみに入ってはいけないという考え方もある。また、行政や議会への提言は許されても、議員への提言をするとなると、いわゆる「政治教育の中立性」の捉え方により、強い批判を受けることがあるだろう。現実の社会ではさまざまな政治参加があり、シティズンシップ教育でも「アクティブ・シティズン」の育成が求められているが、社会的課題解決への動き方を学ぶには、別の実践が必要である。

おわりに

社会的課題解決の参加意欲と技能、政治リテラシーを高めるために、高等学校でどのような授業ができるのか。さいたま市を教材とする「政策づくり授業」の実践は、社会的課題に対して改善策を考案することを学び、必要に応じて行政へ提言のできる人材を育成する実践となった。また、エネルギー政策を教材とする「政策えらび授業」の実践は、一つの社会的課題に対して、さまざまな観点から政策を分析することを学び、政策的思考の育成に寄与できる実践となった。「政策づくり授業」と「政策えらび授業」どちらの実践も、行政側の視点を備えた政策立案能力・政策分析能力の育成を図るシティズンシップ教育である。有為な社会の形成者の育成に貢献できる教材として、本実践を紹介したい。

前述したように改善すべき点はまだまだ残されてはいるが、共通科目で、短時間でのシティズンシップ教育を実践できたことは、汎用性のある授業実践になったと考えている。

注

1　華井裕隆「原発問題を通じて社会的課題解決意欲と政策的思考の育成をはかる授業－政策えらび授業（エネルギー政策編）の実践－」『中等社会科教育研究』第31号、2013年、35-48頁。
2　足立幸男編著『政策学的思考とは何か』勁草書房、2005年、13頁。
3　苅部直・宇野重規・中本義彦編『政治学をつかむ』有斐閣、2011年、122頁。
4　ユージン・バーダック著、白石賢司・鍋島学・南津和広訳『政策立案の方法』東洋経済新報社、2012年、2頁。
5　Parker, Walter.C., *Teaching democracy unity and diversity in public life*, Teachers College Press, 2003, pp.111-121.
6　マイケル・サンデル著、鬼澤忍訳『これからの「正義」の話をしよう』早川書房、2010年、32-35頁。
7　華井、前掲論文1。
8　さいたま市HP http://www.city.saitama.jp/006/002/008/004/003/002/p022578.html

第7章
成人教育におけるワークショップ・参加型の学習プログラム

西尾 真治

第1節　はじめに

　人口減少・超高齢化という我が国が直面する大きな課題を乗り越えるため、各地域がそれぞれの特徴を活かして自律的で持続的な社会を創生することが強く求められている。2014(平成26)年には、国において「まち・ひと・しごと創生本部」が設置され、各地域に「人口ビジョン」と「総合戦略」を策定することが要請された。

　「しごと」と「ひと」の好循環により地域経済の活性化を図ることが、地域における「総合戦略」の柱であり、雇用や企業立地に関する目標も設定されている。ただし、各地域が地域の特性に即した戦略を立案し、実施していくためには、行政だけでなく、産業界、大学、各種団体など、多様な地域の主体がかかわることが必要である。とりわけ、主権者である地域の市民が主体的に参画して、自己決定・自己責任によるまちづくりを地域で推進していくことが不可欠になるであろう。

　このような市民のまちづくりへの参加を促進する手法として、ワークショップ手法は有効な手段であり、全国で取組が広がっている。ただし、まちづくりにおけるワークショップが有効に機能するためには、参加する市民一人ひとりに、主体的にまちづくりに参加しようとする意欲・姿勢や行動、いわゆるシティズンシップが備わっていることが求められる。こうしたシ

ティズンシップを市民の中でいかに涵養するかを考えた時、「ニワトリが先か、卵が先か」ではあるが、実はワークショップ自体が、それに参加することを通じて、シティズンシップを育むことができる格好の手段でもある。

　本章では、このようなまちづくりワークショップにおけるシティズンシップ教育的な要素に着目し、協働を進めるための手段としてワークショップに取り組みつつ、それを通じて市民のシティズンシップの涵養にもつながっている先進事例を取り上げる。その意義・効果を検証することを通じて、成人におけるシティズンシップ教育の学習プログラムの在り方・可能性について考察することとしたい。

第2節　なぜ成人におけるシティズンシップ教育が必要か

1. 時代の大転換が市民社会に迫ること

　我が国では、2005(平成17)年に戦後初めて、年間の死亡数が出生数を上回り、総人口が減少傾向に転じた。翌年いったんプラスに戻った後、2007(平成19)年以降は、人口減少傾向が拡大しながら継続している。本格的な「人口減少社会」に突入したといえ、今後は全国のあらゆる地域で人口が減少していくことになる。国立社会保障・人口問題研究所の将来推計(中位推計)では、2010(平成22)年現在で1億2,806万人の総人口が、2048(平成60)年には1億人を割り込み、2060(平成72)年には8,674万人まで、約3割も総人口が減少すると予測されている。

　なお、総人口が減少傾向に転じた2007(平成19)年は、65歳以上の人口割合である高齢化率が21％を超え、我が国が「超高齢社会」に移行した年でもある。また、いわゆる「団塊世代」が定年退職の時期を迎え、大量退職による働き手の大幅な減少によるさまざまな問題が懸念される「2007年問題」が話題になったのもこの年であり、我が国の人口構造が大きな転換点を迎えた年といえる。

　このような転換点を経て、これまでは人口が年々増加し、年とともに社会が「拡大」していくことが前提であった時代から、人口が年々減少し、年とと

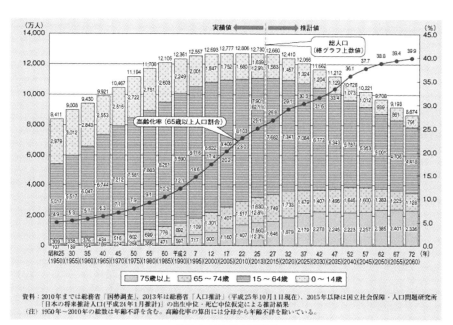

図7-1 日本の人口推移

出典）内閣府「高齢社会白書」（平成26年度版）より

もに社会が「縮小」していくことが前提の時代へと、正反対の方向にベクトルが転じている。人口だけでなく、経済的にも、高度経済成長によって右肩上がりで成長を続けてきた時代から、バブル崩壊を経てほぼゼロ成長の成熟経済の時代に移行している。その一方で、少子化と超高齢化が同時進行しており、高齢福祉や保健・医療などを中心に行政需要は多様化・増大し、行政支出は拡大の一途である。国も地方も財政は厳しさを増すばかりであり、国と地方を合わせた借金の総額は1,000兆円を超え、さらに借金が増加する傾向を止められないでいる。

このような中で、個々の地域に目を転じると、さらに深刻な状況も想定される。民間の研究者らによる「日本創成会議」では、20～39歳の若年女性の動向に注目し、将来の人口動態を試算した。地域で人口を維持するためには、出生を主に担う20～39歳の若年女性の存在が重要である。この層が減少す

れば出生数も減少し、地域の担い手が確保できなくなることから、地域を維持することが難しくなる。そこで、これらの若年女性が2040（平成52）年までに半数以下に減少してしまう都市を「消滅可能性都市」と定義した。現在、地方から大都市に人口が流入する傾向が続いているが、こうした傾向が今後も収束せず続くとすると、実に全国の自治体の約半数に上る896自治体が「消滅可能性都市」になるとの試算結果が公表され、全国に衝撃をもたらした。

このように、人口減少社会と少子・超高齢化の進展によって、我が国全体の国力の低下が懸念される中、地域社会・地域経済においては、それは地域の存続そのものにかかわる重大な問題となる。これまでのように、「拡大」を

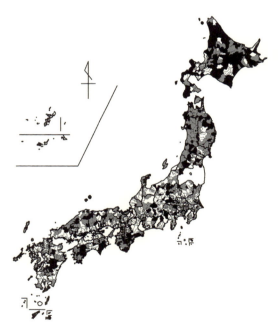

■ 人口移動が収束しない場合において、2040年に若年女性が50％以上減少し、人口が1万人以上の市区町村(373)
■ 人口移動が収束しない場合において、2040年に若年女性が50％以上減少し、人口が1万人未満の市区町村(523)

図7-2 消滅可能性都市

出典）日本創成会議・人口減少問題検討分科会「ストップ少子化・地方元気戦略」（一般社団法人北海道総合研究調査会(HIT)作成）より

前提としたまちづくりではなく、「縮小」を前提としながらも、その中で地域の活力の維持し、ゆたかさを追求する難しいまちづくりに取り組まなければならない。国がすべての地域の面倒をみる余裕はなく、それぞれの地域が、地域資源を生かし、知恵と工夫を凝らして、独自で自立的なまちづくりをしていく必要がある。

　言い換えれば、右肩上がりの時代は、拡大する利益をいかに分配するかを考えればよかったのに対し、縮小の時代は、何かを「やめる」「減らす」というより厳しい選択が問題になる。いわば「利益の分配」から、「不利益の分配」あるいは「負担の分かち合い」への転換が迫られており、地域における政策の意思決定に、これまで以上に高度な判断と合意形成が求められることになる。しかも、人口減少・少子高齢化は急速に進展しており、スピーディーで的確かつ戦略的な意思決定を行わなければならない。地域の中で足の引っ張り合いをしていたり、個別の利益や短期の利益を追求し合ったりしていれば、あっという間に都市消滅の危機に直面することになろう。地域が一体となり、中長期的かつ全地域的な視点で適切なまちづくりを行っていくことが不可欠であり、市民一人ひとりがシティズンシップを高め、賢い主権者としてより主体的にまちづくりにかかわることが求められている。

2. 一つの典型としての公共施設老朽化問題

　このような時代の大転換による問題が、一つの典型として顕在化しつつあるのが、公共施設の老朽化問題である。我が国においては、高度経済成長期の1960年代から80年代にかけて、学校や庁舎、道路や橋りょうなどの公共施設が集中的に整備されてきた経緯がある。これらの公共施設の老朽化が進行しており、コンクリートの建造物の寿命は、一般的に50〜60年程度といわれていることから、間もなく多くの公共施設が一斉に建替えの時期を迎えることになる。

　公共施設の老朽化問題に先進的に取り組んでいるさいたま市の試算によれば、今ある公共施設をそのまま維持・更新していくと想定した場合、今後40年間に必要となるコストは、現状で公共施設の維持・更新にかけている

コストの約2.2倍に膨れ上がると推計されている。さいたま市は、他の自治体と比較すると人口当たりの公共施設の延床面積が少なく、財政的にも良好な恵まれた条件にあるが、それでも今後は現状の2.2倍ものコストが必要になる。他の自治体では、3倍以上になると推計されている事例も少なくない。

これは、別の見方をすれば、公共施設を現状のまま維持しようとすると、適正規模より2倍から3倍以上もの過剰な施設を抱えてしまうことになることを示唆している。

これらの公共施設のうち、いわゆるハコモノ（建物）のおよそ半分を占めるのが「学校」であるが、高度経済成長期には、「団塊ジュニア」の世代が学齢期を迎え、児童・生徒数が大きく増加するのに合わせて、学校を次々に増築・新設してきた経緯がある。

学校は、児童・生徒数に応じた設置基準が決められているため、児童・生徒数の増加に応じて施設を拡張しなければならない。したがって、児童・生徒数がピークの時に、最大規模の学校施設が整備されることになる。ところが、出生数は1973（昭和48）年をピークに減少傾向となっており、当然ながら児童・生徒数もその後は減少していく。児童・生徒数の減少に合わせて学校の統廃合も一部では行われているが、学校の統廃合には住民の反対の声も強く、あまり進んでいるとはいえない。結果として、大規模な学校施設はそのまま残りながら、児童・生徒数が減少していくため、学校の中に使わない余剰スペース、いわゆる余裕教室などが生じることになる。

なお、出生数のピークである1973（昭和48）年の年間出生数は209万人であるのに対して、2013（平成25）年は103万人であり、この約40年間で出生数は半分以下に減少している。多くの学校は統廃合をせずに使い続けているため、平均すれば学校施設の半分近くが余っていることになる。しかも、学校施設の多くが築後30〜40年が経過しており、今後10〜20年で建替えの時期を迎える施設が急増する。その時に規模の適正化ができなければ、児童・生徒数の規模に対して倍以上の学校施設を整備・維持することになろう。つまり、現状の2倍以上のコストがかかることになるという全体状況と重なることになる。

第7章　成人教育におけるワークショップ・参加型の学習プログラム　149

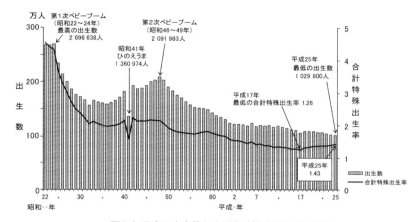

図7-3　日本の出生数および合計特殊出生率の推移

出典）厚生労働省「平成25年人口動態統計月報年計（概数）の概況」より

3. 実践と教育の同時進行の必要性

　2012（平成24）年に発生した笹子トンネルの天井板崩落事故は、建設後35年が経過した施設の老朽化が原因の一つといわれている。公共施設の老朽化問題は、市民の安心・安全に直結する問題であり、その対応は待ったなしで最優先に取り組まなければならない喫緊の課題である。人口減少が進み都市消滅の危機が高まっていくのを待つ間もなく、「不利益の分配」「負担の分かち合い」を含む高度な合意形成に、真っ先に取り組んでいかなければならない状況にある。

　しかしながら、我が国においては、地域の問題に対して、市民同士で話し合い、自ら解決策を見出して、それに取り組んでいくような市民自治が根づいているとは言い難い。行政主導のまちづくりにお任せをしてきたというのが多くの地域の実情である。市民自治に向けて市民一人ひとりのシティズンシップを涵養することが必要であるが、公共施設の老朽化はそれを待ってはくれない。目の前に迫った問題に直ちに取り組みながら、それを通じて同時にシティズンシップを涵養していくような、合意形成の実践とシティズンシップ教育を同時並行で進めていく視点が重要になる。

　このような視点に立った時に有効になるのが、ワークショップ手法である。

実際の地域課題を題材として、ワークショップを通じて市民参加で解決を図ることによって、地域課題の解決に取り組みつつ、そのプロセス自体が参加する市民のシティズンシップを高める効果を期待できる。こうした点を、先進的かつ示唆的な事例で検証していくこととする。

第3節　学校の複合化に関するワークショップの実践

1. さいたま市(埼玉県)における公共施設マネジメントの取組

　さいたま市は、公共施設の老朽化問題に全国でも先進的に取り組んでいる自治体の一つである。公共施設の実態を「公共施設マネジメント白書」として2012(平成24)年度から毎年度公表するとともに、公共施設の老朽化対策を計画的に進めていくための「公共施設マネジメント計画」を2012(平成24)年6月に策定した。この計画では、現状のままでは今後の公共施設の維持・更新に2倍以上のコストがかかるという実態に対して、新規整備の抑制や施設の複合化・集約化、施設総量の縮減、施設の長寿命化によるコスト縮減などの手法により、ほぼ現状のコストの範囲内でマネジメント可能となる方向性を示している。

　さらに、2年後の2014(平成26)年3月には、当面の平成32年度までを計画期間とし、施設分野ごとに目標と施設別・年度別のロードマップを記した「第1次アクションプラン」を策定し、具体的な取組を推進している。

　このように、自治体が自ら保有する公共施設等の実態を把握した上で、それらの施設を持続的に維持・更新するのに必要なコストを推計し、それらにもとづいて財政的にもまかなえるように計画を立て、実行していくことを「公共施設マネジメント」という(ファシリティ・マネジメント、アセット・マネジメント、資産経営等の呼び方もある。)。

　国を挙げてインフラ長寿命化の取組を推進しているところであり、それを受けて総務省は、すべての自治体に対して、自ら保有する公共施設等(インフラを含む)について「総合管理計画」を策定することを要請し、指針を示してい

る。2016(平成28)年度までは、計画策定経費の1/2を補助する財政措置も打ち出しており、全国の自治体が一斉に取組を行っているところである。

　さいたま市は、2014(平成26)年10月時点で、公共施設等総合管理計画を策定済みと総務省に認定された全国5自治体の一つに数えられている。その中でも特徴的なポイントは、市民との合意形成に力を入れていることである。地元の大学生や高校生との協働で、市民にわかりやすいマンガ版のパンフレットを作成したり、市民向けのシンポジウムを開催したりしている。このような、市民との協働による公共施設マネジメントの推進の一環として、学校複合化に関するワークショップに取り組んでいる。

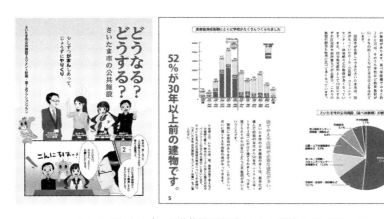

図7-4　さいたま市の公共施設マネジメントに関するパンフレット
出典）さいたま市資料より

2. 学校の複合化に関するワークショップ

2-1. 取組の背景と目的

　さいたま市における公共施設(ハコモノ)のうち、半分以上を占めるのが学校である。なおかつ学校は老朽化が進んでおり、築後30年以上が経過している施設の割合が約8割を占める。建替えの大きな波が他の施設に先んじて訪れるのが学校であり、学校をどうするかが、さいたま市全体の公共施設をどうするかに大きくかかわる中核的なテーマとなる。

さいたま市では、公共施設のマネジメント方針として、「ハコモノ三原則」と「インフラ三原則」を掲げている。この「ハコモノ三原則」の一つに掲げているのが、「複合化」である。公共施設を直ちに廃止するのは難しいと想定されることから、建替えを機として周辺の公共施設を集約化してコンパクト化を図る「複合化」によって、機能はできるだけ残しつつ、施設総量を縮減することが、公共施設マネジメントの重要な手段となる。特に学校の老朽化が進んでいることから、建替えの時期を迎える校舎を核施設として、周辺のコミュニティ関連施設や福祉施設などを複合化した施設として建替えるケースが中心になっていくことが想定される。

さいたま市では、こうした学校を核とした複合化を市民に具体的にイメージしてもらうとともに、複合化に向けた市民の合意を形成することを目的として、モデルケースを設定し、学校をどのように複合化するのかを、市民参加によるワークショップ形式で検討する取組を行っている。

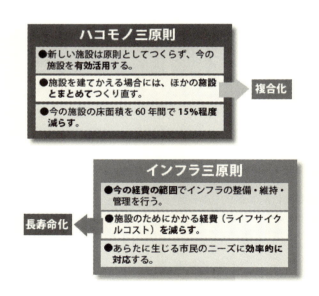

図7-5 さいたま市における公共施設マネジメントの方針

出典) さいたま市資料より

2-2. ワークショップの枠組み(初年度:2012(平成24)年度)

　ワークショップは、まちづくりや公共施設のデザイン・ワークショップに詳しい芝浦工業大学工学部建築学科の志村秀明教授に全体のコーディネートを依頼し、約20名の市民の参加により、2012(平成24)年度からスタートした。まずは複合化を具体的にイメージしやすいモデルケースで試行することとし、さいたま市内ですでに小学校の校舎と公民館が複合施設として合築されている三橋小学校(北区)を対象とした。実際にはまだ新しい施設であるが、架空のケースとして、この校舎が建替えの時期を迎え、周辺の公共施設を取り込んだ複合施設として改築することとし、ワークショップ形式でこの複合施設の施設計画案(機能配置案)を検討することとした。

　なお、参加者については、地元の自治会やPTA、複合化の対象となっている候補施設の利用者や管理者など、対象施設に直接かかわる地元の市民が中心となっている。ただし、こうした地元の「利用者(受益者)」の視点だけでなく、市民全体の「納税者」としての視点での検討も重要になることから、公募によって地元以外の市民も参加者に加わっている。さらには、さいたま市の公共施設マネジメントについての知識や理解にもとづき、地域全体の施設の状況や財政の状況等を踏まえて、地域経営的な観点で検討してもらうため、「さいたま市公共施設マネジメント会議」の市民委員にも参加してもらっている。いわば地域の「経営者」としての視点での市民参加といえる。

2-3. ワークショップのプログラムと概要(初年度:2012(平成24)年度)

　ワークショップのプログラムについては、2012(平成24)年9月から2013(平成25)年1月までの6カ月間に4回のワークショップを実施する構成とし、第1回と第2回の間にオプション(任意参加)の事例視察を組み込んでいる。回と回の間が空き過ぎたり詰まり過ぎたりしないペースとして、概ね1カ月に1回のペースで開催することとした。

◎第1回ワークショップ(2012(平成24)年9月28日)
　第1回ワークショップは、全員で自己紹介を行った上で、ワークショップ

の目的等についてレクチャーを行い、ミニワークショップを開催した。その後、さいたま市の公共施設マネジメントの取組について説明を行った。初回であるため、まずはワークショップの目的や市の取組そのものについて共通理解を得るとともに、参加者相互の親睦を深めることをワークショップの獲得目標に設定している。

参加者が約20名と大人数になるため、自己紹介では1人30秒以内で発表する「30秒ルール」を設定し、一人が話し過ぎることのないようにした。このグランドルールの設定についても、まずはスタッフ側の若手職員が見本を示し、30秒が経過した時点でベルを鳴らすデモンストレーションを行って、和やかな雰囲気づくりを兼ねて実施する工夫を行った。

ミニワークショップについては、「こどもの頃の公共施設での楽しかった思い出」というテーマで、各参加者にスケッチブックに絵を描いてもらい、順番に発表してもらった。今回のテーマである「公共施設」に引き寄せながら、「こどもの頃の楽しかった思い出」という誰もが気軽に取りかかりやすいテーマとした。さらに、絵を描いてもらうことで、遊び心や楽しさが加わり、発表し合うことで参加者間の相互理解や交流につながった。

◎第2回ワークショップ（2012（平成24）年10月26日）

第2回ワークショップは、バスを仕立てて市内外の複合施設を視察し、感じたことを出し合うグループワークを実施した。今回の対象施設である三橋小学校の複合化について検討する前に、すでに複合化されている実際の施設を見学することで、複合施設のイメージをつかむとともに、そのメリット、デメリットについての理解を深めることを今回の獲得目標としている。

市内には事例が少ないため、近隣の志木市における複合施設を見学するとともに、市内についても学校に限らず複合化されている施設を見学対象として取り上げ、さまざまな角度から複合施設について検討できるようにした。各施設とも、管理者から話を聞き質疑応答する時間を設定し、管理者の案内で施設を回るようにした。

見学後は、2チームに分かれて各チーム約10名のメンバーとし、それぞれ

第7章 成人教育におけるワークショップ・参加型の学習プログラム 155

ワークショップ	どうなる？どうする？さいたま市の公共施設を考えるワークショップ
開催回数	全4回(他、有志によるオプション視察1回)
開催日時・会場	第1回 平成24年9月28日(金)18:30～20:30 浦和コミュニティセンター 第2回 平成24年10月26日(金)9:00～15:30 志木市および市内の複合施設 オプション視察 平成24年11月12日(月)9:00～12:30 市内の複合施設 第3回 平成24年12月1日(土)13:30～16:30 三橋小学校 第4回 平成25年1月29日(火)18:30～20:30 三橋公民館
ファシリテータ	志村秀明氏(芝浦工業大学 工学部建築学科 教授)
参加者	約20名(地元の市民、地元以外の市民(公募)、公共施設マネジメント会議市民委員)
その他	報酬の支給はなし。ただし交通費相当として参加1回あたり1,000円の商品券を配布

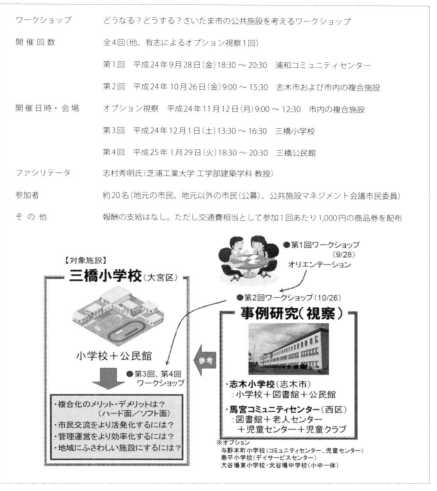

図7-6 ワークショップの概要

出典) さいたま市資料より筆者作成

「複合施設を見学して、感じたことを出し合おう！」というテーマでグループワークを行った。施設見学を行う際に、あらかじめ青・赤・黄の3色の付箋を配布し、それぞれ「よかったこと(青)」、「課題に感じたこと(赤)」、「その他(黄)」を書き込んでおいてもらうようにした。それを施設ごとに「ハード面」

と「ソフト面」に分けて、模造紙に貼り出して整理した。

　色分けをした付箋を配布して見学の視点を明確にするとともに、ハード面／ソフト面に分けて整理するというまとめ方の軸を示すことで、わかりやすく意見交換を行うことができた。

◎オプション視察(2012(平成24)年11月12日)
　第2回ワークショップでは、旅程の関係で限られた数の施設しか見学することができなかったため、希望者による任意参加のオプション視察を設定した。市内の小学校ですでに複合化している事例として、デイサービスセンターを併設している泰平小学校、放課後児童クラブおよびコミュニティセンターを併設している与野本町小学校の2校を見学した。

　実際に児童が施設を利用している様子を見ることができ、学校の複合化に関するイメージを膨らませることができた。

◎第3回ワークショップ(2012(平成24)年12月1日)
　第3回ワークショップは、いよいよ対象となる三橋小学校に併設された三橋公民館を会場に、三橋小学校と周辺の公共施設のフィールドワークを実施した上で、新たな複合施設の施設計画案(機能配置案)を検討するグループワークを実施した。これまでの視察を踏まえた検討を生かしながら、三橋小学校の建替え・複合化に関する具体的な施設計画案(機能配置案)を作成することを獲得目標としている。

　三橋小学校および周辺の公共施設のフィールドワークについては、これまでの事例の視察と同様に、青・赤・黄の3色の付箋を配布し、気づいたことをそれぞれの色の付箋に書きとめていくようにした。それらのまとめを踏まえて、「デザインゲーム」の手法を用いて、施設計画案(機能配置案)の検討を行った。

　まず、「ロールプレイ(役割演劇)」として、参加者を各施設の管理者または利用者の役柄に割り振り、それぞれの役柄になりきって、機能配置についての意見を述べてもらう。その発言をもとにチームで意見交換をしながら、平面図を書き起こした模造紙の上に、各施設の実際の部屋の大きさに切り取られ

た「機能カード」を並べて、配置を決めていく。類似する機能で共用化できるものはカードを重ねて並べるなどの工夫をして、全体としての施設面積の圧縮も考えながら検討する。さらに、地域の交流の促進や安全の確保などのソフト面で工夫できることを、付箋に書いたり模造紙に直接書き込んだりして施設計画案（機能配置案）を練り上げていった。

　ロールプレイによって役割が割り振られることによって、すべての参加者が主体的に参加・発言することになり、意見交換が活発化した。また、実際の平面図と、同じ縮尺の大きさで切り取った機能カードを用いることにより、リアリティを感じつつ、わかりやすく検討することができた。参加者が手を動かしてカードを並べ替えたりすることになるので、体を使った主体的な参加につながる点も有効といえる。

◎**第4回ワークショップ（2013（平成25）年1月29日）**
　第4回ワークショップは、第3回ワークショップでまとめた施設計画案（機能配置案）を確認した上で、今後同様のワークショップを実際のケースで実施していくための「手引き」の作成に向けた意見交換を実施した。各グループにおける検討の成果としての施設計画案（機能配置案）を確認するとともに、それらを踏まえた「手引き」の内容について各参加者の合意を形成し、さらにはワークショップ全体に対する達成感・満足感を得られるようにすることを獲得目標とした。

　各グループにおける成果の確認については、「交流」「管理運営（安全）」「延床面積の縮減」の三つのポイントを明確にして、振り返りと確認を行った。その上で、「手引き」の確認については、市が作成したたたき台の項目ごとに説明を行い、「意見なし」「意見あり」の旗（団扇）を揚げて発言する「旗揚げゲーム」の形式で、盛り上げつつ全員の意志を確認しながら検討を進めた。最後は、ワークショップ全体を通じた感想を一人ずつ述べてもらう時間を設け、全体総括をすることで、参加者が達成感・満足感を得られるようにした。

　なお、今回のワークショップの成果が今後どのように扱われ、市における取組がどのように進んでいくのかについての説明を行い、翌年度以降の実際の市の取組につながっていくことを確認して締めくくった。

表7-1 ワークショップのプログラム(2012(平成24)年度)

日程	プログラム
第1回ワークショップ	・あいさつ ・自己紹介 ・ワークショップの目的、レクチャー ・ミニワークショップ「こどもの頃の公共施設での楽しかった思い出」 ・さいたま市の公共施設マネジメントの取り組み ・まとめ
第2回ワークショップ	・志木小学校など複合施設視察 ・プラザウエスト(桜区役所)見学・昼食 ・馬宮コミュニティセンターなど複合施設視察 ・グループワーク「複合施設を見学して、感じたことを出し合おう！」 ・まとめ
オプション視察	・泰平小学校(デイサービスセンターを併設)を視察 ・与野本町小学校(放課後児童クラブ、コミュニティセンターを併設)視察
第3回ワークショップ	・前回のまとめと本日の進め方 ・三橋小学校と周辺のフィールドワーク ・グループワーク 　①「三橋小学校と周辺を見学して感じたことを出し合おう」 　②「第3校舎の建て替えのタイミングで、新しい複合施設をデザインしよう！」 ・まとめ
第4回ワークショップ	・本日の進め方 ・前回のまとめと内容の確認 ・ワークショップ・マニュアルの作成へ向けた意見交換 ・参加者からの感想 ・まとめ、あいさつ

出典) さいたま市資料より筆者作成

第1回ワークショップ　ミニワークショップ

第2回ワークショップ　グループワーク

2-4. ワークショップの展開その①(2年目:2013(平成25)年度)

　2012(平成24)年度に作成した「手引き」をもとに、実際に建替えを迎える学校(与野本町小学校(中央区))を対象として、複合施設の配置案を検討する

オプション観察　　　　　　第3回ワークショップ　グループワーク

第4回ワークショップ　グループワーク

ワークショップを実施した。前回は、施設の配置案を作成する第3回ワークショップにおいて特に時間が不足していたことから、この作業を2回に分けてじっくりと取り組むこととして、回数を1回増やし、全体を5回のワークショップで組み立てることとした。

　また、ワークショップに参加する市民はどうしても限定されるため、より多くの市民の意見を聞き、案に反映させるための「パブリックミーティング」を12月に実施した。ワークショップで検討した案を公開の場で発表し、意見交換をする「オープン・ワークショップ」の他、実際に与野本町小学校に通っている児童の意見を聞く「小学生ワークショップ」を実施している。さらに、第5回ワークショップでは、現施設の管理者からもコメントをもらい、管理者側の視点の確認も行った。

　なお、2013(平成25)年度のワークショップの取組が終わった後には、その取組を振り返り、「手引き」を改訂している。

2-5. ワークショップの展開その②(3年目：2014(平成26)年度)

　2013(平成25)年度に引き続き、与野本町小学校(中央区)の校舎の建替えの

第1回 平成25年 9月	第2回 10月	第3回 11月	第4回 12月	パブリック ミーティング 12月	第5回 平成26年 1月
・全体説明 ・ミニワーク 　ショップ	・複合施設の事 　例視察	・与野本町小、 　周辺の視察 ・複合施設の検討	・複合施設の機 　能配置案の 　検討	・市民への機能 　配置案の説明 　と意見交換	・複合施設の機 　能配置案の最 　終確認まとめ

12月26日（木）　パブリックミーティングの開催
※ワークショップ参加者がまとめた機能配置案の市民への説明と意見交換の場

小学生ワークショップ
～ワクワクする小学校を考えよう！～

オープンワークショップ
～来場者と意見交換しながら機能
　配置案をブラッシュアップしよう！～

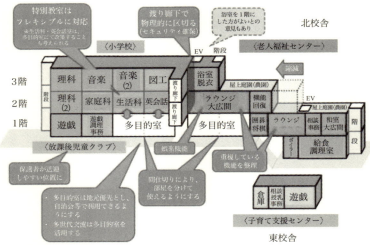

図7-7　2013（平成25）年度のワークショップの概要（与野本町小学校）
出典）さいたま市資料より

ケースについて、さらに検討を具体化する内容のワークショップとした。本年度の検討結果を、実際の設計につなげることをイメージし、コーディネーターである芝浦工業大学の志村教授の研究室の協力により、1/100スケールの模型を使って検討することとした。市側では、日影規制などの建築条件などを精査し、敷地の中で実際に建てられる規模・形態で、配置・機能等を具体的に検討するようにした。

また、ワークショップ参加者以外の市民との意見交換の機会をより広げるため、第3回、第5回に2回のオープン・ワークショップを組み込むとともに、ワークショップ会場であるコミュニティセンターのロビーに模型を展示して意見をもらう会を実施している。

1/100スケールの模型

模型を使った展示会を開催

図7-8 2014(平成26)年度のワークショップの概要(与野本町小学校)

出典)さいたま市資料

3. 成果とポイントの整理

　学校を複合化するというセンシティブなテーマに対して、はじめは反対や批判の意見や質問が行政に投げかけられることが少なくなかったが、ワークショップを重ねることで、参加者の意識やかかわり方に変化が生じたように見える。問題点や課題を指摘するだけでなく、どうすればよりよくなるのか、前向きな意見やアイデアを出し合う創造的な雰囲気になり、お互いの意見を尊重しながらグループとしての案が集約されていった。検討のプロセス自体が楽しかったとの意見も多く、2年目、3年目の検討に継続して参加を希望する市民も多く見られた。

　こうした結果を総括すれば、一連のワークショップの取組によって、学校の複合化に対する合意の形成と、市民の主体的なかかわりというシティズンシップの涵養の双方に、大きな効果が発揮されたといえる。そのためのワークショップの設計・運営上のポイントは、以下の五点に整理することができる。

3-1. 構想段階からの参画

　小学校の複合化というテーマ自体はあらかじめ設定されたものであるが、その複合化の対象施設の選定からワークショップによって市民が検討し、決定していく進め方とした。機能(部屋)の配置から運営上の工夫まで、市民が一からデザインできるようにすることで、参加した市民にとっては、自分たちの施設をつくり上げていく感覚となり、主体的なかかわりにつながっていったと考えられる。

3-2. 多様な市民による検討

　地元の市民だけでなく、公募による地元以外の市民や、公共施設マネジメントについての知識がある市民も参加することによって、全市的な視点や中長期的な視点など、多様な視点で多角的な検討が行われた。「いろいろな考え方を聞くことができて勉強になった」という感想を述べる参加者も見られ、お互いの意見を聞き、尊重し合う雰囲気につながっていったと考えられる。

3-3. 市民同士の話し合い

　2年目、3年目の実際の建替えのケースを想定した検討においては、ワークショップ参加者以外の地元市民の意見も広く聴取し、反映させようという目的で、パブリックミーティングを実施した。この時には、各グループの案を一般の来場者に説明して質問や意見を受けることになるが、当然ながら案をまとめた市民が、来場した市民に対して説明をし、市民同士で質疑応答や意見交換を行うことになる。行政対市民の対立構造になりやすいテーマであるが、市民同士で話し合う場面ができることで、より主体的な検討につながっていったと考えられる。

3-4. 大学との連携

　ワークショップを円滑に、かつ効果的に進めるためには、その設計・運営自体にワークショップに関する専門的な知識や経験が求められる。さらに、デザイン・ワークショップの成果が実際の設計に生かされていくためには、市民による検討段階においても、建築に関する技術的な視点が加味されることが必要である。芝浦工業大学工学部建築学科の志村教授および研究室の学生の協力を得ることにより、こうした専門性を踏まえた質の高いワークショップを実現することにつながっていったと考えられる。

3-5. 行政のかかわり方、成果の生かし方

　実行性の高い施設計画案を作成するためには、法制度面や管理・運営面の視点も重要となる。そのため、行政職員も一体となって検討することが望ま

しい。また、ワークショップによる成果が、その後どのように行政内部で生かされるのか、がわからなければ、ワークショップ自体が「単なるアリバイづくり」ではないかという疑念を生む可能性がある。このような行政のかかわり方や成果の生かし方を明確に示すことにより、行政と市民の信頼関係を構築することが重要と考えられる。

第4節　まとめと今後の課題

1. 小括

　これからの人口減少、少子・超高齢社会において、持続的な地域経営を脅かす問題として顕在化しつつあるのが公共施設の老朽化問題である。特に、公共施設の中で占める割合が高く、老朽化が進んでいる学校に対する対策が急がれている。しかし、学校を統廃合することには地元の賛同を得にくいのが実情であり、学校の建替えを機に周辺の公共施設を複合化することによって、機能をできるだけ残しつつ施設総量を縮減することが、一つの有力な手段と考えられている。

　ところが、この学校の複合化についても、直ちに地元の賛同を得ることは容易ではない。さいたま市で学校複合化に関するワークショップを開催した際も、初回に市の取組について説明を行った後の質疑応答、意見交換では、市全体の公共施設の状況については一定の理解が得られたものの、主に次の三つの観点から反対する質問や意見が強く出ていた。第一に、子どもの安全性や学習環境など、子どもの教育環境が損なわれることへの懸念からの反対。第二に、学校の統廃合により地域の拠点、防災拠点が集約されることに対することへの反対。第三に、周辺の公共施設が学校に複合化されることで既存の公共施設の利用者が不便になること、特に高齢者の公共施設へのアクセスの観点からの反対、である。

　いずれも乗り越えていかなければならない重要な論点であるが、ワークショップを重ねることによって、次第に参加者の意識やかかわり方に変化が

生じていった。問題点や課題を単に行政にぶつけるのではなく、その解決・改善のためにどうすればよいか、アイデアを出し合うような雰囲気に変わっていったのである。その最大のポイントは、ワークショップを市民の主体的な検討の場にしたことである。市民がアイデアを出し合い、自分たちの施設計画案を作成していく場にすることにより、合意が形成されやすくなる。同時に、各自が主体性を発揮しつつ、グループとしてまとめていくプロセスが、参加者のシティズンシップを育むプロセスにもなる。

　これまでのやり方は、行政が案を作成し、それに対して市民の意見を聞く、というものが多かった。今後は、案そのものを市民同士でアイデアを出し合って作成するという、市民がより主体的にかかわるやり方に転換を図ることが求められる。なぜならば、地域課題が複雑化・深刻化しており、行政だけではすべてを満たす解決策を提示することができなくなっているからだ。市民がアイデアを出し合って、負担を分かち合うことを含めて、納得できる案を自ら作成していくことが重要となっている。

　こうした手法には手間暇がかかるが、遠回りのように見えて実は結果的に早道となることが多い。行政だけで一見立派な案をつくったとしても、市民の理解・合意を得られなければ、解決にはつながらない。むしろ市民への説明に多大な労力と時間を費やし、結局まとまらず先送りになるケースは少なくない。合意形成においては、解決策の内容以上に、それを作り上げるプロセスを共有することが重要になることがあり、その点でワークショップ手法はきわめて有効な手法といえる。さらには、まとめた解決策を実施する段階においても、市民が自分たちで作成したプランであれば、自ずとその実施段階でも市民がかかわることになり、市民参加・協働の促進につながっていく。

2. 今後の課題

　さいたま市におけるモデルケースにおいて、ワークショップの一定の効果が確認された。今後はこれをいかに広げていくか、が課題となる。

　第一に、実施件数の拡大である。公共施設の老朽化は年々進展しており、建替えの件数は今後急激に数が増えることが想定される。それにいかに対

応するかが課題である。全市で1～2件であれば個別に丁寧に対応できるが、年に数十件にも膨らんだ時にどのように対応するか。模型の活用は有効な手段であるが、コスト的にもすべてのケースに導入することは困難である。これまでの取組を踏まえ、より簡易で効果的なワークショップ手法を開発する必要がある。

第二に、持続的な実施体制の整備である。上記の論点ともかかわるが、専門家に多くを頼る体制では継続・拡大は困難である。市民同士でワークショップを運営していけるようにするための仕掛けが必要である。例えば、ワークショップに参加した市民などが知識と経験を積んで「市民ファシリテーター」となり、次のワークショップの運営をリードしていくサイクルを構築するなど、持続的・発展的な実践・教育プログラムの整備が求められる。

第三に、多様な主体による検討の実施である。ロールプレイによって利用者や管理者の視点を取り込む工夫をしているが、実際の利用者や管理者の声をもっと反映させることも求められる。さらには、企業やNPOなどの専門家が参加することで、検討の幅が一層広がる可能性もある。

第四に、ワークショップ参加者以外の市民をいかに巻き込むか、も課題である。パブリックミーティングや模型展示会などを開催しているが、集客には苦慮しているのが実情である。より多くの市民に関心を持ってもらい、参加してもらうための工夫が求められる。

このような取組は、政策の検討・意思決定の主体性の比重を、行政から市民に移すことでもある。主体性が市民に移ることで、市民が自らまちづくりにかかわる範囲が拡大し、シティズンシップ教育としての教育効果も高まる。「実践に勝る教育はなし」で、難しい地域課題であればこそ、市民に投げかけ、行政も一緒になって解決に取り組むことで、シティズンシップを高める大きなチャンスになり得る。

厳しい社会経済情勢であることを逆手にとり、市民の主体的な参加を広げる機会と捉え、市民のアイデアを総動員して、地域の未来を描いていくことにつなげることを期待したい。

第Ⅱ部
研究実践の動向と展開

第8章　社会的課題解決の教育モデル　　　　　　　　　大久保　正弘

第9章　日本におけるシティズンシップ教育と社会科の役割　　坪田　益美

第10章　環境シティズンシップ教育に関する動向と課題　　宮崎　沙織

第Ⅱ部　解題

　第Ⅱ部では、個々のシティズンシップ教育実践を支える理論的な整理が展開されている。

　第8章では、シティズンシップ教育を「提案と参加」による社会的課題解決と位置づけ、公共圏の変化（非営利セクターの台頭）、政策過程への参加・協働、スキル重視の観点から社会的課題解決のフレームワークを提起している。シティズンシップ教育を実践しようとする教員・ファシリテーターにとって、貴重なシティズンシップ教育実践開発の枠組みを提示している。特にスキルの重要性には注意を払う必要があるため、第Ⅲ部の付録において詳細に提示している。

　第9章では、日本におけるシティズンシップ教育と社会科教育の関係性を整理している。社会科はシティズンシップ教育と近似に捉えられることが多い。社会科の究極の目標とされる「公民的資質」「市民的資質」と「シティズンシップ」も、近似に捉えられることが多い。そのため、日本の社会科における「公民的資質」「市民的資質」育成に関する理論的研究と、日本におけるシティズンシップ教育実践の動向を整理し、シティズンシップ教育における社会科の役割を明らかにしている。

　第10章では、シティズンシップ教育の中でも「環境シティズンシップ」の育成に関する研究動向を整理している。第1章でも触れられているが、シティズンシップ教育において環境問題は重要な位置を占めている。国際的に展開されているESD（持続可能な開発のための教育）でも、「環境シティズンシップ」の育成が目指されている。「環境シティズンシップ」の教育理論と実践の動向を整理し、成果と課題を提起している。

第 8 章
社会的課題解決の教育モデル
── 「参加と提案」の学習活動 ──

大久保　正弘

第1節　はじめに ── 筆者の活動と桶川実践

　これまで、筆者は、「シティズンシップ教育推進ネット」の活動をとおして、児童・生徒、子ども・大人を問わず、そのシティズンシップの向上に努めてきた。「市民生活の基礎から、市民活動や社会参加の手法を学び、共生や公共についての理解、民主主義への理解を深め、社会における市民としての資質を養う」教育を、学校教育、社会教育、市民活動など、フィールドの種別を問わず提供すべく活動を進めてきた。

　とりわけ、2006年からは、埼玉大学教育学部、桶川市加納中学校、授業者である宮澤好春教諭、埼玉ローカル・マニフェスト推進ネットワークとの連携・協働により「埼玉ローカルマニフェスト・シティズンシップ教育研究会」を結成し、桶川市加納中学校の実践授業を行ってきた[1]（図8-1）。

　本実践は、ローカル・マニフェストをツールとしたまちづくり学習である。マニフェストを用いることで、まちづくりの目標や到達点を明らかにし、過去・現在・未来へとその評価と修正を行っていく。その不断のマニフェストサイクルを繰り返すことによって、まちづくりを少しずつ前進させることができる。このような学習をすることによって、地方自治の担い手・まちづくりの主体としての意識と、市民の政策形成力を育成したいと考えた。そして、机上の学習にとどまらず、生徒たちが地域に出ていき、地域の「ひと・

図8-1 研究会の組織

もの・こと」にかかわり、地域の諸課題を共有し、協働してその解決策を模索することによって、「シティズンシップ」の育成がなされると考えた。

また、マニフェスト型思考による課題設定・現状の分析を行い、まちづくりのビジョンを踏まえた改善策の整理を行った。このことによって、あいまいな公約型の政策案ではなく、改善策の目的、期限、場所、主体、対象、予算、財源などを示した具体的な政策案を作成することができた。

中学生がまちを探検し、まちのよい点・わるい点を調査、商店会やまちの人々にインタビューを行った。市の都市計画課の職員をゲストに招き、まちづくりの政策や都市計画についてヒアリング、商店会との意見交換会などを行い、その上でまちの改善策をローカル・マニフェスト型の提案資料で策定、市の職員、商工会の人々に政策提言を行った。中学生が、桶川市役所、桶川駅前商店街・中山道商店街・桶川商工会など、地域の諸団体との協働によって、地域の問題解決に取り組んだのである。

そして、2009年からは、授業の舞台を浦和第一女子高校に移し、授業実践(5・6章)を行っている。

本章では、現在の活動に触れ、本実践のもとになっている考え方、社会の変化などについて概観した上で、このような参加や提案の学習活動について論じてみたい。

第2節　「シティズンシップ教育」の台頭

　読売新聞オンライン特集「教育ルネッサンス」[2] では、2007年3月27日から4月14日まで行われたイングランド報告の連載において、日英の「シティズンシップ教育」が紹介された。また、信濃毎日新聞では連載「民が立つ」[3]の中で、2007年6月12日から6月26日まで日英の「シティズンシップ教育」をはじめ、地域の住民活動や社会教育などもまじえながらの報告がなされた。

　これらの報告では、英国での事例から、品川区の「市民科」のような自治体レベルでの取組、立教池袋中学・高校のような学校レベルでの取組など、学校教育の枠内の事例を幅広く取り扱っている。さらに信濃毎日新聞では、NPOや地域住民による社会教育・成人教育の事例までも取り上げ、志向を同じくする「学び」として紹介している[4]。各メディアがこのような取組を「シティズンシップ教育」と総じて新しい動きとして報じている[5]。

　二紙の紹介する事例にみられる特徴としては、「地域のよさを見直し、愛着を育む学習・活動」「コミュニケーション力、合意形成力を育てる学習」「メディア・リテラシー、情報を主体的に読み取る学習・活動」「調査をもとに課題を発見し解決する学習」「施設、学校、店舗を自主運営、自治、経営する活動」「実際に地域社会や企業、政治などと関わる学習」「ルールをつくる活動」「取材・調査にとどまることなく、外部に提言を行ったり働きかけたりする活動」などが挙げられる[6]。

　このような学習・活動は、正規の社会科の授業では時間を確保することが難しく、トピック的に扱われるか、選択社会や総合的な学習の時間、特別活動などで取り扱われるにとどまるものである。二紙に紹介された事例も、このような時間を用いたものが多い。それでもなお注目されるのは、世論も含めた教育改革が基礎学力重視の回帰傾向へ向かう一方で、近年の学習指導要領が目指してきた「生きる力」や「確かな学力」の獲得についても、根強い社会的ニーズがあるからだといえよう。

　我が国では、戦前に始まる「法制及び経済」や「公民科」、昭和22年から現

在まで引き継がれる「社会科」(一般社会)の伝統がある。にもかかわらず、このような新しい取組、つまり「シティズンシップ教育」が国内外で注目されているのは、相応の社会的要請によるものと思われる。次節では、このことについて考えてみたい。

第3節　非営利セクターの台頭——公共圏の変化

1. 三つのセクターと新しい公共領域

図8-2は、社会における各セクターの関係をイメージしたものである[7]。

第二次世界大戦後、世界の先進諸国は福祉国家を目指してきた。しかし、その政治システムの拡大により、官僚制が肥大し財政支出も増大する。やがて経済成長の伸びが鈍ると、財政赤字が深刻な問題となっていく。結果として1980年代以降の多くの先進国は、福祉国家からの脱却を図り、新自由主義にもとづく小さな政府を目指すことになる。我が国においても、少子高齢化によって、介護サービスや育児支援など福祉サービスの需要がますます大きくなる中、政府・官の提供する公共サービスが縮減し、それだけでは必要

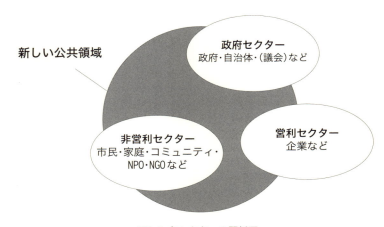

図8-2　各セクターの関係図

な公共需要を担うことができなくなってきている。これまで官が行うべき領域を、営利セクター（市場における企業など）や非営利セクター（市民・家庭・コミュニティ・NPO・NGOなど）の力によって補う時代を迎え、企業であれ市民であれ、新しい公共領域の必要性を理解し、その担い手となることが求められている[8]。

とりわけ、非営利セクターは、公共サービスの中でも営利性に乏しく、市場では扱うことが難しい領域での活躍が期待されている。市民自身の力で、社会や公共を、「支え合う」必要性が、ますます増してきているのである。

特に我が国においては、2000年以降「地方分権」の取組が始まり、これまでの中央省庁から与えられた横並びの地方行政から、各地域の個性を生かした自治体・住民主導の「まちづくり」へと変化しつつある。住民は行政サービスの顧客ではなく、地域運営や活性化の主役として、行政のパートナーとしての役割が期待されるようになり、このような地域活性化の担い手の育成が必要とされるようになった[9]。また、社会の安心・安全という点においても、都市部を中心に地域の連帯の崩壊が指摘され、人的社会資本の整備の必要性が高まっている。このような人的・社会的セーフティネットの構築のためにも、非営利セクターである市民社会をより強いものにし、公共を新しいものにする必要がある。

2. 参加から協働へ

昭和30年代から40年代頃の市民と自治体の関係は、国・自治体が一体になって事業執行をするものに対して、市民は「市民運動」という形で政治的な色彩を伴う運動を行っていた。いわゆる「対立の時代」であった。昭和40年代後半から都市計画法の改正、計画行政の導入の動きの中で、市民参加をもとにした自治体運営が始まり、政策形成過程に市民の意見が組み入れられるようになった。それでも初期の段階は、形式的な参加、アリバイ的な参加が多かった。そこから自治体は公募による一般市民の参加を制度化したり「市民会議」形式の参加手法、ワークショップ形式の参加手法などが取り入れられ、市民の参加活動が促進されるようになってきた。

その後も、自治体のサービス領域は、福祉分野を中心に拡大する。介護制度のように、自治体が職員を直接雇用しないサービスも増えてきた。営利セクター、非営利セクターの種別を問わず、多くの民間活力を活用し、サービスの供給量そのものを増やすこと、そして多様なサービスを提供することが求められるようになってきた。課題の当事者、課題に近い立場、課題の内容を認識している市民自身がサービスの担い手となり、より実効性の高いサービスを提供できるようNPOに代表される市民活動が、自治体との協働関係を結びながら事業を進めるようになってきた。このように、市民参加の時代から協働の時代へと社会参加は発展してきた[10]。

第4節　公共圏の変化と参加のプロセス

1. 社会参加の変容

公共圏の変化に伴い、社会参加の在り方はどのように変化しているのだろうか。表8-1は、社会の「三つのセクターへの参加」と、そのセクターから「新しい公共領域への参加」をまとめたものである。

表の中列の「への参加」は、政府セクター、営利セクター、非営利セクターへの市民の参加・アクセスの方法や様相を示している。右列「からの(公共への)参加」は、政府セクター、営利セクター、非営利セクターから、「新しい公共領域」への参加を表している。

表8-1　三つのセクターと参加の運動

セクター	アクター	への参加	からの(公共への)参加
政府セクター	政府・自治体(・議会)	投票、納税、市民参加、陳情・請願など	公共事業、助成、規制、制度化
営利セクター	企業、事業主など	就労・起業、購買・消費	納税、アドボカシー、ロビー活動、提言、集票など
非営利セクター	民、家庭、コミュニティ、NPO・NGO	手伝い・助け合い、献金・ボランティア(・就労)	ボランティア、事業、アドボカシー、ロビー活動、集票など

政府セクターへの参加は、投票、納税、市民参加（行政計画への参画など）、陳情・請願などが挙げられる[11]。また、政府セクターから公共領域への参加には、公共事業、各事業者への助成、規制、制度化などがある。公共事業は景気刺激を意図するものもあるが、ここでは公共性の高い事業という本来の意味で捉えている。近年の市民参加や協働の流れによって、市民の参加のプロセスも増えてきており、多様化している[12]。

　営利セクターへの参加は、就労・起業など財・サービスを作り出す立場、または購買・消費などの財・サービスを受け対価を支払う立場によるものがある。営利セクターから公共領域への参加としては、納税、アドボカシー、ロビー活動、政策提言や集票、指定管理者制度や入札による事業受託などが考えられる。また、社会的課題の解決をビジネスのスキームによって行おうとする動きもうまれてきた。これらは、社会的起業やソーシャルベンチャー、ソーシャルビジネス、コミュニティビジネスなどとよばれている。ビジネスにおいても、これまで以上の社会的役割を期待されているのである[13]。

　非営利セクターへの参加は、手伝い・助け合いといった互助、献金・ボランティアといった慈善活動などがある。NPOやNGOへの就労もある。対価を受け取る有償ボランティアもある。非営利セクターから公共領域への参加には、ボランティア活動や自主事業、受託事業、アドボカシー、ロビー活動、集票活動などがある。社会的課題の解決や、社会貢献、地域活性化の担い手としてボランティア団体を立ち上げたり、NPOやNGOを設立したりする動きも、営利セクターと同じように社会的起業とよばれており、新規に組織を立ち上げ、活動をする人々が増加している[14]。

2. 政策過程と参加・協働

　次に、政策過程における市民の参加・協働について考察してみたい。政策形成・決定・実施のプロセスは図8-3のようになっている。また、各段階における市民参加・協働の方法は表8-2のとおりである。

　政策立案段階では、パブリックコメントや審議会への参加、政策実施段階では事業受託や協働といった形でNPO・NGO、市民団体、企業等の参加・協

176　第Ⅱ部　研究実践の動向と展開

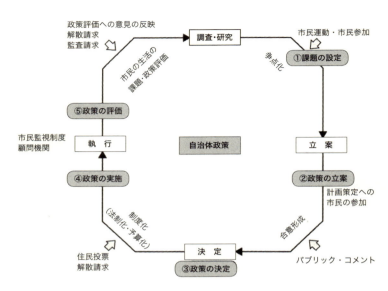

図8-3　政策の形成・決定・実施のプロセス

出典）鈴木崇弘編著『シチズン・リテラシー』（教育出版、2005年）、202頁

表8-2　政策過程のフロー

政策フロー	主な内容	主な担い手	市民の参加・協働方法
①課題設定	争点提起 目標設定 課題設定	政治全体（市民＋政党＋議会＋長・官僚機構）	市民運動・市民参加
②政策立案	複数案作成 最適案選択 政策原案作成	長・官僚機構 ＋議会	審議会の参加、パブリックコメント 市民→議員・政党→議会
③政策決定	合意形成手続 長の決定 議会の決定	長＋議会	住民投票・解散請求
④政策実施	執行方法選択 執行手続・規則 進行管理	長・職員機構 ＋民間受託者	市民オンブズマン・諮問機関 NPO・NGO・企業等による事業受託・実施・協働
⑤政策評価	制度的評価 非制度的評価 修正・改善	政治全体（市民＋政党＋議会＋長・官僚機構）	政策評価への意見 解散請求、監査請求、行政訴訟

出典）佐々木信夫『現代地方自治』（学陽書房、2009年、196頁）をもとに筆者が加筆修正

働が可能である。政策評価の段階では監査請求や行政訴訟などの形で参加できる。事業仕分けや第三者機関評価の形で政策評価を行っているものもある。

このように政策形成・決定・実施の各過程において、さまざまな市民参加・協働が可能になってきている。

3. 社会参加と市民のリテラシー

市民個人としての「社会参加」は、政府セクターへの参加（政治参加・市民参加など）、営利セクターへの参加（就労・消費など）、非営利セクターへの参加（助け合い・ボランティア）などがある。社会参加には「広義の社会参加」と「狭義の社会参加」があり、前者は営利セクターへの参加や政府セクターへの参加を含むが、後者は営利セクターへの参加を含まないことが多い[15]。または、「公共領域」への参加を指すこともある。

近年、政府セクターへの参加のプロセスが増加したことや、社会的起業やソーシャルビジネスなど営利・非営利セクターでの動きの活発化もあり、求められる市民のリテラシーも相応の変化が必要となっている。つまり、「新しい公共領域」への知識・理解と、参加のスキルが、今求められている。これらの知識・理解、スキルによって、官だけでは解決できない社会課題を解決することが求められているのである。

第5節　参加を学びにするために——知識からスキルへ

1. スキルの重視

英国の教科Citizenshipでは、**表8-3**のように、カリキュラムを「知識と理解」「調査とコミュニケーションのスキル」「参加と責任ある行動のスキル」の三つに分けている。「知識と理解」は、いわゆる学習内容であるが、英国と日本の学習内容で大きく異なるわけではない。英国のカリキュラムは、スキルを知識・理解とならぶ大きな柱として位置づけており、この点が我が国のカリキュラムとの大きな違いである[16]。

表8-3 教科Citizenshipの学習プログラム(「知識と理解」の内容は省略)

	中分類	項目	KS4の学習内容
知識と理解 Knowledge and understanding			
調査とコミュニケーションのスキル Skills of enquiry and communication	調査	文章理解、情報収集、情報検索力、分析力、課題発見力・設定力、仮説設定力、統計的調査・数理的調査など	a. ICTをベースとした情報源を含む、異なるソースの情報を分析したり、統計の活用や悪用についての理解を活用しながら、今起こっている政治的、精神的、倫理的、社会的、文化的問題や出来事を調査すること
	コミュニケーション	プレゼンテーション、ディベート、情報伝達力、表現力、企画力、合意形成力など	b. 上記のような論点、問題、出来事についての個人的意見を口頭や文書で表現したり、正当化したり、擁護すること c. グループ・ディスカッションや予備的なクラス・ディスカッションで意見を述べ、正式なディベートに参加すること
参加と責任ある行動のスキル Skills of participation and responsible action	参加	価値判断力、参加行動力、コミュニケーション、企画力、構想力など	b. 交渉や決定、および学校やコミュニティの責任を伴う業務を一部担うこと c. 参加のプロセスを反省すること
	提案	合意形成力、情報編集力、整理力、企画・構想力、表現力、判断力、交渉力・提案力など	a. 他の人の経験について想像力を用いて考えること、自分たちのものではない意見について考え、意見を述べ、説明し、批評眼を持って評価できるようにすること

出典) *Citizenship: The National Curriculum for England*, DfEE and QCA, 1999, pp. 14-15(翻訳：日本ボランティア学習協会編『英国の「市民教育」Citizenship Education in UK』日本ボランティア学習協会、2002年、95-97頁)、全国［よのなか］科ネットワークHP http://www.yononaka-net.com/ より

　本稿では、「調査とコミュニケーションのスキル」を「調査」と「コミュニケーション」に分け、「参加と責任ある行動のスキル」を「参加」と「提案」に分けて分類を行っている。小項目の内容は、藤原和博氏の「よのなか科」の実践例で使用されているスキル名を参考にして、それぞれの中分類ごとに振り分けた。「KS4の学習内容」は、英国のCitizenshipのKS4(15～16歳)の学習内容を示している。「知識と理解」は、本章では議論の対象としないため省略した。(表8-3)

4.2 Citizenship EducationとCivic Education

英国のCitizenship Educationがこのようにスキルを重視していることについて、英国の関係者の言及が参考になる。Community Service Volunteers（CSV）のCitizenship Education担当であるPeter Hayesは、日本やアメリカの公民教育を「Civic EducationでありCitizenship Educationではない」としている。その上で、Citizenship EducationとCivic Educationの違いについて、次のように述べている[17]。

- Civic Educationは過去にも英国では教えてきている。Citizenship Educationは知識だけではなく幅広い。
- Civic Educationは政治・法律・権利などの知識を得る受身的な学習である。省庁の人材を育てるようなもの。Citizenship Educationは、実社会に適応させるため、現実に近いシチュエーションのなかに参加型アクティビティを入れている。参加の機会を与えるものである。ここが大きな違いである。

このようにみると、Civic Educationは社会システムについての知識中心の教授がなされていたものと考えられる。一方でCitizenship Educationは、社会システムについての知識だけでなく、社会に参加・適応するためのアクティビティも行うものであり、日本の「総合的な学習の時間」にも近い側面をもっている。

さらに、Association for Citizenship Training（ACT）のAlice Dorsettは次のように述べている[18]。

- Citizenship Educationは市民に権限を与えるものである。これまで中央集権的だったものを、民主的に一人一人にエンパワメントし、コミュニティに参加できるようにする。人々に責任感をもたせる。また、地域の課題を解決するスキル・知識、常識なども与えるものである。
- アメリカのノースカロライナにスタッフが視察に行った時、そこではサービスラーニングを行っていた。アクティビティに参加させて、「よい市民（Good Citizen）」をつくろうとしている。やや愛国者（patriotist）をつくろうとしているところがある。英国のCitizenship Educationとは対照的である。（英国ではCivic Educationは愛国的なものと捉えられているようだ。）

このような発言からみると、保守党時代の中央集権から、労働党の第三の道による個人や地域への分権を意識しているようにみえる。社会参加の権限をもち、その責任感をもった「積極的・活動的な市民(Active Citizen)」が、分権された地域社会やコミュニティを支えていくことを意図しているのであろう。それに対して、Civic Educationは、従来の中央集権にもとづく福祉国家的な社会観や、その一員としての個人を育てるための教科であり、社会システムを理解し、順応できる「よい市民(Good Citizen)」を育てるものと捉えているようである[19]。これらを整理すると表8-4のようになる。

このようにみていくと、英国では二つの教科の政策的意図を区別していることがわかる。Civic Educationは、福祉国家の色彩を色濃く引き継ぎ、国家に「よりよい市民」であろうとする教育モデルである。そして、Citizenship Educationは、ポスト福祉国家において、「社会に自発的に参加し、社会を支えていく市民」を育てようと意図したものといえるだろう。日本の公民教育が、実際に英国人の思惑通りに知識中心で、国民国家・福祉国家モデルの踏襲であるかどうかはともかく、「シティズンシップ教育」そのものの理念は、ポスト福祉国家社会を見据えたものである。我が国でも、「市民科」や「シティズンシップ教育」がいくつかの学校や地域で試みられているのも、このような理念によるものと思われる[20]。

すなわち、公共圏が変化し、市民による公共領域への参加が必要である現下の状況において、シティズンシップの育成にあたっては、静的な知識の教授による学びだけでなく、活動を通した動的なスキルの習得による学びが必要といえよう。

表8-4 求められる市民観と教育モデル・社会モデル

市民観	教育モデル	個人と社会のかかわり	社会モデル
Good Citizen 「よい市民」	Civic Education	愛国心・忠誠	国民国家 福祉国家
Active Citizen 「積極的・活動的な市民」	Citizenship Education	社会への参加 自発的な活動	第三の道 市民社会

第6節　社会的課題解決のフレームワークと教育モデル

　表8-5は、前述の教科Citizenshipの学習プログラムと、桶川市加納中学校の実践授業のプログラムをもとに、「調査とコミュニケーションのスキル」と「参加と責任ある行動のスキル」の二つのスキル群に対して、それに応じた学習活動と、個別のスキルをまとめたものである。

1.「調査とコミュニケーションのスキル」

　「調査とコミュニケーションのスキル」では、「調査」と「コミュニケーション」に分類して学習活動を設定している。調査には、インタビュー活動による問題発見・情報収集・情報整理、ゲストとの意見交換における情報収集・分析、コミュニケーション、プレゼン、情報整理や、資料調査やフィールドワーク、そして調査の分析の活動を設けている。

　コミュニケーションには、アイスブレイクによる会話の導入や、集団をまとめるチームビルディング、会議を円滑に進め合意形成を行うファシリテーションの学習、KJ法やブレインストーミングなどのアイデアをまとめる活動、プレゼンテーションの学習などを設定している。

　また、フィールドワークやコミュニケーションのスキルに、価値判断を入れている。これは価値判断を行う活動によって個々の価値観を形成し、その後の議論を活発にしたいと考えたからである。自分の価値観を持つことで参加活動の意欲を高めることができるし、複数の多様な価値観を理解するための基礎にもなるだろう。

2.「参加と責任ある行動のスキル」

　「参加と責任ある行動のスキル」では、「参加」と「提案」に分類して学習活動を設定している。「参加」は「私たちにできること」、「提案」は「私たちにできないこと」として、これまでの調査・分析を踏まえて立案した改善策を分類している。

　「私たちにできること」は、「ゴミのポイ捨てをしない」「ゴミの分別をきちんとやる」など自己の行動で課題を解決したり（「責任ある行動の促進」）、ボラン

表8-5 学習活動とスキルの例

スキル群	学習活動 (ユニット・単元)	モジュール・小単元/要素	スキル項目
調査とコミュニケーションのスキル	インタビュー	・インタビューの計画(対象、内容、アポ取りなど) ・インタビュー(ノート、聞き取り、マナーなど) ・インタビューのまとめ(時系列と項目別)	問題発見 情報収集 情報整理
	ゲストとの意見交換	・形式(提案型、意見聴取型、公開討論会型・シンポジウム型、インタビュー方式と講演会方式) ・進行方法(タイムキーパー、司会の方法等、論点の創出と主張・意見の相違の発見) ・報告書の作成(議事録式・調査報告式)	情報収集・分析 コミュニケーション プレゼン 情報整理
	資料調査	・新聞・ニュース資料の収集・分析、インターネット・書誌検索、議会・行政資料・マニフェストなどの収集・分析、情報収集・分析	情報収集・分析
	フィールドワーク	・計画(調査ルートの設定、調査対象の選定、地図の選定、役割分担) ・調査(地域課題・地域資産の記録、インタビュー、観察記録など) ・まとめ(分類図・まちマップの作成、まちづくりの構想案の作成)	計画 問題発見 価値判断 情報収集 資料整理 合意形成
	調査と分析	・アンケート調査と聞き取り調査、質的調査と量的調査、統計分析と調査、社会調査の落とし穴	情報収集・分析
	アイスブレイク	・アイスブレイク、緊張の緩和、会話への導入、あいさつ、距離を縮める方法	コミュニケーション
	チームやグループをまとめる	・チームビルディング(ビジョンの共有、分担) ・リーダーとファシリテーターのちがい	リーダーシップ・フォロワーシップ 合意形成
	考えをまとめる	・話し合いの心がけ(傾聴のマナーなど) ・KJ法、ブレスト、コンセプトマップ、樹形図 ・ビジョンの共有とミッションの創出、アクションプランの作成	コミュニケーション 情報分析・合意形成 価値判断 合意形成
	プレゼンテーション	・発表・討議の形式(公開討論型、ブース型、グループ討議型、ディベート型、全体発表型など) ・配付資料・発表様式(パワーポイント、マニフェスト、新聞、チラシ、ホームページ、映像、演劇、歌など) ・発表の練習(効果的な伝え方、声の大きさ、話す速度、字の大きさ、説得力のある話し方、質問の予測と対応)	提案・合意形成 編集整理 合意形成 提案力 表現力

※スキル群の中分類: 調査／コミュニケーション

参加と責任ある行動のスキル	提案	政策提言	・解決策を考える(ハードウェアとソフトウェア) ・政策案の作成(私たちにできること・できないこと、国と地方の関係) ・政策案の実現方法を考える(選挙のサイクル、行政・政治のPDCAサイクルと市民関与、政策案とマニフェスト、陳情・請願・パブリックコメント・HP・質問状・アドボカシー活動)	合意形成 情報編集整理 企画力・構想力 交渉力・提案力
		模擬政治活動	・模擬議会、公開討論会、模擬選挙・投票	合意形成・表現 判断力・提案力
	参加	非営利活動・協働的事業活動への参加	・NPO・ボランティア、町内会・地縁活動などの理解(提案だけでなく、行動による課題解決の意義など) ・ボランティア活動・非営利活動への参加(まちづくりのPDCAサイクルと市民参加、地域や人々とのつながり、イベントの企画・主催、募金活動) ・チャレンジショップの運営(事業活動の社会的意義、地域とのつながり、商売と共存・共栄、地域への貢献)	参加行動 コミュニケーション 企画力・構想力
		責任ある行動の促進	・責任ある行動のための倫理綱領の作成 ・権利のリストと責任のリストの作成、標語化 ・自己表現活動(作文・作詩・作曲・絵・ポスター・パブリックスピーチなどの自己表現で自ら振り返ったり、他者に働きかける。「タイムカプセル」「未来の私への手紙」)	構想力 表現力 提案力

ティア活動でゴミを拾い集めたり、人の世話をしたり(「非営利活動・協働的事業活動への参加」)、「市民の力」で解決することができるものをいう。

　それに対して、「私たちにできないこと」は、政治や行政に提案し、制度化したり予算化したりすることで課題を解決するものである。(「政策提言」)同時に「模擬政治活動」を設け、政治体験による学習もできるようにしている。

　「参加」には、次の①と②、「提案」には③と④の学習活動を設定している。

　①「非営利活動・協働的事業活動への参加」では、NPOやボランティア、町内会・地縁活動に参加し、地域の人々とのつながるよさや、継続的な活動によって課題解決を行っていることなどを理解させたい。また、チャレンジショップの運営を通して、地域の商行為がどのようにして地域社会に貢献できるのかを考えさせたい。コミュニティビジネスやソー

シャルビジネスの理解への入り口となるだろう。いずれの活動も、単に動員されるものではなく、企画力・構想力を十分に発揮し、創造性のある楽しい活動を目指したい。

② 「責任ある行動の促進」では、責任ある行動のための倫理綱領の作成、権利のリストと責任のリストの作成・標語化、自己表現活動のように、自分自身や他の個人に働きかける活動を考えている。道徳や芸術教科、言語活動などの学習領域でもあり社会科の枠を超えてしまうおそれもあるが、個々の価値観の形成が議論や活動のモチベーションを高めることができるし、自己表現活動によって自ら振り返ったり、他者の心情に働きかける能力を磨くこともできるだろう。

③ 「政策提言」では、解決策をハードウェア(ハコモノなど)とソフトウェア(フレームワークやイベントなど)に分けて考えた。まちの解決策を、マニフェストや政策集の形にして選挙に使用するのか。陳情や請願で議会に働きかけるのか。パブリックコメントや市民参加のしくみを使って行政に働きかけるのか。市長への質問状を送るのか。アドボカシー活動を行うのか、など実現方法を考える機会も設定している。

④ 「模擬政治活動」は、これまでに作った政策案を使用しての体験的な政治活動である。模擬議会や公開討論会のような合意形成型の活動と、模擬選挙・模擬投票・住民投票などの判断型の活動を設定している。もちろん、実際の選挙の機会に絡めて学習活動を行うのも有効であるが、合意形成力や判断力の育成が目的であることを忘れてはいけない。

3. 情報収集から課題解決までのプロセス

図8-4は、情報の収集から課題解決までのプロセスを示したものである。

図8-4と表8-5を読み解いていくと見えてくるのは、「調査・分析→課題発見・課題抽出→問題解決」のプロセスと各スキルが連動していることである。「調査」と「コミュニケーション」では、調べたことをまとめ、合意形成によって集約する。その後のアウトプットが、自分たちが「参加」するのか、行政や議会へ「提案」するのかに分かれる。いずれにしても、「参加」も「提案」もそれ

第8章 社会的課題解決の教育モデル 185

図8-4 社会的課題解決のフレームワーク

単独で成立するのではなく、「調査」と「コミュニケーション」さらには「知識と理解」にもとづいた根拠のある活動である。それぞれの要素が積み重なって、模擬投票も政策提案も、ボランティアへの参加も、必然性のある参加提案活動となるのである。

また、このプロセスにおいて、調査・分析の活動はかならずしもフィールドワークでなければならない、というわけではない。例えば、NGOの職員を授業により、「貧困問題の話を聞く」ことからも課題発見や課題抽出を行うことができる。官庁のデータや書誌資料の分析からも同様のことを行うことができる。また、サービスラーニングのようにボランティア活動から地域の課題を発見・抽出することもできるだろう。

本研究会では、図8-4を「社会的課題解決のフレームワーク」、さらに図8-4の各過程に必要とされる表8-5の学習活動とスキルを総称して「社会的課題解決の教育モデル」と名づけている。

第7節 社会的課題解決の教育モデルのさらなる実践に向けて

ここまで、公共圏の拡大により市民の参加領域が広がってきていることを述べてきた。そして、新しい公共領域の知識・理解と参加のスキル、つまり「調査とコミュニケーション」のスキルと「参加と責任ある行動」のスキルを育

む学習活動が必要であり、その具体例として社会的課題解決のフレームワークと教育モデルを提示した。(表8-5) 本章の結びとして、これらの課題や留意点について考えてみたい。

1. 教員の資質——市民社会の一員として

　市民社会や地域社会の「担い手」が必要とされている。教師である前に一人の市民として、社会の「担い手」として——もちろん自発的な意志によるものではあるが——活躍が期待されている。教師として培ってきた知識や経験が、地域社会で役立つことがあるのではないだろうか。教師は、"住民主導の"地方自治やまちづくりのキーマンとなるだけの資質を十分に持ち合わせているはずである。

　地方自治やまちづくり、ボランティア活動、NPO・NGO活動に継続的に参加する中で、そのスキルを磨いてほしい。そして、投票に行ったり、必要であれば提言を行ってほしい。さまざまな制約があるとしても、ぜひ、その力を発揮していただきたい。

2. 教員として——どのように教授するか

2-1. 課題解決の学習とスキル群の再設計・再構築

　我が国の教育では、小学校の授業を除けば、議論をしたり、スピーチをしたり、プレゼンテーションを行ったり、という活動はあまりなされてこなかった[21]。総合的な学習の時間や選択教科などによって一度はその機会を拡充されたものの、新学習指導要領ではこれらは縮小傾向にある。一方で、公民的分野には「課題解決」が取り入れられた。「中学校学習指導要領解説」143-144頁 公民的分野 内容(4)イ「よりよい社会を目指して」では、「持続的な社会を形成するという観点から、私たちがよりよい社会を築いていくために解決すべき課題を探求させ、自分の考えをまとめさせる」とあり、課題の探求の例として、「課題の設定、資料の収集と読取り、考察とまとめ、といった手順」や「中間発表、ディベート、議論、プレゼンテーションなどをさせ、最終的にはレポートを提出させること」を挙げている。とりわけ、既習知識や獲

得技能にもとづいて、課題の探求と、その解決の方法を生徒自身の考えでまとめさせることを求めている。

　新学習指導要領では、課題探求や解決方法のまとめ方などについては例示にとどめているが、教師としてはそれらの技能――本章ではそれをスキルとよんでいる――を整理分類し、各学年や年間の中でどのように学習していくのかを設計する必要がある。また、ワークショップ型の学習活動や、学習集団をファシリテーター型でまとめる手法について、精通・習熟につとめたい。

2-2. よりよい評価へ

　フィールドワーク、スピーチ、プレゼンテーション、議論、合意形成などの動的な学習活動を評価するにあたっては、ペーパーテストではなく、活動の過程評価やポートフォリオの評価が必要になる。授業設計にあたっては、評価計画やルーブリックの作成など、十分な準備が欠かせない。

3. 他団体との協働・連携のコーディネーターとして

3-1. コーディネーターの視点

　桶川市加納中学校の事例では、公立学校、埼玉大学、NPOが協働してカリキュラム開発や授業実践を進めてきた。授業の中でも、市の職員、商店会、商工会、住民などさまざまな人々とかかわってきた。教科や学校の枠を超えて、他教科とのクロスカリキュラムの授業をしたり、地域の人々やNPO・NGOの人々との協働を進めたりするにあたっては、コーディネーター的な役割も期待される[22]。地域づくり・社会づくりの「担い手」であるとの自負をもって取り組んでくださることを願ってやまない。

3-2. コーディネーターの外部人材化

　コーディネーターを外部人材化する方法もある。PTAや町内会など地域の人材を活用したり、社会教育主事や図書館司書、学芸員など地域の社会教育とかかわってきた人材を活かすほうが、学校と社会のネットワークを広げることができるだろう。学社連携や地元大学、地元企業などさまざまな機関と

の連携を探りたい。

　コーディネーターにも、①地域と学校の調整役、②教材の開発や専門家との調整役の2種類があり、各者の強みが活かせるように工夫が必要である。

3-3. 連携の注意点

　NPO・NGOや企業による学校教育への関与は、我が国でも増加しているが、金融教育、国際理解教育、人権教育、法教育など、シングルイシューや特定分野のアドボカシー活動の一環とも思えるような教育活動も多い。また、単に学校にゲストティーチャーを派遣し、生徒に話を聞かせるだけの活動もみられる。児童・生徒のシティズンシップの育成を理念の柱に据えて、バランスよくそれぞれのイシューをまとめる必要がある。

　また、中立性・公平性の観点から、複数団体との協働を行ったり、中間支援NPOを活用したり、地元大学を中心に研究会を設置するなどの配慮が必要である。特に政党や議員へのアプローチでは、窓口になる中間機関を設置したり、各団体から担当者を派遣してもらい協議会形式にするとよいだろう。

おわりに

　本章では、シティズンシップの育成に必要なスキルについて、桶川市加納中学校の実践をもとに、まちづくり学習に絞り込んで論じてきた。しかし、調査・分析→課題発見・課題抽出→解決策の立案という課題解決のプロセスや、そこに使われるスキルについては他のフィールドでの学習にも十分転用し得るものである。公共圏の変化によって課題解決や市民の参加が求められているものとしては、多文化共生、グローバル化、多国間共同体、福祉、環境など、さまざまなテーマが考えられる。筆者としては、これから他の実践へと広げていくとともに、多くの地でこのような実践が行われることを望んでいる。

　今、期待されているのは「民が立つ」教育である。市民が自立し、地域や社会の担い手として、自ら地域や社会を支える側になる、もしくは相互に支え合うことである。もちろん、このような心持ちは、義務的なものではなく、

自ら湧き上がる自愛と、思いやりから発するものでありたい。公民科であれ、総合的な学習の時間であれ、その他の教科であれ、このような心持ちと理念によって支えられるものでありたい。

注

1　本実践を報告したものとしては、宮澤好春「中学校における社会参加とシティズンシップ教育―協働によるマニフェスト型思考を用いたまちづくり提案―」(2009年10月)、第58回日本社会科教育学会滋賀大会課題研究発表、桐谷正信・西尾真治・宮澤好春「市民社会組織との協働によるシティズンシップ教育の実践 ―桶川市立加納中学校の選択教科「社会」の事例―」『埼玉大学教育学部附属教育実践総合センター紀要』(2007年、No.6、115-138頁)などがある。

2　読売オンライン「教育ルネッサンス」http://www.yomiuri.co.jp/kyoiku/renai/。

3　信濃毎日新聞社編集局編『民が立つ―地域の未来をひらくために』信濃毎日新聞社、2007年。

4　大久保正弘「シティズンシップ教育の意義と可能性」『埼玉大学教育学部附属教育実践総合センター紀要』No.7、2008年、197-211頁。

5　このほかにも、宮崎県小林市で導入された「こすもす科」、青森県三戸町「立志科」などがある。

6　注4の198-199頁の図表等を参照。

7　鈴木崇弘ほか編『シチズン・リテラシー』(教育出版、2005年)の見返しの図、澤井安勇「ソーシャル・ガバナンスの概念とその成立要件」『ソーシャル・ガバナンス』(東洋経済新報社、2004年、40-55頁)をもとに筆者作成。「市民」を非営利セクターに含めない文献も多いが、本章では含めて考えている。

8　例えば、神野直彦「新しい市民社会の形成 官から民への分権」神野直彦・澤井安勇編『ソーシャル・ガバナンス』(東洋経済新報社、2004年、4頁)。

9　大久保正弘「市民が政策をつくる時代」ほか、鈴木崇弘編『シチズン・リテラシー―社会をよりよくするために私たちにできること―』(教育出版、2005年)には、国政ではNPO法やダイオキシン法などが市民による議員立法への働きかけにより成立したことが記述されている。また地方においては、「みたか市民プラン21会議」によるまちづくりの例が挙げられている。

10　大石田久宗「コミュニティに基礎を置く経済活動の現状」前掲書8、232-233頁。

11　政府セクターを議会を含んだ広義の執行機関とみた時には、議会への陳情・請願、投票なども参加の方法に含まれると考えられる。

12　例えば、穂坂邦夫『市町村崩壊―破壊と再生のシナリオ―』(スパイス、2005年)では、埼玉県志木市の住民評議会制度による予算と条例の作成の事例が挙げられている。また、「まちの憲法」とよばれる、自治基本条例やまちづくり条例、市民参加条例などの制定にあたっては市民側の関与が期待され、市民による審議や立案も行われている。こちらについては、松下啓一『協働社会をつくる条例』(ぎょうせい、2004年)

を参照されたい。
13 経済産業省『ソーシャルビジネス研究会 報告書』2008年、フィリップ・コトラー、ナンシー・リー、恩藏直人監訳『社会的責任のマーケティング』(東洋経済新報社、2007年)、斎藤槙『社会起業家－社会責任ビジネスの新しい潮流―』(岩波新書、2004年、28頁)など。
14 デービッド・ボーンステイン、井上英之監訳『世界を変える人たち』(ダイヤモンド社、2007年)、前掲13 など。
15 例えば英国のCitizenshipでは、キャリア教育を含めておらず別教科としている。
16 長沼豊・大久保正弘『社会を変える教育 Citizenship Education―英国のシティズンシップ教育とクリック・レポートから―』キーステージ21、2012年、68-69頁。
17 筆者ヒアリングによる(2005年11月2日実施)。
18 同上。
19 Crick Report は、T.H.Marshall (1992)の市民的・政治的・社会的という三つのシティズンシップの要素を挙げ、Good Citizen と Active Citizen について次のように述べている。「最近、「よい市民(Good Citizen)」や「積極的・活動的な市民(Active Citizen)」ということばが再び用いられるようになってきた。…福祉は国家によってただ与えられるだけではなく、互いの好意によって助け合えるものであり、それは自発的な意思に基づく人々の集まりや、ボランティア団体・非営利組織によって、地方レベルでも国のレベルでも支えあうことができることを強調している。」
20 一部ではあてはまらない実践もみられるが、本章では議論の複雑化を避けるために扱わないものとする。
21 教科教育や研究会での蓄積があったにもかかわらず、方法領域としての規定がないこともあり、課題解決や動的な学習を行う教員とそうでない教員で教授方法に大きな差があったともいえる。
22 英国の教科Citizenshipでは、教員以外に教科コーディネーターがおり、地域や他団体の人々をつなげたり、他教科との橋渡しも行っている。

参考文献

長沼豊・大久保正弘『社会を変える教育 Citizenship Education―英国のシティズンシップ教育とクリック・レポートから―』キーステージ21、2012年。

The Advisory Group on Citizenship, *Education for citizenship and the teaching of democracy in schools, Final report of the Advisory Group on Citizenship*, Qualification and Curriculum Authority, 1998.

T.H.Marshall and Tom Bottomore, *Citizenship and Social Class*, Pluto Press, 1992(岩崎信彦・中村健吾訳『シティズンシップと社会的階級―近現代を総括するマニフェスト―』法律文化社、1993年).

B.Dufour, "The Fate and Fortunes of the Social Curriculum and the Evolution of Citizenship: A Historical Overview", Tony Breslin and Barry Dufour, *Developing Citizens*, Hodder Murray, 2006.

第9章
日本におけるシティズンシップ教育と社会科の役割

坪田 益美

第1節 はじめに

　社会科が、民主主義的な社会の成員を育成する教科であるということに、異論を唱える社会科教育者は少ないであろう。従来、社会科ではその成員を育てるべく「公民的資質」の育成をその究極目標として掲げてきた。2000年代以降、イギリスをはじめとして、世界的にシティズンシップ教育への関心が高まる中で、日本でも「シティズンシップ」という言葉が台頭してきた。しかしその内実は、公民的資質が意図してきたことと大きく変わるものではない。

　シティズンシップという言葉は、日本語にすると「市民権」「市民的資質」「市民性」と、少なくとも三つの訳語が当てはまる。ここでは、あえてこの三つの単語の関係性を見出してみようと思う。「市民権」とはその語の通り市民としての権利を意味する言葉である。これは地位や立場といった、いわば物理的な「資格」を意味する。「日本国籍」という「市民権」を有するが故に、我々は日本国憲法に守られる権利を持っているのである。しかし、その「権利」とは、世界史の視野で見れば、そもそもは圧政との闘いの中で勝ち取られてきたものであり、また現代においても、望めば手に入るとは限らないものである。それゆえに、与えられた者にはそれを守り、維持していくための努力という義務を、本来は要するものである。その努力あるいは義務として求めら

れるのが、「市民的資質」と「市民性」であるといえるだろう。この二つは、その区別が難しいものの、「市民的資質」とは市民として持つべき能力的な「資格」を意味し、他方「市民性」とは、市民として持つべき性質・性格、すなわち姿勢や徳としての「資格」を意味する。その意味で、「市民性」は「市民的資質」の一部である。つまり、能力としての「市民的資質」には少なくとも、良識ある判断を自立的にするための知識、民主主義的な集団的意思決定を遂行するためのスキル、そして民主主義的な姿勢や徳(「市民性」)という三つが不可欠の要素なのである。そして、シティズンシップ教育とは、少なくともこれら三つの「資格」を満たす人材を育成する教育のことを指す。

　N. Ikenoは戦後の日本における社会科を、シティズンシップ(ここでは、公民的資質をシティズンシップと同義で扱っている)の育成という観点から、次の三つの時期に分類している[1]。第一期(1947-55年)は、直接的な経験から問題を発見し解決策を試行錯誤する中で学ぶことを重視した経験主義にもとづく「education through citizenship(シティズンシップを通した教育)」、第二期(1955-85年)は科学的・体系的知識の獲得に重点を置く「education about citizenship(シティズンシップについての教育)」、第三期(1985-2005年当時)は探究やコミュニケーションの技能習得を重視した「education for citizenship(シティズンシップのための教育)」である。

　つまり、近年声高に叫ばれる「シティズンシップ教育」とは、本来社会科が目指した教育そのものということができる。したがって、シティズンシップ教育における社会科が担うべき役割は、極めて大きい。ところが、現在の社会科が、その役割を充分に果たしていると考える社会科教員は、実はそれほど多くはない。1999(平成11)年に、日本社会科教育学会教育課程研究委員会が実施した日本社会科教育学会員への意見調査によると、「社会科の教科目標を『公民的資質の基礎を養う』として継承すべき」という回答が84％を占めているにもかかわらず、その目標が達成されているという回答は0％だったという結果が明らかとなった[2]。

　池野は、従来の日本において行われてきた民主主義教育の問題点として、戦後の日本が民主主義原理を「する」ものではなく「である」ものとして出発し

第9章　日本におけるシティズンシップ教育と社会科の役割　193

たことで、民主主義を権力化させてしまったことが、同じく社会科教育にもいえるのではないか[3]、と指摘している。つまり、民主主義がすでにあるもの、既存のものとして完全形態として教えられてきてしまったことで、本来「する」ものとしてつねに維持、推進されるべきものである民主主義に必要な「自律した個人（市民）」を育成してこなかったといえるのではないか、ということである。民主主義的な社会の成員を育成するためには、民主主義の理念や制度に関する学びに留まらず、一人ひとりが自立／自律的に判断し、民主主義を通した集団的意思決定によって、公共の問題を解決していくこと、あるいは新たなよりよい決断を生み出していくことが本来の民主主義であることを理解し、それを主体的に遂行する資質・能力・態度を育成して行かねばならないのである。そしてその新たな何か、すなわちオルタナティブ（いわば第三の道）を生み出し得るという点でも、民主主義は価値があるのであり、それゆえに一人ひとりの存在価値がより重要なものとなるのだと筆者は考える。

社会科は、「社会とはどのようなものなのか」「社会とはどのようにして成り立っているものであるのか」「どのような社会がよりよいのか」「どのようにして社会を創造していくのか」といった社会認識の形成を通して、シティズンシップを形成すべき教科なのであり、特に重要な部分を担っている教科なのである。なぜなら、「社会のあるべき姿」とはいかなるものか、という目指すべき社会像を示すのが、すなわち社会科の役割であり、その社会像如何で、シティズンシップの在り方も大きく左右されるからである。ひいては、教員が持つ社会観、問題意識や姿勢、資質が、子どもたちのシティズンシップ獲得に大きな格差をもたらし得るのである。

シティズンシップは、社会科のみで育成できるものではなく、そして、学校教育だけで完結するものではない。しかし社会科が担うのは、上述のとおり、その核となる部分である。そこで本章では、日本におけるシティズンシップ教育の理論と実践の研究動向について、社会科を含めた学校内外の教育活動を、その目的と方法という観点で分類し、社会科の担うべき役割とその方法について改めて検討してみたい。

そのために本章では、以下の三つの手続きをとる。まず、日本の社会科教

育学研究におけるシティズンシップ教育に関する理論的研究から、日本におけるシティズンシップ教育が直面している課題について検討する。次に、日本におけるシティズンシップ教育の実践動向を分析し、社会科とその他の教科、特に教科外活動のそれぞれが担うべき役割の違い、すなわち社会科における社会認識形成の重要性を明らかにする。最後に、以上を踏まえて社会科でシティズンシップを育成する方法に関する示唆を提示したい。

第2節　社会科教育学研究における理論的研究の動向

　日本の社会科におけるシティズンシップ教育研究については、これまで多くの研究者がさまざまな整理を試みている[4]。前述したように、日本における社会科教育研究の大半は、そもそも「公民的資質」という名のシティズンシップ育成のための研究・実践が追究されてきたといえるが、2000年代以降は、「シティズンシップ」の育成を掲げた研究や実践が顕著にみられるようになった。藤原孝章は、森分孝治の市民的資質の構造と市民性育成教育についての図式(図9-1参照)が、「現在の社会科教育が、資質と同時的に獲得されるべき社会認識(地理、歴史、政治、経済、社会に関する知識理解)とを切り離し、『公民的資質』の育成よりも科学的な社会認識の獲得を重視している」という現象を生み出したことと無縁ではない、と分析している[5]。森分は、市民的資質を個別的な知識・判断力から一般的説明的知識・判断力、そして価値的知識・判断力までの社会認識に限定し、社会科の授業をその範囲での社会認識教育とした[6]。藤原は、この図式が、森分の意図とは別に、「受験」の名のもとに社会についての事実的知識のみに矮小化され、「社会科は暗記教科」というラベルがはられ、「社会科ぎらい」を生んでいると指摘する[7]。また、このような「市民社会の形成者の資質育成」という本来の目標を喪失している、という社会科教育の現実がシティズンシップ教育という「外来語」で語られる昨今の状況を生み出している[8]、として「シティズンシップ教育研究」が顕著にみられるようになった背景を分析している。

第9章　日本におけるシティズンシップ教育と社会科の役割　195

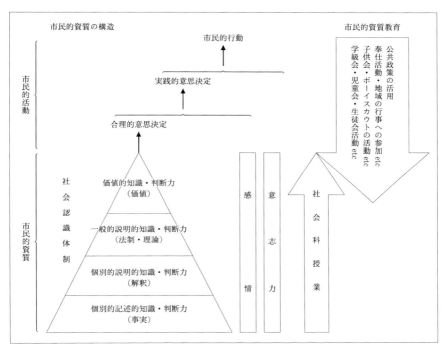

図9-1　市民的資質の構造と市民的資質教育

出典）森分孝治、2001年

　この指摘は、極めて重要な示唆を含んでいる。社会科がシティズンシップの育成においてその役割を果たせていない背景にこのような社会的要請があり、社会科の本来の重要性を失わせてしまったのである。このような社会的要請とはいわば、人々が、例えば「受験」のような、各々の目先の生活や利益を重視するがゆえに、社会形成や社会問題の解決に対して無関心、あるいは消極的にならざるを得ないという現実からの要請であり、その結果シティズンシップを身につけていない、あるいは身につける必要性を感じない子どもたちひいては大人たちが生み出されてしまうということである。これでは、いくら学校においてシティズンシップ教育を充実・推進しようとも、それが子どもたちの身につくことは極めて困難とならざるを得ない。そうであるならば、社会科教育をシティズンシップ教育として、単に器の名称を変えるこ

とでは問題の本質的な解決とはならない。重要なのは「何を何のためにどのようにして学ばせるのか」ということを、一人ひとりの社会科教員が改めてシティズンシップの育成という観点から意識し直すことであり、かつ民主主義による社会形成の重要性が子どもたちに実感される授業なのである。

　蓮見二郎の整理は、1990年代以降の日本におけるシティズンシップ教育研究の展開を概観し、包括的かつ分類的にその動向をまとめている点で示唆に富む[9]。特に、日本のシティズンシップ教育におけるシティズンシップ概念が、「個人の生き方としてのシティズンシップ」「新たな公私関係としてのシティズンシップ」「経済的技能としてのシティズンシップ」という三つの理念型として存在していると指摘している点は重要である。これらのどれもが、新自由主義的な日本社会を背景として台頭してきたシティズンシップ像であると考えられるからである。『シティズンシップ教育宣言』[10]が、経済産業省から出されたことも、その観点を裏づけているといえる。自由競争や格差が顕著となる新自由主義的な社会において、それらを市民同士の協働と共助を志向することで乗り越えていこうとするねらいが背景にあると考えられるのである。そしてなにより、「自助を可能にする自立した市民」の育成が求められているといえよう。

　また、水山光春と山口恭平他の指摘が興味深い。水山は、「これまでの日本の学校では、民主主義や公共性を守るべきものとしてのみ教えてきたが、市民自らが作っていくものとしてそれらを教えることも必要である」、すなわち「つくる民主主義とつくる公共性」という観点で教える必要があると指摘し、そのつくる過程に子どもたちを参加させる教育の必要性を提起している[11]。この指摘は、前述した池野の主張と共通するものであり、中央教育審議会への諮問[12]で新しい時代の資質・能力を育成するための学習方法として注目されているアクティブ・ラーニングが、シティズンシップ教育の学習方法として提案されてきた根拠を説明する指摘である。

　一方、山口他は、日本のシティズンシップ教育の実践や政策は「政治的シティズンシップ教育」と「社会的シティズンシップ教育」とに区別できるが、前者への視点が不足していると批判している点で重要である。そして、その

原因の一端は、戦後冷戦下で生じた学校教育におけるいわゆる"政治教育アレルギー"にあると指摘している[13]。教師は常に「政治的」に中立であらなければならない、ということは重要な点ではあるが、それは必ずしも教師は政治を云々してはならないということではない。教育基本法第十四条第二項で禁止されているのは、「特定の政党を支持し、又はこれに反対するための政治教育」と政治的活動である。そして、その第一項では、「良識ある公民として必要な政治的教養は、教育上尊重されなければならない」と、政治的教養を涵養する政治教育の必要性を規定しているのである。したがって、「中立」に固執するあまり表面的で事実の伝授にとどまる教育は、中立なのではなく、中身のない教育にすぎない。特定の偏った政治的立場や意見を押しつけるのではなく、生徒とともに、吟味していく政治教育はたとえ特定のある政治的意見を取り扱っていたとしても、「中立」たり得るはずである。

さらに蓮見は、社会系科目だけでなく、道徳、総合的な学習の時間、特別活動といった教科外活動におけるシティズンシップ教育の可能性について、学習指導要領の記述の分析を通して改めて提起している[14]。すでに述べたように、シティズンシップ教育は社会科のみにて育成すべきものでも、できるものでもない。したがって、学校教育全体でシティズンシップ教育を組織的にそして継続的に行っていくということと、それら一つひとつが担うべき役割分担を明確にしていくことが重要である。それでこそ、より効率的に、かつ効果的にシティズンシップの育成を遂行できると考えられるからである。

第3節　日本における実践の動向

日本におけるシティズンシップ教育の代表的な実践事例としては、①東京都品川区の新教科である「市民科」、②お茶の水女子大学附属小学校（以下、お茶附小学校と略）の教科「市民」、③京都府八幡市立小・中学校、④大阪教育大学附属池田中学校の新教科「市民科」、⑤琉球大学附属中学校「選択社会」、そして本書第2章においても紹介されている⑥埼玉県桶川市立加納中学校「選

択社会」の実践などがある。水山は、池田中学校の事例を除く上記の事例について「社会科的アプローチ」(②⑤⑥)と、「学校全体アプローチ」(①②③)の二つに分類してその概要を解説し、それらの「ねらい」「導入の背景」「成果と課題」について分析している[15]。また、橋本将志は、水山を参考に、日本におけるシティズンシップ教育導入の可能性について検討している[16]。④大阪教育大学附属池田中学校の新教科「市民科」を取り上げているのは、藤原であり、①品川区「市民科」より先行して実験的に試みられた先駆的な事例として紹介している[17]。

同じ「市民」という言葉を用いていても、導入の背景となる問題意識やそれに伴ってそれぞれに抱いている市民像は異なる。本章では、特に違いがわかりやすい三つの事例を挙げて説明する。

品川区は、「規範意識や道徳性、社会的マナーなどが身についていない。(中略)『人間らしい生き方を自覚』させ、『自分自身の生きる筋道を発見するための教養』を身につけさせてこなかった大人たち」[18]などを問題とし、道徳や特別活動、総合的な学習の時間を融合させた市民科を創設した。その目標は、「社会の構成員としての役割を遂行できる資質・能力とともに、確固たる自分をもち、自らを社会的に有意な存在として生きていける『市民性』を育てる」[19]ことである。このように、品川区の抱く市民像は、道徳やマナーを身につけた市民である。例えば、「小・中学校の教員が連携し、児童・生徒の人格形成に、正面から向き合うことで、生活指導上の様々な課題が改善されました。基本的生活習慣検査(3・4・5年生対象、平成24年度実施)の結果、返事、挨拶などの礼儀作法、身体の不自由な方やお年寄りに優しく接する公徳心、学校や社会のルールを守って生活しようとする規範意識などが身に付いてきていることが明らかになりました」[20]とする品川区のHPでの説明があることからも、道徳やマナーの教育という側面がより強調されていることは明らかである。この点は、多くの研究者がすでに指摘しているところであるが、社会科が育成すべきシティズンシップは、道徳的なものとは関連・重複する部分はあるが、その中核は大きく異なる。それは、個人が「よく」生きるための規範に焦点を当てる道徳に対して、それ以上に、社会をどうしていくべきか

を考え、そのためにどのように生きるべきかを考え行動する資質を育てることが、社会科が担う重要な役割であるといえる。この点については後述する。

　お茶附小学校の「市民」は、これから必要とされる公民的資質を、「益々加速する社会や環境の変化に対する適切な社会的価値判断力や意思決定力」の二つであるとし、その育成を重点的に図る必要性を問題意識として発足した[21]。したがって、意図的に論争問題や価値葛藤をもたらすような社会問題に関する議論を中心に据えた学習活動が展開されている。本実践の重要な点は、授業実践者である岡田泰孝が「『相手を説得する切実さ』を生かす学習問題をつくることを大事にした」[22]と語っている点である。つまり、お茶附小学校の「市民」が抱く市民像は、スキルとしての価値判断や意思決定、情報収集および認識、説得力をもって社会的価値判断・意思決定できる市民である。例えば、「明治の国づくりでは西郷と大久保どちらを支持するか」や「タイムスリップするなら縄文か弥生か」といった学習問題を設定し、判断、意思決定をさせ、合意を図るよう促すという実践などで示されているように、あくまで、葛藤の中で自身の主張を確立し、相手を説得するために、「さまざまな知識を獲得し、主張をより筋道よく、説得力のあるものに創造していく」[23]ことに重点が置かれている。この点は、公共的な問題を解決していく判断力と行動力としての市民性を育てるために、「共同作業のための『議論を促し合意形成を図れる力』」[24]としてのファシリテーション能力の育成を目指した琉球大学附属中学校の「選択社会」の実践にも共通している。

　埼玉県桶川市立加納中学校「選択社会」の実践の背景には、「現実の社会に不満がありながら、自分の力では社会を変革できないと考える生徒が多い」[25]という問題意識があった。そのため、現実の「まちづくり」という社会問題に直接アプローチして、実際に提案を行っていく中で、社会参加ならびに貢献の在り方を模索させる実践を行った。社会形成のプロセスに、しかもシミュレーションではなく、現実のプロセスに参加させるという手法を通して、まさに「つくる民主主義」を体験させる実践である。「社会をつくる一員」としての自覚や実感を持たせるねらいがあったといえる。

　以上のように、取り上げた三つの間で既に大きな違いがあるように、一口

に「シティズンシップ教育」と言っても、目的やねらいによって異なる意義や役割を担っているのである。

第4節　社会科が担うべきシティズンシップ教育

1. 社会科の役割

　社会科教育の究極目標とは、第二次世界大戦後、日本社会に民主主義の理念を定着させるべくアメリカの指導下にて導入された、シティズンシップの育成であり、デューイ(J. Dewy)によれば、それは民主主義を可能にする不可欠な要素である[26]。アメリカにおける社会科は、民主主義を支え、発展させる良き市民を育てる教科として、1916年に設置された[27]。日本では戦後間もない1947年に出された『学習指導要領社会科編（Ⅰ）（試案）』において、「民主主義社会の建設にふさわしい社会人を育て上げよう」と謳って導入されたのである。翌1948年の『小学校社会科学習指導要領補説』では、「りっぱな公民的資質ということは、その目が社会に開かれていること以上のもの」を含み、「政治的・社会的・経済的その他あらゆる不正に対して積極的に反発する心」、「人間性及び民主主義を信頼する心」、「人類にはいろいろな問題を賢明な協力によって解決していく能力があるのだということを確信する心」であるとし、「このような信念のみが公民的資質に推進力を与えるもの」、つまり公民的資質の基礎であるとしている。

　ならば、その社会科が担うべきシティズンシップの教育が目指す民主主義とはいかなるものだろうか。エングル(Shirley H. Engle)とオチョア(Anna S. Ochoa)の言葉を借りれば、「民主主義とは、単によく治めたり、治められたりすることができるというだけでなく、そのことが、何が正しく公正であるかという倫理に基づいて行われる体系のこと」[28]であり、「民主主義におけるよき市民とは、古典的な意味での愛国心とか忠誠心といったものではなく、むしろ国を批判し、喜んでその改善に参加する人間のことである」[29]。さらに、「単に多くの情報や知識を持っているのではなく、国民や国家が直面してい

る社会問題を解決する際に、価値ある知識や技能を適切に利用することのできる市民」[30]のことでもある。つまり、社会科が目指すシティズンシップとは、さまざまな物事、事件、問題に対して、何が公正か、何が不正か、何が何のために必要あるいは不要か、何が大切なのか、といったことを民主主義の観点から考え、判断する市民的な見方・考え方、その上で自分はどうするべきか、社会はどうあるべきなのか判断する民主主義的な価値観、そしてそれらを実行に移す行動力とそれに必要とされる市民的スキルの総体であるといえる。

　市民的スキルとしての意思決定力や判断力そのものの育成を重視するお茶附小学校の実践、あるいは合意形成力の育成に焦点を当てた琉球大学附属中学校の実践は、シティズンシップ教育として重要である。ただ、より重要なことは、それらのスキルやプロセスがなぜ必要なのか、いかに重要なのか、ということを認識するための学習が必要ではないか、ということである。この点は、琉球大学附属中学校の成果報告書の中で挙げられている、「生徒が話し合いや議論の共同作業の場を主体的に進めていくことよりも、それ以前の問題として共同作業の場の意義やその必要性を生徒は理解していなかった。つまり、生徒には共同作業の場での体験によって共同作業の場のための『議論を促し合意形成を図れる力』つまりファシリテーション能力の必要性を実感してもらう必要があった」[31]という課題に象徴的に表れている。活動的な学習は、講義形式の授業よりも格段に生徒の意欲を高めるものである。しかし、その意欲の本質を見極めなければならない。お茶附小学校の「相手を説得する切実さ」は、議論を活発にし、相対している問題の理解を深めさせる上で極めて有効である。ただし、そうした「切実さ」は、ややもすればゲーム感覚の「切実さ」になってしまい、授業の中だけの「切実さ」に留まり、自分の問題として認識されないために、日常生活における姿勢や行動へとつながっていかない可能性があるという点には留意が必要であろう。社会科教育における「切実性」の重要性は「切実性」論争として大々的に主張されたが、重要なのは「切実である問題」である場合でも「切実になる」場合でも、切実性の対象はその「問題」自体なのである。

社会的な問題を民主主義の理念にもとづく社会認識に照らして考察した上で、理性的に問題性を判断し、取るべき行動を自己決定し行動に移す意思と能力を育成することこそが、社会科においては特に重要な点である。だからこそ、「切実性」が重要になるのである。目には見えないけれども、実感はうすいかもしれないけれども、確実に自らに影響を及ぼす社会やその問題との関わりを切実に感じてはじめて、本当に主体的に「社会」に目を向け、考え始めるであろうからである。したがって、人間的な情緒あるいはモラルを重視した教育といえる品川区の市民科ともその方向性と意義は異なる。民主主義の重要な手段の一つである選挙の形骸化や社会事象に関する知識・認識および関心・意欲の低下などが顕著になりつつある現代日本においては、社会科でこのような社会的事象に対する「切実性」と判断材料としての「社会認識」を適切に与えていくことこそが必要なのではないだろうか。

2.「考え、行動する社会科」における社会認識の重要性

1980年代後半以降、知識を一方的に教え込むことへの批判から、自ら知識を獲得するための調べ学習、自己表現のためのプレゼンテーション、他者を受容しつつ自身も主張する方法を学ぶためのディスカッションやディベートなどが注目された。それらを取り入れた授業実践に対して、少なからず、活動中心で結果として実質的には何も学んでいない学習であるとの批判も起こった。いわゆる学力低下論争である。リテラシーや基礎知識の低下を唱える論者側からは、活動していることそのものに重点が置かれ、学習した中身として子どもたちの中に何も残っていないといった批判がなされた。しかしながら、目に見える学力、測定できる学力だけが必要な学力とは言い切れない。知識を教師が与えるのではなく、むしろ必要な知識は自ら判断し、自ら獲得することこそが必要であるという知識観・学習観へと転換されたのである。

桐谷正信は、1968年の学習指導要領改訂以降から約20年かけて、日本の社会科は「覚える社会科」から「考える社会科」へと転換し、そしてこの変化の激しい21世紀の社会に向けて「考え、行動する社会科」への転換が必要になると指摘している。社会について考え、認識するだけではなく、社会に対し

て積極的に参加し、社会を創造していくために、社会的に行動していくことが求められるとし、生活科や総合的な学習の時間において重視される「活動」ではなく、社会的な目的と責任を持つ「行動」を促していく学習が社会科において必要であると提起している[32]。その意味で、最も重視すべきであるのは、モチベーションを高める、学習対象に対する切実性と社会認識をしっかりと獲得させることである。活動的な学習は、切実な問題意識と社会認識の獲得と相俟って初めて、子どもたちの主体的な「考え、行動」を促す学習となる。活動的な学習と切実性ならびに社会認識の獲得は、両者はいわば車の両輪なのである。

　そのような方法論として、例えば以下のようなものが注目されている。

2-1. サービス・ラーニング

　1970年代にアメリカで生まれた社会参加学習の方法論の一つである。従来、日本でもボランティアが推奨されることはあったものの、自主的な奉仕活動として評価されることが多く、学習論として考えられてはこなかった。唐木清志[33]や宮崎猛[34]らは、明確に授業の方法論として位置づけ、社会に参画し現実に社会の人々とかかわることで、社会へ参加する方法や必要性、実際の社会を現実的に理解させることの意義を提案した。特に唐木の学習論は、サービス・ラーニングのリフレクションに着目しており、現実的な社会への参加を通して、社会の現実、ニーズ、問題を実態的に認識させ、リフレクションを活用して自らの行動を考えさせ実行させるところまでを学習に含む。そうすることによって、社会を主体的に担う態度や自覚を涵養するのである。したがって、単なるボランティア学習に留まらず、生徒が自ら社会の問題を目のあたりにした上で、リフレクションを通して、自らの問題意識を喚起させることで、社会を担うモチベーションを高めるという点で、有意義な方法論である。

2-2. ロールプレイング・シミュレーション

　従来のロールプレイと社会事象のシミュレーションとを合体させた方法論

で、日本では主に井門正美が提唱している。SIM TOWN【井角町】の実践[35]などが比較的わかりやすいが、この実践ではまず井角町という架空の町にリゾート開発の案が持ち上がっているという問題を設定する。その中の町長や町民、開発提案者や土木関係者など、それにかかわる当事者たちをそれぞれキャスティングし、実際にタウンミーティングを開かせるのである。すなわち社会的問題など複雑な問題を、シミュレーションにすることで俯瞰的に問題を理解することを可能にし、当事者の役割を子どもたちに演じさせる（ロールプレイ）ことで、体験的に問題を考え、解決策を模索させる方法論である。模擬選挙や模擬裁判には、シミュレーションを重視したものと、ロールプレイを重視したものがある。

2-3. 合意形成、意思決定

　琉球大附属中学校の実践に代表されるような、公的議論への参加という意味で社会問題・公的問題をテーマにしたディスカッションも授業実践に積極的に取り入れられ始めている。その中でも例えば、子どもたちの合意形成を重視した水山の実践[36]、あるいは合意形成に至るまでの過程を学習させるための吉村功太郎の研究[37]などは、公論に参加する市民を育てるという意味で重要であり、注目度も高い。特に吉村の場合、合意を達成することそのものを重視するのではなく、合意が達成されるプロセスを学ばせること、そのプロセスにおける態度や姿勢の育成をこそ重視しており、公的論争や利害調整に参加する市民の態度の育成につながる重要な研究であるといえる。また、意思決定およびそのプロセスを重視したもの、また合意のような集団での意思決定だけでなく、個の意思決定も重視され、集団の中の個ではなく、個人としての自立的な意思決定に焦点化する視点も持たれ始めている。

2-4.「提案する社会科」

　お茶附小学校の実践に示唆を与えたとされる[38]小西正雄により提唱された、現実の問題の解決策を子どもたちに提案させることを目標とした社会科の形態[39]である。「提案する社会科」では「私はこう思う」ということを最初に

子どもたちに出させる。そして、これを単元の最初から最後まで引きずらせる。しかしその本質的な目的は、問題に対する提案を各々の子どもたちから出させ、それぞれが互いの提案をぶつけ合わせることで、各々の提案を磨き合いよりよい提案へと仕上げていくことである。そうすることで、より民主的な態度の形成を図るのである。すなわち同じ立場の人間同士が、一つの問題に対して各々好きなように提案しているままでは問題はより問題化するということ、そのために互いの提案を吟味し、よい部分を受容し合う態度を持ち、より多くの意見をすり合わせることがよりよい提案となることを学習させるのである。ただし、「提案する社会科」における提案は、教室内に止まっており、唐木や宮崎、桶川市立加納中学校のように実際に社会への提案・参加までは至っていない。

　上に挙げた実践事例も、そして方法論も、活動的な学習形態が注目されがちであるが、重要なことは、そこにおいて何がねらいとなっており、何のために何を学習させるのか、という本質的な目的は何かということなのである。

第5節　おわりに

　社会科の指導法に関する教職の授業で、筆者は必ず無着成恭の「山びこ学校」を取り上げる。初期社会科の問題解決学習を教えるのに、極めて重要な実践だからである。しかし、そこでの筆者の本質的なねらいは、問題解決学習を教えることではない。「社会科は『教科書で勉強するものではない』といい、(中略)社会科の勉強とは『りっぱに教育するための施設がととのえられて』いなければ、『ととのえるための能力をもった子供』にする学科」[40]なのだという社会科の本質を教えたいからである。「つまりこの教科書は、わが国のいなかの生活がどのように営まれて来たか、その生活に改善を要する方面としてはどんなことがあるかを、学習するに役立つように書かれたものである。」[41]このことを伝えたいからである。ところが、筆者の指導力不足もあって、この授業を通して学生は「子供が社会に出て自立する力、すなわち問題解決能

力を身につけさせること」を社会科の役割として認識することが少なくない。この答えは間違いではないが、正答ではない。こと社会科に関して言えば、個々の自立やよりよい生活が最終目的ではなく、社会を担い、よりよい社会を構想し、創造する力を身につけさせることこそが重要な目的であり、そのためにこそ、自立や問題解決能力が必要なのである。そして、それこそがシティズンシップ教育なのであり、その実践は1948年頃からすでに日本で蓄積され始めていたのである。

もう一つ、この『山びこ学校』の「あとがき」から学生に学ばせたいことがある。それは、「目的のない綴方指導から、現実の生活について討議し、考え、行動までも押し進めるための綴方指導へと移っていった」[42]という点である。ただ漫然と書かせるだけの綴方ではなく、目的を定め、その目的のために綴方を活用したことの意味を理解させたいのである。これは、社会科にも大きな示唆を与える。ただ漫然と社会科の教科書を教え、理解させるだけでは、その学びはシティズンシップには結びついていかない。だからといって、活動的な学習を導入すればよいという安易な問題ではない。シティズンシップの育成という目的のために、従来の社会科の学習内容を捉え直すだけでも、実践は大きく変わってくる。現行の社会科の学習指導要領や教科書の内容が問題なのではなく、その内容をシティズンシップの育成という確固たる目的を持って指導することで、シティズンシップ教育としての社会科の実践となってくるのである。

社会科とは別の新しい教科を設定したり[43]、これまでにない何か新しい学習内容を追加したりするのではなく、従来の学習内容・方法をシティズンシップの育成という観点から問い直し、組み直すことで、シティズンシップ教育として社会科を機能させることができる。模擬選挙に関する実践を例にすると、従来の実践は、実際の選挙の仕方・方法を体験的に学習することで生徒を選挙に慣れ親しませることや、選挙や政治に関心を持たせたり、将来有権者となった時に選挙に行く心理的障壁を低くしたりすることを目的とした実践が多かった。このような実践は、社会科・公民科としては必要であるが、それだけではシティズンシップ教育としては不十分であ

る。選挙や政治に参加すべきという価値そのものを考察させることこそが重要だからである。なぜ若者は参加しないのか、そもそも参加しなければならないのか、そうしたことを自分事として本当の意味で理解して初めて、主体的な行動を促すことができるのである。では、模擬選挙を用いた実践をどのようにすればシティズンシップ教育としての実践にすることができるのであろう。例えば、模擬選挙活動を行うことを目的として学習を終わりにするのではなく、模擬選挙における自分たちの行動そのものを題材とした学習を組織することが考えられる。2014年11月に開催された日本社会科教育学会の第64回全国研究大会の自由研究発表の林大介の発表の中で、「模擬選挙に取り組まれた先生方からの感想」として「いつも熱心な高三生で今回はパスと言った生徒もいたのが象徴的だったと思う。(中略)高三生は受験期で中々気持ちが選挙に向きにくい上、時間割の関係で早帰りがあってそれへの対応ができなかった」[44]というコメントがあった。現代日本の若者の投票率の低下の一因を象徴している。投票に行かない人々は必ずしも政治参加に無関心なのではなく、喫緊の生活の問題や時間的制約という問題の前には、政治参加は後回しになるという現実が、まさにそこに立ち現れている。これこそ、高校生に社会問題を自分事として考察させる好機を提供する生きた教材となるのではないだろうか。模擬選挙後に、自らの模擬選挙への参加の在り方やその時の思考を題材として、今なぜ投票率が下がっているのかという問題を切実なものとして考察することができ、かつ、若者の投票率の低下の問題の本質を見出すことにつなげることができよう。そうして初めて何が問題で、どうすればよいのか、を考えるスタートラインに立つことができる。従来の模擬選挙の実践をこのように転換することによっても、シティズンシップ教育の実践となるのである。

　本書において多数紹介されている実践事例が提起している重要な点は、活動的な学習形態そのものではなく、その活動を通して、子どもたちにとって「遠くにある」社会問題を、「自らの目で見て考える」作業を通して「近くに引き寄せる」、すなわち「切実にする」ことを可能にしていることと、民主主義のプロセスを経験しながら学ぶことで、民主主義を「する」ものとして認識して

いくことの重要性なのである。

注

1　N, Ikeno. "Citizenship Education in Japan After World War Ⅱ", citizED. *International Journal of Citizenship and Teacher Education*, Vol. 1, No. 2, 2005, pp.93-95.
2　日本社会科教育学会教育課程研究委員会「社会科の教育課程に関する意識調査報告(2) ―学会員に対するアンケート調査―」『社会科教育研究』No.84、2000年、71-72頁。
3　池野範男「第2章　Social Studies―複数形の社会科―」池野範男代表『平成13年度―平成15年度科学研究費補助金　基盤研究(C)(2)研究報告書「現代民主主義社会の市民を育成する歴史授業の開発研究」』2004年、18-19頁。
4　なお、本章ではそうした文献の紹介という意味で、いくつかの論文を提示するが、詳細についてはそれら先行研究との重複を避けるため割愛する。
5　藤原孝章「日本におけるシティズンシップ教育の可能性―試行的実践の検証を通して―」『同志社女子大学　学術研究年報』第59巻、2008年、92頁。
6　森分孝治「市民的資質育成における社会科教育―合理的意思決定―」『社会系教科教育研究』第13号、2001年、47頁。
7　藤原、2008年、前掲書5。
8　同上。
9　蓮見二郎「社会形成としてのシティズンシップ教育」『法政研究』79号、3、2012年、892-914頁。
10　経済産業省経済産業政策局『シティズンシップ教育宣言』経済産業省経済産業政策局経済社会政策室、2006年。
11　水山光春「シティズンシップ教育―『公共性』と『民主主義』を育てる―」杉本厚夫・高乗秀明・水山光春『教育の3C時代―イギリスに学ぶ教養・キャリア・シティズンシップ教育―』世界思想社、2008年、155-227頁。
12　中央教育審議会『初等中等教育における教育課程の基準等の在り方について(諮問)』(26文科初第852号)2014年11月20日。
13　山口恭平他「カリキュラム・イノベーションにおける政治的シティズンシップ教育のための歴史・思想・実践的条件―イギリスにおける経験を参照枠として―」『平成23年度学校教育高度化センター学内公募プロジェクト報告書』東京大学大学院教育学研究科、2011年、51-81頁。
14　蓮見、2012年、前掲書9。
15　水山光春「日本におけるシティズンシップ教育実践の動向と課題」『京都教育大学教育実践研究紀要』第10号、2010年、23-33頁。
16　橋本将志「日本におけるシティズンシップ教育のゆくえ」『早稲田政治公法研究』第101号、2013年、63-76頁。
17　藤原、2008年、前掲書5。
18　若月秀夫「品川区の小中一貫教育における『市民科』の構想」、『社会科教育2005年1月

号』No.547、明治図書、2005年、21頁。
19 同上。
20 品川区「新しい学習『市民科』」2015年3月1日閲覧。http://www.city.shinagawa.tokyo.jp/hp/menu000006200/hpg000006190.htm
21 岡田泰孝「お茶の水女子大学附属小学校の『シチズンシップ』の構想」『社会科教育2005年1月号』No.547、明治図書、2005年、24-25頁。
22 同上書、25頁。
23 同上書、26頁。
24 島袋純・里井洋一「地域づくりを担う力を育てる―学部・附属学校共同による市民性教育の研究及び教育実践―」『平成19年度琉球大学教育学部共同研究推進費助成研究　研究成果報告書』2008年、63頁。
25 大友秀明他「市民社会組織との協働によるシティズンシップ教育の実践」『埼玉大学教育学部附属教育実践総合センター紀要』第6号、2007年、63頁。
26 ジョン・デューイ著、松野安男訳『民主主義と教育』岩波文庫、1916年。
27 谷本美彦「社会科の本質」社会認識教育学会編『社会科教育学ハンドブック　新しい視座への基礎知識』明治図書、1994年、17頁。
28 Shirley H. Engle & Anna S. Ochoa. *Education For Democratic Citizenship*, NewYork and London: Teachers College, Columbia University, 1998, p.27.
29 *Ibid*, p.3.
30 *Ibid*, p.27.
31 島袋純・里井洋一、前掲書、63頁。
32 桐谷正信「教育改革の中の社会科教育」大友秀明・田村均編著『社会科教育の基底―生涯学習としての教育実践―』梓出版社、2001年、28頁。
33 唐木清志「サービス・ラーニングにおける『リフレクション』の理論と方法―『サービス・ラーニングにおけるリフレクションのための実践者ガイド』を事例として―」、日本公民教育学会編『公民教育研究』Vol.12、2004年、1-17頁。
34 宮崎猛「アメリカにおけるサービスラーニングの動向と意義」日本社会科教育学会編『社会科教育研究』第80号、1998年、33-39頁。
35 井門正美『町づくりゲーミングSIM TOWN【井角町】―問題解決法としての役割体験学習―』NSK出版、2003年、井門正美『社会科における役割体験学習論の構想』NSK出版、2002年。
36 水山光春「『合意形成』の視点を取り入れた社会科意思決定学習」全国社会科教育学会編『社会科研究』第58号、2003年、11-20頁。
37 吉村功太郎「社会的合意形成能力の育成をめざす社会科授業」全国社会科教育学会編『社会科研究』第59号、2003年、41-50頁。
38 藤原、2008年、前掲書5、5頁。
39 小西正雄『提案する社会科』明治図書、1992年。
40 無着成恭「あとがき―子供と共に生活して―」無着成恭編『山びこ学校』岩波文庫、1995年、312頁。
41 同上。
42 同上書、313頁。

43　2014年11月20日の中央教育審議会への諮問「初等中等教育における教育課程の基準等の在り方について」では、検討課題として「国家及び社会の責任ある形成者となるための教養と行動規範や、主体的に社会に参画し自立して社会生活を営むために必要な力を、実践的に身に付けるための新たな科目等」が挙げられており、高等学校におけるシティズンシップ教育の一部を担う可能性のある新教科・科目が検討され始めている。

44　林大介「シティズンシップ教育としての未成年模擬選挙の課題と可能性─『未成年模擬選挙』実践における過程的分析─」日本社会科教育学会第64回全国研究大会自由研究発表Ⅰ─第7分科会発表資料、2014年、スライド20頁。

第10章
環境シティズンシップの教育に関する動向と課題

宮崎 沙織

第1節　日本の環境教育のスタートと市民育成への視点

　日本の政府機関が、積極的に環境教育に取り組んだのは、1991(平成3)年に刊行された文部省『環境教育指導資料(中学校・高等学校編)』からと言われる。これは、アメリカ合衆国が1970(昭和45)年に環境教育法を制定したことや環境教育の目的・目標が提示された「ベオグラード憲章」(1975(昭和50)年)などの世界的な動向と比べると非常に遅い動きである。翌年1992年(平成4)年に小学校版も刊行されたが、その内容は「ベオグラード憲章」で示されたような「関心、知識、態度、技能、参加」という目的・目標に準じるもので、特に「市民」への着目はなかった。

　その後、1997(平成9)年のテサロニキ宣言や2002(平成14)年ヨハネスブルクサミットにおいて「持続可能な開発のための教育(ESD)」が提唱されたことも後押しし、日本の環境教育研究は活発になる。2007(平成19)年には、国立教育政策研究所教育課程センターより『環境教育指導資料　小学校編』が刊行され、新たな環境教育の指針が提案された[1]。2008(平成20)年公示の学習指導要領では、持続可能な社会の構築の観点が盛り込まれ、ESDおよび環境教育の新たな時代となった。

　そのような中、市民育成について着目されたのは2008(平成20)年の日本学術会議の提言「学校教育を中心とした環境教育の充実に向けて」である。具体

的には「地球的規模の環境問題は、市民一人一人が様々な主体と協働して解決に向けて英知を結集しなくては解決できないという側面がある。専門家の養成とともに、普通の市民がこの問題について正確な知識を持ち、解決のための行動を起こすことが求められている」[2]と述べている。そして、「『より良い環境づくりの創造的な活動に主体的に参画し、環境への責任ある態度や行動がとれる市民』の育成が環境教育のねらいである」[3]とし、環境教育における市民育成の視点が強調された。

これまで環境教育では、従来からの環境に配慮した行動力の育成がねらいとして位置づけられてはいるものの、市民育成に関して2000年代に入るまではあまり言及されない状況にあった。

では、なぜ市民という用語があまり言及されることがなかったのか。その理由の一つとして、これまでの環境教育の研究動向がある。例えば、1990(平成2)年から1995(平成7)年の6年間の環境教育研究の動向として、石川は、「環境教育」には、環境教育と自然科学教育の関連性の指摘が比較的多く、その一方で、社会科学に関する教育分野との関連性の指摘は少ないことを明らかにしている[4]。このことから市民育成について議論・研究を行うシティズンシップ教育とのかかわりについて言及する研究が、環境教育研究では非常に少なかったことが想像できるだろう。

日本の環境教育に市民育成や市民性などのシティズンシップ教育の観点が取り入れられるようになった背景には、1997(平成9)年のテサロニキ宣言「環境と持続可能性のための教育」の影響が大きいと考える。テサロニキ宣言では、持続可能性の概念について、「環境だけではなく、貧困、人口、健康、食料の確保、民主主義、人権、平和をも包含するものである」としている。ここから、今後の持続可能性のための教育を追求し、特に環境と民主主義とのかかわりを思考する過程において、環境教育研究からの市民育成への追究がはじまったのである。つまり、環境教育研究における市民育成への言及は、テサロニキ宣言後の2000年代前後からとなる。また、持続可能性の概念の登場によって、シティズンシップ教育研究からも環境へのアプローチがなされるようになったのである。

表10-1 国連と日本の環境教育の歩み

国連を中心とした主な動き	西暦(年)	日本の主な動き
環境教育法制定(米国)	1970	
	1971	環境庁設置
国連人間環境会議開催「かけがえのない地球」をキャッチフレーズとし、「人間環境宣言」を採択	1972	
環境教育国際ワークショップ開催(通称:ベオグラード会議)「ベオグラード憲章」提示	1975	
環境教育政府間会議(通称:トリビシ会議)「トリビシ勧告」において気づき・知識・態度・技能・参加という環境教育の目的カテゴリーを提示	1977	
環境と開発に関する世界委員会(WCED)ブルトラント委員会発足	1984	
	1986	環境庁が「環境教育懇談会」設置
ブルトラント委員会が報告書"Our Common Future"を発行「持続可能性」概念の提起	1987	
	1988	『環境教育懇談会報告「みんなで築くよりよい環境」を求めて』発行
	1991	文部省『環境教育指導資料(中学校・高等学校編)』発行(1992年に小学校編、1995年に事例編が発行)
国連環境開発会議(通称:地球サミット)	1992	
	1993	環境基本法制定
環境と社会に関する国際会議(通称:テサロニキ会議)テサロニキ宣言「環境と持続可能性のための教育」の提起	1997	
持続可能な開発に関する世界首脳会議(WSSD)開催(通称:ヨハネスブルグサミット)	2002	日本政府による「国連持続可能な開発のための教育の10年」の提案
	2003	「環境の保全のための意欲の増進及び環境教育の推進に関する法律」(環境教育推進法)制定
「国連持続可能な開発のための教育の10年(DESD)」開始(〜2014)	2005	
	2007	『環境教育指導資料 小学校編』発行
	2011	「環境教育等による環境保全の取組の促進に関する法律」(改正環境教育推進法)制定
	2014	『環境教育指導資料 幼稚園、小学校編』発行

出典) 筆者作成

第2節　環境教育とシティズンシップ教育のかかわり

　日本の環境教育とシティズンシップ教育とのかかわりについては、外国の環境教育研究の成果や社会科・公民教育などのシティズンシップ教育研究の成果が大きくかかわっている。例えば、環境教育研究の分野からは、井上が「市民教育、民主主義教育としてのエコロジカルな教育」と環境教育を位置づけ、「エコロジー思想の価値観から見た「持続可能な社会」の担い手は、「市民」以外にありえない」としている[5]。また社会科・公民教育の分野からは、水山が、「市民としての資質(市民性)を育てる教育においても『環境』は重要な構成要素となっている」としている[6]。このように現在は「環境教育、ESDによる市民の視点」と「シティズンシップ教育による環境の視点」の両方からのアプローチがなされている。

1. シティズンシップ教育による環境の視点

　まず日本で最初に環境教育におけるシティズンシップ(市民性)を取り上げたのは、社会科教育・公民教育研究からのアプローチである。この背景には、1991(平成3)年の文部省『環境教育指導資料』の発刊により、環境教育への注目度が高くなった影響もあったと考えられる。例えば、佐島・山下は、環境教育における環境形成者の育成は、社会科における市民的資質育成に通じるものがあるとし、環境教育において育成したい知的市民性を、「環境と自分とを一体的にとらえ、鋭い感受性と認識力を用いて、環境のシステムをとらえ、環境問題や環境の質の向上については価値判断に基づく実践的解決行動をする人間的資質・能力」としている[7]。そして、環境教育において形成したい具体的な知的市民性の資質・能力を以下のように挙げている。

　①環境を観察し、情報を収集し、処理する能力
　②環境問題について主体的に思考し、判断し、評価する能力
　③環境への関心をもち、自分とかかわる問題の解決への意欲と自信をもって取り組む態度
　④環境へのやさしさ、心構え、他人の意見や信念に対して共感する態度

⑤環境問題や環境の質の向上に対して、主体的・創造的に実践的に行動する能力

ここでは、環境教育で求められる市民性の資質・能力のみにとどまる。環境とのかかわり方そのものについて具体的提案はなかった。環境シティズンシップそのものの枠組みは、2000年代になり、水山[8]によって提案されることとなった。

表10-2は、アンドリュー・ドブソン[9]などイギリスの研究者のシティズンシップ論を参考に、水山で整理された環境シティズンシップのフレームワークである。シティズンシップは、自由主義的か共同体主義的で議論されることが多い。だが、ドブソンは、第三のシティズンシップとして、エコロジカルなシティズンシップを挙げている。それが、表10-2のポスト〔自由主義・共同体主義〕的シティズンシップである。具体的に、水山では下記のように説明している。

> 自由主義的シティズンシップでは、個人の権利が重視されるがゆえに、自己の権利主張と他者の権利擁護についての自己批判などが大切にされた。一方、共同体主義的シティズンシップでは、市民の共同体への義務が重視されるがゆえに、共同体への参加や、他の成員に対する信頼、成員相互間の互恵性などが重視された。しかし、いずれも互恵的な「契約」の観念に基づいている点では共通していた。それに対して、これからの新しいポスト〔十主義・共同体主義〕的環境シティズンシップにおいては、旧来の契約に基づかない、未来世代や途上国の人々、およびもの言えぬ動物や自然に対する市民の主体的な責任や、配慮、共感、想像力こそが重視されるべきではないかとの議論がなされている。[10](下線は筆者)

つまり、表10-2では、環境シティズンシップについて議論する時には、従来のシティズンシップ論に加え、第三のシティズンシップ論であるポスト〔自由主義・共同体主義〕的シティズンシップの存在があることを考慮しなくてはならないことを示している。

表10-2 環境シティズンシップのフレームワーク

形態	自由主義的	共同体(市民共和)主義的	ポスト〔自由主義・共同体主義〕的
範囲	世代的・近距離	世代間・遠距離	超世代・超距離
主体	個人	市民	動物・自然
中心概念	権利(契約)	義務(契約)	責任(非契約)
「徳」	穏健・寛容・自己批判	信頼・互恵性・参加	配慮・共感・想像力
課題	統一性の付与	差異性の承認	非対等関係における責任の取り方

出典) 水山(2008)より

2. 環境教育、ESDによる市民の視点

　一方、環境教育による市民の視点では、井上やフィエンの主張を中心に取り上げる。井上が、エコロジー思想が市民的な運動の中で育ってきたことから、市民とは、「主体的に社会の変革を目指す積極的な人格」と定義している。そして、「『持続可能な社会』とは、環境持続性が保障された民主的な市民社会にほかならず、その社会の構成員には、市民的自由や人権が十全に保障される一方、そのような社会を維持・発展させていく自覚的なコミットメントを求められるのである」[11]とし、国家主義に対峙する「市民主義」のアプローチを提起した。また、市民主義は、自己責任論や新自由主義とも対峙する。

　例えば、井上と類似した思想を持つ『緑の国家』[12]の著者であるオーストラリアのロビン・エッカースレイは、エコロジカルな市民について以下のように説明している。

> エコロジカルな市民とは、「市民と消費者との間の境界線をあいまいにする、あるいは、境界線の意味をなくす」ということです。つまり、物品を購入するとき、これらの商品はいったいどこからきて、また、最終的にどこにいくのかを批判的に考えるようになるということです。物品を購入するときの、一つ一つの行動が、環境に対する責任ある一種の投票になるということです。その際、市民同士がコミュニケーションをとり、組織を作ることが大事になります。消費者が企業の製品をボイコットすることは非常に強力な影響力を持つものだからです。[13]

エッカースレイの考えもそうであるが、井上(2005)も、操作主義的・改良主義的な立場ではなく、エコロジカルに自然が持つ限界を認め環境・社会・経済という三つのシステムが維持されるものを「持続可能性」といい、その思想のもとで、市民的価値や原理が生かされた教育実践を重視しているといえる。権威主義による徳目的な教育実践ではなく、学習者の自由で創造的・批判的な思考を促すような教育実践が求められるとしている。

また、石川では、オーストラリアのジョン・フィエンの環境のための教育の志向性を紹介した[14]。筆者は、特にフィエンの『環境のための教育』[15]で示された環境イデオロギーのパターンに着目したい。

フィエンは環境イデオロギーに関する先行研究を整理し、環境イデオロギーのパターンを、大きく技術中心主義と生態中心主義の二つに分けた。さらに、自然環境への配慮の度合いを尺とした時に、豊饒主義、適応主義・管理主義、生態社会主義、ガイア主義に分けられるとする。

豊饒主義は、自然環境は人間の無制限な要求や欲求すべてに対応可能で、人間の創意や科学技術に従順するという自然観を持つ。適応主義・管理主義は、人間の自然環境への影響を抑制する必要を認めている立場である。ガイア主義は、自然と人間の二元論を批判し、人間・土地・その他生物種を同等とみなし、自然の権利を尊重すべき、と論じる。最後に、生態社会主義は、

表10-3 フィエンの環境イデオロギーのパターン[16]

技術中心主義		生態中心主義	
政治権力の現状と既存の構造の維持を確信しているものの、政治・規制・計画・経済の制度における迅速な対応と説明責任を負う。		経済・社会活動の非形式的な取扱いと参加の公正さの追求のさらなる強調を伴った、分権化・連合化した経済への権力の再分配の要求。	
豊饒主義	適応主義・管理主義	生態社会主義	ガイア主義
人間の無制限な要求や欲求すべてに対応可能で、自然は人間の創意や科学技術に従順する。	環境法の立法と環境管理による改善を通して生態学的原理が確実に適応されれば、人間の必要と欲求を満たしつつ環境は管理され得る。	生態学的に持続可能な開発と、すべての人々の公平な生活水準を持続するような経済的資源提供のための法制定や管理の改善を行う。	生態学の法則が社会の関係や制度を支配すべきで、人間・土地・他の生物種は同等で、協同的な存在である。

出典) フィエン(2001)より筆者編集作成

生態学的に持続可能な開発と社会における公平な分配への配慮が法に反映され、小規模の適正技術によって環境管理や生産が行われることを求める。

　フィエンによると、生態社会主義の立場にたつことが、現在の現実的かつ環境をめぐる諸問題の解決のためには、必要なイデオロギーであるとしている。なぜなら、今日の複雑化した環境問題の根本原因である現在の技術中心主義的なイデオロギーの立場に立つことは考えられず、なおかつガイア主義的なイデオロギーは、理念志向としては重視できるが現実的な対応策は提示されていないためである。

　以上より、社会科・公民教育の分野や環境教育の分野からのアプローチも、環境シティズンシップを考える際の重要点は、市民を主体とした持続可能性と社会的公正を考慮した社会の実現である。これらの背景には、環境問題の根本原因が、現在の社会構造にあることを指摘し、上記の議論がなければ、環境問題は解決されないものとしている。また、表10-2のポスト〔自由主義・共同体〕的の中には、ガイア主義的な見方もあるものの、現実的には、自然環境を社会構造の一部とみなし、(自然)環境の持続可能性(環境持続性)と社会的公正を意識した立場のシティズンシップが妥当であるだろう。つまり、環境シティズンシップを育成するためには、まず自然システムと社会システムの関係性の在り方(環境持続性と社会的公正)の立場を考慮した上で教育実践を考えなければならないと捉えられる。

第3節　環境シティズンシップの教育実践

　1980年代以降、日本においても数多くの環境教育実践が開発・紹介されている。それは、ここに挙げられないほど膨大な数があり、社会科教育においても多くの実践がある。ただし、前章で挙げたような環境シティズンシップ教育としての議論が明確になされたか、というとそうとは言えない。ここでは、環境シティズンシップの議論上に開発された二つの実践を紹介したい。

1. 環境シティズンシップの教育実践(1)

ここで取り上げるのは、中学校社会科公民的分野において実践された水山のフェアトレードを事例とした環境シティズンシップの学習である[17]。

世界フェアトレード機関ではフェアトレードを、「対話・透明性・尊敬に基づいて、貿易におけるより大きな公平さを追求する交易パートナーシップである。社会的に排除された、特に南の生産者や労働者に対して、『よりよい交易条件』を提供し、彼らの権利を保障することによって、持続的発展に貢献する」[18]と定義づけている。また、フェアトレードにおける最低価格の中には、環境保全面のコストも含まれている。

水山の実践では、特にフェアトレード商品を購入することが必ずしもよりよい社会のための行動とならないことに着目している。フェアトレードには、①生産者に肩入れしすぎることによる流通のリスク、②価格維持行為による社会的総余剰の減少、③国際貿易への影響力の低さ、④規準のハードルの高さ、⑤フェアトレードラベルへの巨大多国籍企業の参入という批判がある。これらの批判を根拠に、この実践では、フェアトレードの理念・意義そのものを問い直す学習を提案した。特に④や⑤については、環境シティズンシップにおける社会的公正とかかわる点が大きい。そして、④や⑤の批判は、

表10-4 水山光春(2009)の単元構成

段階		主題	概要・ねらい
第1次	問題の認識	「コーヒーの生産・流通・消費」	コーヒーの生産から流通、消費までのプロセス(サプライ・チェーン)について学ぶことを通して、コーヒーは生産から消費まで多くの段階を経ていること、生産者価格は消費者価格に比べてきわめて低いことを知る。
第2次	問題の認識、代替案の確認・吟味	「コーヒー危機とフェアトレード」	「コーヒー危機」と呼ばれる事象を通して、国際市場における価格形成のしくみや、現状に対する代替案としてのフェアトレードがコーヒー危機から生産者を守る役割を果たしていることを知る。
第3次	代替案の検討と新たな代替案の作成	「フェアトレード規準を作り直そう」	フェアトレードラベルに対する二つの考えをもとにフェアトレードラベルの課題を確認するとともに、新たなフェアトレード規準を作成・提案する。

出典) 水山(2009)より

持続可能な開発における南北問題にかかわる環境問題とも深く関連するという。ただし、本実践は、環境シティズンシップにおける環境持続性については、複合的にかかわる要素の一つであって中心的な概念となっていないことは留意しておきたい。

2. 環境シティズンシップの教育実践(2)

竹澤の単元「めざせ、環境市民」では、「市民と一体になる学習活動の工夫」として、環境問題に対する市民活動の一つである環境NGOに焦点化し、学習者が教室を出て、市民と触れ合い、市民とともに行動することを通して、動的な「知的市民性」獲得の端緒を開くことを目指した[19]。

環境NGO／環境NPOは、「どのような社会の在り方を目指すのか」、その

表10-5 竹澤(2005)「めざせ環境市民」の単元構成[20]

段階	主題	概要・ねらい
第1時 問題の認識と市民活動への着目	市川市の環境問題	千葉県市川市の抱える環境問題を認知するために、北部・中央部・南部のエリア別の環境問題の存在を調べ発表し、環境NGOとの関係を考察する。
第2時 市民活動の認識	市川市環境市民会議の成立過程	「市川市環境市民会議」の成立過程を認識することで、「市民会議」自体が環境NGOの性格を帯びていたことを理解する。
第3時 市民活動への模擬的参加	市川市環境市民会議	「市川市環境市民会議」の討議過程をロールプレイすることで、「市民」の活動を認識し、「市民」そのものに感情移入する。
第4時 実践的行動への動機づけ	市川市環境市民会議の提案	アフター・ロールプレイによって「市民会議」の討議過程を振り返り、個々の発言の中から「市民会議」参加の動機や「市民会議」にかける願いを汲み取る。また第5時に向けて、課外活動の中で直接「市民」に取材し、動機や願いの理解の補足を行う。
第5時 提案・参加	市川市こども環境市民会議への提案書	「こども環境市民会議」へ向けての提案書づくりを行う。実際の「市民会議」の提案書を、中学生として整理し直して作成する。その後、課外活動として「こども環境市民会議」に参加し、「市民」との討議を経て「環境政策・対策従事者」に対し意見表明を行う。

出典）竹澤(2002)より筆者編集作成

ために「自分たちはどのような役割を果たすのか」を明確に持ち、活動している。よって竹澤の実践は、エコロジー思想の源泉である市民活動を学ぶことで、社会変革を中心とする環境シティズンシップの教育実践を提案したと位置づけることができる。特に、市川市という地域における問題とそれに対する市民活動を取り上げることで、地域主義的側面もみることができる。さらに、環境NGOを通すことで、ただ地域の環境問題の解決を目指すのではなく、目指すべき社会の在り方と市民としての自分たちの役割を明確化することができる点にも着目する必要があるだろう。ただ、この実践においても、環境シティズンシップの議論の契機となった環境市民運動は取り上げてはいるものの、環境持続性や社会的公正を含めた環境NGOの特質については、あまり述べられていない。

第4節　環境シティズンシップの教育研究・実践の動向と課題

1. 環境シティズンシップ教育の動向

　2008（平成20）年に公示された学習指導要領の中で、持続可能な社会の構築の観点が盛り込まれたこともあり、環境シティズンシップの教育実践は、日々増加傾向にあるだろう。先に紹介したものは、2009（平成21）年までに開発された先駆的な実践である。今後の環境とかかわるシティズンシップの教育実践は、多岐にわたり実践されることが考えられる。

　例えば、近年提案されたモビリティ・マネジメント教育は、「私たち一人ひとりの移動手段や社会全体の交通を『人や社会、環境にやさしい』という観点から見直し、改善していくために自発的な行動を取れるような人間を育てることを目指した活動」である。とりわけ、「環境にやさしい」観点を重視したものが、交通環境学習とも言われる。交通エコロジー・モビリティ財団の『モビリティ・マネジメント教育のすすめ』では、①地域の交通の役割やそれをだれが支えているかを学習するもの、②「クルマ社会」の問題を考え、それを解決していくには一人ひとりがクルマの使い方を見直すことが必要である、

ということを実践的に学習するもの、③交通のことを踏まえながらまちづくりを考えるもの、④モノの流れを題材とするものが考えられている。

モビリティ・マネジメント教育では、CO_2排出量という基準によって、電車やバスは「環境にやさしい」、一方クルマは「環境に望ましくない」と言える。つまり、環境持続性に関してCO_2排出量という基準を有していることになる。逆に、社会的公正にかかわる基準は、教育実践の題材によることになるだろう。そして、モビリティ・マネジメント教育をより環境シティズンシップの教育実践としていくためには、すべての人と社会、そして環境のための交通の在り方を追求していくことが求められると考えられる。

環境持続性にかかわる基準は、CO_2排出量だけでなく、フードマイレージやエコロジカル・フットプリントなどがある。前章の二つの実践例は、どちらかというと環境持続性よりも社会的公正や環境市民運動に力点を置かれたものであった。今後の環境シティズンシップの実践のためにも、環境持続性を測るためのこのような基準は多く活用できるだろう。

2. 環境シティズンシップの教育研究・実践における課題

環境とは、その語源から主体に対する周囲として、外部化されやすいものである。しかしながら、環境とは、生態系という系およびサイクルとしての捉え方もあり、人間・社会もその中の一部をなすものである。よって、これからの社会の在り方について追求する時、「環境」はより一層その重要な検討要素になってくると考えられる。

さらに、環境問題は、システム的な考えでは、社会システムと自然システムのバランスの崩れによって起こるものである。そして、社会システムから自然システムへの廃棄物が増えれば増えるほど、そのバランスは崩れる。つまり、目先の課題解決以上に、その背景にあるシステムやつながり(関係性)を批判的にみる必要がある。もちろん解決策を提案し、参加行動することは大切であるが、それが真の解決になっているのかどうか必ず確認する必要がある。それは、どのような市民や社会を目指すのかを検討することも含まれる。そして、環境問題の解決には、個人の生活様式変更だけではなく、社会

構造そのものの変革が必要なのである。環境問題を解決するためのエコロジー思想の発展を基盤に、シティズンシップはどのような立場にたてばよいのか、今後の環境シティズンシップの教育研究・実践には、その立場表明が求められると考えられる。

例えば、定常経済を提起している環境経済学者のハーマン・デイリーは、「定常経済へシフトするために必要な10の政策」として以下のことを挙げている[21]。

①基本的な資源に対する「キャップ・オークション・取引システム」
②環境税改革
③「最低所得」と「最高所得」で、所得分配の格差の幅を制限する
④仕事日・週・年の長さを縛らず、パートタイムや個人の仕事の選択肢を増やす
⑤国際商業を再規制し、自由貿易・自由な資本の移動・グローバル化から離れる
⑥WTO・世銀・IMFを降格させる
⑦部分準備銀行制度から、100％準備銀行制度へ
⑧稀少なモノを無料であるかのように扱い、無料であるものを稀少であるかのように扱うのをやめる
⑨人口を安定させる
⑩国民勘定を改革し、GDPを「コスト勘定」と「便益勘定」に分ける

どれもが、実施するとしたら大きな論争となり、社会構造の変革を行わなければ実現可能性が低そうな提案である。しかしながら、エコロジー思想の価値観からすると、このようなことを行わないと、複雑化している環境問題の解決は見込めない状況にあるのである。このような具体的な政策提案は、環境持続性と社会的公正に関する科学的および倫理・哲学的根拠にもとづいている。よって、環境シティズンシップの教育研究・実践には、今後環境持続性と社会的公正に関する科学的および倫理・哲学的検討が、必要不可欠であると筆者は考えている。

これまでの環境シティズンシップの具体的な諸立場については、先に示し

たイギリスのドブソンやオーストラリアのフィエンなどを例に整理し提示しているが、今後日本においてより一層環境シティズンシップとその教育思想の議論の深化が求められるだろう。

　2014(平成26)年は国連ESDの最終年にあたり、これまでに多数の実践記録が蓄積されたと考える。だが、今後も環境シティズンシップの教育実践は、さらなる多様な単元・授業開発が求められる分野である。

注

1　2014(平成26)年には、新たに『環境教育指導資料〔幼稚園、小学校編〕』が刊行され、持続可能な開発のための教育の10年の締めくくりとして、環境教育の位置づけや実践について新たな提案がなされたが、ここでも市民育成については触れられることはなかった。(国立教育政策研究所教育課程研究センター『環境教育指導資料〔幼稚園・小学校編〕』東洋館出版社、2014年)。

2　日本学術会議環境学委員会環境思想・環境教育分科会「提言：学校を中心とした環境教育の充実に向けて」、2008年、4頁(http://www.sci.go.jp)。

3　同上。

4　石川聡子「日本の環境教育研究の動向についての一考察―もう一つの環境教育としての『持続可能性のための教育』に着目して―」『大阪教育大学理科教育研究年報』No.23、1999年、27-36頁。

5　井上有一「エコロジー思想と持続可能性に向けての教育―環境持続性・社会的公正・存在の豊かさを基軸として―」今村光春編著『持続可能性に向けての環境教育』昭和堂、2005年、87-114頁。

6　水山光春「環境教育の目的と方法②―参加型学習と市民教育―」日本環境教育学会編『環境教育』教育出版、2012年、119-131頁。

7　佐島群巳・山下宏文「知的市民性としての環境教育―イギリスの環境教育の発展をもとに―」全国社会科教育学会『社会科研究』、第40号、1992年、183-192頁。

8　水山光春「環境シティズンシップを育成する授業(1)　―環境シティズンシップ・フレームワークの作成―」『京都教育大学環境教育研究年報』第16号、2008年、23-38頁。

9　イギリス・キール大学の政治学の教授である(アンドリュー・ドブソン著、福士正博・桑田学訳『シチズンシップと環境』日本経済評論社、2006年)。

10　水山光春「民主主義(シティズンシップの教育から)」水山光春編『よくわかる環境教育』ミネルヴァ書房、2013年、116-117頁。

11　井上有一「エコロジー思想と持続可能性に向けての教育―環境持続性・社会的公正・存在の豊かさを基軸として―」今村光春編著『持続可能性に向けての環境教育』昭和堂、2005年、87-114頁。

12　ロビン・エッカースレイ著、松野弘監訳『緑の国家―民主主義と主権の再考―』岩波書店、2010年。

13　ロビン・エッカースレイ著、松野弘訳(解説)「インタビュー「緑の国家」への道筋―洞爺湖サミットにおける日本の役割―」『世界』岩波書店、2008年、182頁。
14　石川聡子「シティズンシップと環境教育」中山あおい・石川聡子・森実・森田英嗣・鈴木真由子・園田雅春『シティズンシップへの教育』新曜社、2010年、33-64頁。
15　ジョン・フィエン著、石川聡子他訳『環境のための教育―批判的カリキュラム理論と環境教育―』東信堂、2001年。
16　同上書で述べられた環境イデオロギーについて、筆者が表にまとめたものである。
17　水山光春「政治的リテラシーを育成する社会科―フェアトレードを事例とした環境シティズンシップの学習を通して―」『社会科教育研究』No.106、2009年、1-13頁。
18　世界フェアトレード機関HP(http://www.wfto.com/fair-trade/definition-fair-trade)。
19　竹澤伸一「市民としての参加意識を高める中学校社会科環境学習の授業構成―公民単元「めざせ、環境市民」―」『社会科研究』第56号、2002年、51-60頁。
20　竹澤(2002)で示された単元構成を筆者が表にまとめたものである。
21　ハーマン・デイリー著、枝廣淳子訳(聞き手)『定常経済は可能だ！』岩波ブックレット、2014年。

第Ⅲ部

実践化に向けたガイドライン

付　論　シティズンシップ教育の実践のためのガイド・技法　　大久保 正弘

文献案内　シティズンシップ教育を学ぶために　　　　　　　　高久 沙織

第III部　解題

　第III部では、シティズンシップ教育を実践するためと、シティズンシップ教育をより深く学ぶためのガイドを提示している。

　付録では、シティズンシップ教育を実践するためガイドとしてのスキルの全体像と具体を提示している。第8章で提起されたように、シティズンシップ教育実践においてスキルは重要なツールである。現在のシティズンシップ教育の隆盛の嚆矢となったイギリスの教科「シティズンシップ」でも、スキルが重要視されている。ここでは、「調査とコミュニケーション」のスキル、「参加と責任ある行動のスキル」、「アイスブレイク」のスキル、「考えを纏めるアクティビティ」、「考えを深め合うアクティビティ」、「話合いを『見える化』する」、「活動を振り返る」に分けられ、体系的に示されている。

　文献案内では、本書を読んだ後に、もっと深くそして広くシティズンシップ教育を学びたい人のための文献を案内している。「シティズンシップ教育の理論と比較」、「海外のシティズンシップ教育」、「日本のシティズンシップ教育実践の比較」、「シティズンシップ教育と社会科教育」、「シティズンシップ教育の実践」について、計39の文献が挙げられている。興味のある方は、是非読んでみていただきたい。

付　録
シティズンシップ教育の実践のためのガイド・技法

大久保　正弘

　ここでは、シティズンシップ教育を実践するために、役立つと思われるもの、技法などを紹介する。

1　チームづくり

　アイスブレイクは、参加者がお互いの緊張をほぐし、関係を築くことをねらいとしたアクティビティをいう。参加者が初対面同士の場合や、会話や次のアクティビティへの導入、あいさつがわりのもの、お互いの距離を縮めるものなど、さまざまな種類のアイスブレイクが開発されている。アイスブレイクのアクティビティはさまざまがあるが、ここでは簡単に取り組めそうなものをいくつか紹介したい。

1. アイスブレイク

ネーム・チェーン[1]

> ランダムに円形に座り、となりの人と下の名前を紹介し合う。次に、右回りで五十音順に並ぶように、となりの人と席を交換し続ける。並び終わったら、その名前を順番に言ってもらう。わかっていれば、名前の由来を時間のゆるす限り話してもらう。下の名前で呼び合うことで、お互いの関係性に変化が生じる。

ネーム・キャッチボール[2]

ボールなどを使って、相手の名前を呼んで、アイコンタクトをして、相手に受け取りやすいボールをタイミングをはかって投げる。何度か繰り返し、アイスブレイカー（司会者）が指名した人に向けて投げてもらったり、逆回りにボールを回したりなどを繰り返す。ボールを2個、3個と増やしてみるのも面白い。このことによって、参加者の名前を覚えたり、場を温めたりすることができる。

共通項を見つけよう[3]

2人1組のペアをつくり、あいさつをする。次に、お互いの共通する点を三つ以上探す。（3〜5分）兄弟の数、好きなもの、嫌いなもの、趣味、やってみたいことなどなんでもよい。時間が来たら、話し合いをやめ、どんな共通点があったか、その時どんな気持ちになったかなどを発表してもらう。

大切にしているもの

はがき大程度の紙に、「私の大切にしているものは―です」と書き、各自が大切にしているものを書き込む。4〜6人程度のグループになり、それぞれの大切なものとその理由を紹介する。時間のある限りで、質疑応答をする。最後に、グループごとに話題にのぼった「大切なもの」を全体発表する。「私の好きなもの」、「私を漢字一文字にたとえると」など、ほかのテーマでも実施できる。

2. チームやグループをまとめる

チームビルディング

チームビルディングの活動は、目的や場面によって異なる。例えば、「ビジョンの共有→課題の優先順位づけ→スケジューリング→分担決定」や「課題の抽出→解決策の立案→スケジューリング→分担決定」など、さまざまなアクティビティを組み合わせて行う。

◎リーダーとファシリテーターのちがい

従来、チームを率いるのはリーダーといわれているが、周囲の意見や能力を引き出しながらチームを動かす促進役をファシリテーターという。

2. 調査と分析

調査に関する技法はデスクリサーチとフィールドリサーチに大別される。前者は全体の傾向を把握したり、仮説を立てたりするのに役立つ。後者はその裏づけをとったり、理由や原因を探ったり、データでは読み取れないことを調べることができる。両者の特徴を踏まえて調査を行いたい。

インタビュー

インタビューには、直接対象者に会い質問する方法と、メールやスカイプなどを使って遠隔的に対象者に質問する方法がある。いずれにしても、まず準備が大切である。

◎インタビューの計画
- インタビューの対象を選定し、質問内容を考える。対象者にアポを取る。

◎インタビューの実施
- ノートは必ずとる。できれば録音・録画もしておきたい。挨拶・お礼も失礼のないようにしたい。対象者の話をさえぎらないで、流れにまかせて聞く。話の流れの中で、準備している質問事項を得られているかを確認する。

◎インタビューのまとめ
- まとめの方法は、時系列と項目別に分けられる。ストーリーの流れにするのであれば時系列であるが、着目したいカテゴリーがあれば項目ごとにまとめるほうがよい。

ゲストとの意見交換

情報収集は、ゲストを招いての意見交換の形でも行うことができる。

◎形式
- ゲストとの意見交換には、提案型、意見聴取型、公開討論会型・シンポジウム型、インタビュー方式と講演会方式などの形がある。
- 提案型や意見聴取型は、聞き手側が提案やアイデアなどをゲストに示し、それに対する考えを話してもらう方法である。公開討論会型・シンポジウム型では、複数のゲストを登壇させ、意見や争点を明らかにして話し合い、それらを記録する。インタビュー方式や講演会方式は、ゲストに話してもらう一般的な方法である。

◎進行方法
- 司会、タイムキーパーなどの役割を決める。時間配分や司会の方法を決める。
- あらかじめ論点を用意しておくが、司会者は臨機応変に論点を創出する。主張・意見の相違を見出す。

◎報告書の作成
- 報告書の作成の方法としては、時系列の議事録形式や、項目などでまとめた調査報告書の形式などがある。

資料調査

紙やウェブでの資料調査としては、新聞・ニュース資料の収集・分析、インターネット・書誌検索、議会・行政資料・マニフェストなどがある。媒体に偏りなく、信頼性の高い情報や1次情報で裏を取るようにしたい。

フィールドワーク[4]

実際に地域などの現場で行う調査である。調査の対象や方法によってさまざまなものがあるが、一例として地域資源や地域課題を調べるフィールドワークの手順を示す。

◎計画

付　録　シティズンシップ教育の実践のためのガイド・技法　233

- 調査ルートを設定する。調査やインタビューの対象を選定する。縮尺などの適切な地図を選ぶ。記録係、インタビュー係など役割分担を決める。

◎調査

- 事前の計画に沿って、フィールドを調査する。その中で発見した、気づいた、良い点(地域資産：お宝くん)、悪い点・改善すべき点(地域課題：困ったくん)を記録する。インタビューを行う。観察記録をつける。ポラロイドカメラやデジカメで写真を撮る。ポラロイドカメラはすぐに現像できるので、ワークショップには向いている。

◎まとめ

- 探検マップや分類図を作成する。まちづくりの構想案を作成する。探検マップでは、調べたルートに線をかき、良い点や悪い点の写真を貼る。分類図は、良い点、悪い点を書き出した付箋を視点ごとに分類整理し、因果関係や対比などを線や矢印でまとめる。まちの特色を伸ばし、悪いところを改善していくためのプランを話し合い、まちづくりの構想案をまとめる。

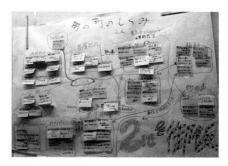

図付-1　探索マップ(左)と分類図(右)

> **調査と分析**
>
> ◎**質問票調査と聞き取り調査**
> - 質問票を用いて行う調査の場合には、回収に時間がかかり、すべてを回収できるわけではない。直接対象者に聞き取り調査を行う場合には、サンプル数に限りがあるが、確実に回答を集めることができる。
>
> ◎**質的調査と量的調査**
> - 調査には質的調査と量的調査がある。質的調査は、聞き取りや観察などによって、調査対象の質的変容を調べるのに対し、量的調査は選択式のアンケートなどにより、回答を数値化して分析する。
> - 社会調査は、質問の問い方やサンプルの選び方によって、恣意的な結果を導くこともできる。調査する際にも、調査を読み解く際にも注意が必要となる。

3. 考えをまとめる

　進行中の話し合いのプロセスがはっきり見えるようにしたり、話し合いの結果をまとめたりする手法として、ファシリテーション・グラフィックがある[5]。ホワイトボードや模造紙、付箋などを使って、話し合いのポイントを文字、図や線・矢印、イラストなどをまじえて板書する。時系列に話し合いを書いていく議事録型や、KJ法のような分類図・親和図、コンセプトマップやマンダラ型、ロジック・ツリー型など、ビジュアル的にもわかりやすいものにまとめる。イラストや絵文字などを盛り込んで、雰囲気を盛り上げていく。

> **考えをまとめる**
>
> ◎**話し合いの心がけ**
> - アイデアを出し合う時は、批判しない。相手を肯定する。質は問わず量を出す。相手が話している時は、途中で口をはさまない。など、

◎考えるまとめる手法
・アイデアを出し合い、まとめていく手法として、KJ法、ブレインストーミング、コンセプトマップ、樹形図などがある。ファシリテーターは、それぞれの手法の特性を踏まえて目的や場面に応じて手法を選ぶ。

KJ法
①1～2分の時間に与えられたテーマについて、思いつくことを付箋に1件ごとに1枚書き出していく。1人10枚以上、思いつく限り書き出す。
②チームごとに、メンバー全員の付箋を説明し、テーブルや模造紙に並べていく。
③重複するものや一つのテーマでまとめられるものをグルーピングする。
④グループ化したまとまりに、名前をつける。

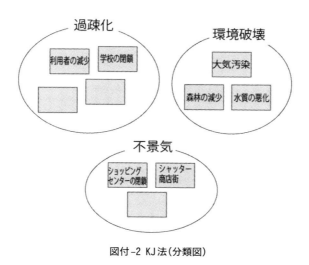

図付-2 KJ法（分類図）

> **ブレインストーミング(ブレスト)**
>
> アイデアを出し合うための代表的な方法で、たくさんの意見を出すことができる。ブレインストーミングの進め方には、次の四つのルールがある。①どんなアイデアを出してもいい、②人のアイデアを批判したり評価しない、③アイデアをつけたしていく意見はOK、③とにかくアイデアの数を出す。まったくの自由では進めにくい、という場合には、テーマを区切ったり、分解したりするなどして、少しずつ進めるとよい。

> **コンセプトマップ(概念地図)**[6]
>
> コンセプトマップとは、あるテーマについて、頭の中にあるさまざまな情報を関連づけてその全体像を明らかにする方法をいう。やり方としては、①あるキーワード(ここでは「少子高齢化」)について、連想する言葉を列挙する、②コンセプトマップの中心にテーマ(「少子高齢化」)を書く、③中心のテーマから連想する言葉に線や矢印でつないでいく、④それぞれの言葉から連想する言葉を書き、線や矢印でつないでいく、相互の言葉をつないだりネットワークさせる。

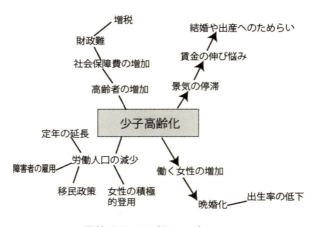

図付-3 コンセプトマップ

付　録　シティズンシップ教育の実践のためのガイド・技法　237

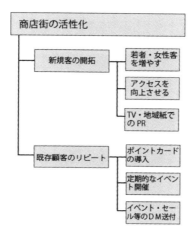

図付-4　ロジックツリー

> **ロジック・ツリー（樹形図）**
>
> ロジック・ツリーとは樹形図を使って問題や解決策を整理する手法である。論理的に落ちや重なりがないかを確認しながら作成する。細分化されたそれぞれの枝に数値目標を設定したり、担当者を設定したりすることで、プロジェクトを実行可能な単位にブレークダウンすることができる。

4. 考えを深め合う

> **ダイヤモンドランキング**[7]
>
> さまざまなテーマについて、10個前後の課題などをカードや一覧表にして、ダイヤモンド型に順位づけを行う。順位づけの理由を意見交換し、議論する。取り組むべき課題などを優先順位をつけて考え、他者との合意形成ができる。

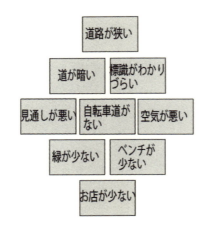

図付-5 ダイヤモンドランキング

> **ワールドカフェ**[8]
>
> あるテーマについて、数十人から数百人の人を集めて話し合う。大人数でも表面的な話し合いにならないように意見交換することができる。
> ①4〜5人で座れるテーブルを複数用意する。各テーブルにはマーカーと模造紙を1〜2枚置く。参加者全員がどこかのテーブルに座る。
> ②5〜10分で、テーマにそって話し合う。会話のポイントを模造紙に書き出す。
> ③時間がきたら、テーブルのホスト以外は別の好きなテーブルに移動する。
> ④ホストが先ほどの話を2〜3分で共有してから、新しいメンバーと5〜10分話し合いを始める。
> ⑤話し合いが終わったら、新しいホストを決めて、全員移動する。
> これを数回繰り返す。

> **シェアリング**
>
> 2人1組で話し合い、お互いの考えや気持ちを伝え合い、相手はしっかり耳を傾ける。このことで考えを深めたり整理する。紙に書いてから見せ合ったり、復唱し合うなど、さまざまな方法がある。

5. 課題を解決する

1. 提案

政策提言 [9]

◎解決策を考える
- 調査分析によって、抽出した課題について、解決策を考える。ハードウェア(ハコモノ)とソフトウェア(ルールや継続したイベントなど)のバランスに留意すること。

◎既存の政策を評価する
- 考えた解決策が、すでに政策・制度として存在するか調べる。その政策の内容、進め方、成果を評価する。疑問があれば省庁や地方自治体に問い合わせる。

◎政策案の作成
- 現在の予算や制度に留意して、政策案を作成する。「私たちにできること」・「私たちにできないこと」に分けて考える。国で行うべきこと、地方自治体で行うべきことにも留意する。3年以内にゴミのポイ捨てをなくす。放置自転車を30％減らすなど、目標値と期限を設定しておきたい。
- 作った政策を厳しく検証する。予算、効果、公益性、効率性、財源、民間委託できないか、などの観点で考えるとよい。

◎政策案の実現方法を考える
- 選挙の任期のサイクルに合わせて政策を提言する。政策案やマニフェストを候補者に提示する。自治体の首長選挙であれば、前回の選挙でのマニフェストの達成度を評価し、今回のマニフェストではどのように政策を前進させようとしているかを評価し、投票の材料にする。このようにすれば、4年に1度の選挙のサイクルで、まちづくりや政策がよくなっているかが判断できる。
- また、行政・政治のPDCAサイクル(政策形成過程)の各プロセスに合わせた方法で、政策案を反映できないかを考える。例えば、課題設

定段階では、市民運動や市民参加によって実現したい政策を訴える。政策立案段階では、都市計画など行政の計画策定への参加、審議会やパブリックコメントへの参加などがある。政策実施段階でも、民間の企業やNPO・NGOが事業実施を行うことができる。政策評価でも、市民が参加できる方法が増えている。
- このほか、陳情・請願の制度を使って議会に提案する。パブリックコメント・HP・質問状・アドボカシー活動などの方法もある。

模擬政治活動

模擬政治活動は、合意形成・討議型と判断型の学習活動に分けられる。それぞれ、現実の政治場面で行う場面と、仮想の政治場面で行う場面がある。特性を踏まえて学習に取り入れたい。

◎模擬議会、模擬公開討論会
- 模擬議会、模擬公開討論会は、合意形成や討議に重きを置いた学習活動である。各政党の議員や候補者の立場に立って、政策などを議論する。

◎模擬選挙・投票
- 模擬選挙や模擬投票は、判断型の学習活動である。投票の行為だけでなく、事前・事後の学習で政策や政局を取り上げ、総合的に政治を考える機会にしたい。

プレゼンテーション

◎発表・討議の形式
- 公開討論型、ブース型、グループ討議型、ディベート型、全体発表型などを選択する。ブース型、グループ型は参加者との意見交換がしやすく、公開討論型やディベート型は論点をはっきりさせやすい。全体発表型は一度に多くの人に話を伝えられるが、意見交換には向かない。それぞれの特性を理解すること。

◎配付資料・発表様式

- パワーポイント、マニフェスト、新聞、チラシ、ホームページ、映像、演劇、歌などさまざまな表現・伝達の方法がある。目的に応じて選択する。

◎発表の練習
- 効果的な伝え方、声の大きさ、話す速度、字の大きさなどを確認する。説得力のある話し方ができているか。質問の予測と対応など。

2. 参加

非営利活動・協働的事業への参加

◎NPO・ボランティア、町内会・地縁活動などの理解
- 提案だけでなく、行動によって課題を解決することもできる。社会課題への主体的な関与ができるようにしたい。NPO・ボランティアはテーマ型の市民活動で、町内会は地縁型の活動である。

◎ボランティア活動・非営利活動への参加
- まちづくりや市民活動でも「課題を把握する→解決策を考える→活動する→振り返る」のPDCAサイクルがある。このような活動へのかかわりを通して、市民参加、地域や人々とのつながりの意義を理解できるようにする。また、イベントの企画・主催や募金活動なども行うことができる。

◎チャレンジショップの運営
- 商店街の空店舗などを活用して、地域のニーズを捉えたチャレンジショップを企画し、出店する活動である。非営利活動だけでなく協働的な事業も地域や社会と継続的に関与できる。事業活動の社会的意義、地域とのつながり、商売と共存・共栄、地域への貢献などを理解させたい。

責任ある行動の促進

◎責任ある行動のための倫理綱領の作成
- 学校や地域の課題の中で、自分たちの心がけで守れるものについては、

「倫理綱領」をまとめ、それを掲示することで課題解決を周囲に呼びかけることができる。

◎権利のリストと責任のリストの作成、標語化
- 自分たちの「権利」や「責任」についてリストにしたり、標語にしたりすることで、権利と責任について自覚を促すことができる。

◎自己表現活動
- 作文・作詩・作曲・絵・ポスター・パブリックスピーチなどの自己表現で自ら振り返ったり、他者に働きかける。「タイムカプセル」「未来の私への手紙」によって、将来の自分たちやまちについて、改善を働きかける。

5. 活動を振り返る[10]

ワークショップの活動中や最後に振り返るアクティビティとして、代表的なものを挙げる。

チェックアウト

ワークショップの終わりに感じたことや現在の心境を語ってもらう。例えば、次のような問いをファシリテーターが投げかけて、各自の思いを引き出す。「ワークショップに満足できたか。どんなところが満足か。不満なところはどこか」、「終わってみての気持ちはどうか?」「どんな気づきがあったか、感じたか、学んだか」「今日の気づきを明日からどう生かすか」など、アクティビティの締めくくりとして、サークル型、グループ型、ピア(1対1)型などさまざまな形で行うとよい。

振り返り(リフレクション)

ファシリテーターが、次の四つの問いを順番に出して、アクティビティの体験を行動につながるようにする。「ワークショップで何が起こったか。

何を感じたか」「なぜ、そのようなことが起こったか、感じたか」「そのことから、あなたは何を学んだか。何が言えるか」「学んだことを、これからどのように活用していくか」など、これらの問いをワークシートに書かせてから議論させてもよい。

友人への手紙

参加者が、他の参加者それぞれに対して、良かった点(してくれてありがとう)、改善点(もっとこうしてほしかった)を書いてプレゼントする。コメントに書くことは、フィードバックの原則「相手の了解のもとで、建設的な目的で」「相手の態度や行動についてだけ書く」「個人の観察、印象、判断だけを書く」「相手のことについて、具体的で明確に書く」を守るようにする。また、「自分への手紙」として、自分が振り返った内容を書き、ファシリテーターが一定期間預かってから返却する方法もある。アクティビティでの気づきを、時間がたってから思い出してもらう効果がある。

私の宣言・公約

ワークショップで得たものを日常でも役立てるために、自分の決意や行動などを、公約の形で宣言する。あとで見返すことができるように、口頭の発表だけでなく、カードなどに残しておくとよい。

(大久保正弘)

注

1　今村光章『アイスブレイク入門』解放出版社、2009年、37-38頁。
2　堀公俊・加藤彰『ファシリテーション・グラフィック』日本経済新聞社、2006年。
3　大久保正弘「まちを歩いて『夢マップ』をつくろう」鈴木崇弘ほか編『シチズン・リテラシー―社会をよりよくするために私たちにできること―』教育出版、2005年、83-84頁。

4 　同上書、「政策案をつくってみよう」「政策提言を書こう」「政策案を実現する方法を考えよう」203-208頁。
5 　今村光章、前掲書、2009年、34-37頁。
6 　成田喜一郎「様々な問題を『地図化』しよう」鈴木崇弘ほか編『シチズン・リテラシー』教育出版、2005年、67頁。
7 　廣瀬隆人ほか『生涯学習支援のための参加型学習の進め方―「参加」から「参画」へ―』ぎょうせい、2000年、74-75頁。
8 　森時彦『ファシリテーターの道具箱』ダイヤモンド社、2008年、78-79頁。
9 　青木将幸『アイスブレイクベスト50』ほんの森出版、2013年、26-27頁。
10　堀公俊・加藤彰『ワークショップ・デザイン』日本経済新聞社、2008年、134-138頁。

文献案内

シティズンシップ教育を学ぶために

高久 沙織

1.「シティズンシップ教育」の理論と比較

小玉重夫『シティズンシップの教育思想』白澤社、2003年
長沼豊・大久保正弘編著／バーナード・クリックほか著／鈴木崇弘・由井一成訳『社会を変える教育』キーステージ21、2012年
鈴木崇弘ほか編著『シチズン・リテラシー』教育出版、2005年
シティズンシップ研究会編『シティズンシップの教育学』晃洋書房、2006年
杉本厚夫・高乗秀明・水山光春『教育の3C時代』世界思想社、2008年
オードリー・オスラー、ヒュー・スターキー著／清田夏代・関芽訳『シティズンシップと教育』勁草書房、2009年
バーナード・クリック著／関口正司監訳／大河原伸夫・岡﨑晴輝・施光恒・竹島博之・大賀哲訳『シティズンシップ教育論』法政大学出版局、2011年
クリスティーヌ・ロラン‐レヴィ、アリステア・ロス編著／中里亜夫・竹島博之監訳『欧州統合とシティズンシップ教育』明石書店、2006年
嶺井明子編著『世界のシティズンシップ教育』東信堂、2007年
中山あおい・石川聡子・森実・森田英嗣・鈴木真由子・園田雅春『シティズンシップへの教育』新曜社、2010年
池野範男「グローバル時代のシティズンシップ教育」日本教育学会『教育学研究』第81巻第2号、2014年

2. 海外の「シティズンシップ教育」

日本社会科教育学会 国際交流委員会編『東アジアにおけるシティズンシップ教育』明治図書、2008年
北山夕華『英国のシティズンシップ教育』早稲田大学出版部、2014年

近藤孝弘編『統合ヨーロッパの市民性教育』名古屋大学出版会、2013年
川口広美「社会変容に対応するシティズンシップ教育カリキュラム構成法の革新」全国社会科教育学会『社会科研究』第73号、2010年
坪田益美「『社会的結束』に取り組むカナダ・アルバータ州の社会科カリキュラムの構造—『深い多様性』の尊重と『多様性の調整』に着目して—」全国社会科教育学会『社会科研究』第77号、2012年
吉村功太郎「英国シティズンシップテキストブックの内容構成研究—政治的リテラシーの育成を中心に—」『宮崎大学教育文化学部紀要　教育科学』第25号、2011年
吉村功太郎「英国シティズンシップ教育テキストブックの内容構成研究(2)—2007年度版カリキュラムに基づく内容構成—」『宮崎大学教育文化学部紀要　教育科学』第30号、2014年

3. 日本の「シティズンシップ教育」実践の比較

水山光春「日本におけるシティズンシップ教育実践の動向と課題」『京都教育大学教育実践研究紀要』第10号、2010年
藤原孝章「日本におけるシティズンシップ教育の可能性—試行的実践の検証を通して—」『同志社女子大学　学術研究年報』第59号、2008年

4. 「シティズンシップ教育」と社会科教育

谷川彰英監修・江口勇治・井田仁康・伊藤純郎・唐木清志編著『市民教育への改革』東京書籍、2010年
杉浦真理『シティズンシップ教育のすすめ』法律文化社、2013年
杉浦真理『主権者を育てる模擬投票』きょういくネット、2008年
唐木清志『子どもの社会参加と社会科教育』東洋館出版社、2008年

5. 「シティズンシップ教育」の実践

唐木清志・岡田泰孝・杉浦真理・川中大輔(監修)日本シティズンシップ教育フォーラム編『シティズンシップ教育で創る学校の未来』東洋館出版社、2015年
橋本渉編著『シティズンシップの授業』東洋館出版社、2014年
「未来を拓く模擬選挙」編集委員会『未来を拓く模擬選挙』悠光堂、2013年
藤原孝章編著『時事問題学習の理論と実践』福村出版、2009年
大阪教育大学附属池田中学校『平成16年度　研究開発実践報告書』2005年
品川区教育委員会『品川区小中一貫教育要領』講談社、2005年
お茶の水女子大学附属小学校『平成20年度研究開発報告書　小学校における「公共性」を育む「シティズンシップ教育」の内容・方法の研究開発(第1年次)』2009年
お茶の水女子大学附属小学校　お茶の水児童教育研究会『交響して学ぶ』東洋館出版社、

2014年

島袋純・里井洋一監修『地域づくりを担う力を育てる：学部・附属学校共同による市民性教育の研究及び教育実践』琉球大学教育学部、2008年

京都府八幡市教育委員会『平成20年〜22年度文部科学省指定研究開発学校（効率的で効果的な指導方法の研究開発－基盤技術の定着とシティズンシップ教育の研究を通して－）』2010年

桑原敏典・中原朋生「市民的資質教育としての憲法学習の改善－政策評価過程を取り入れた基本的人権学習の原理と方法－」日本公民教育学会『公民教育研究』第16号、2009年

川野哲也「地域社会への参加と公民教育カリキュラム―小学校社会科単元『北九州市のまちづくり』―」日本公民教育学会『公民教育研究』第18号、2010年

文部科学省編『中等教育資料12月号　特集　社会に参画する主体を育てるシティズンシップ教育の推進』2014年

大谷直紀「熟議民主主義に基づく中学校社会科授業の実践―3学年地方自治『加須市のごみ問題を考える』－」埼玉大学社会科教育研究会『埼玉社会科教育研究』第20号、2014年

小林孝太郎「小学校社会科におけるシティズンシップ教育の実践報告―小学校第6学年『市民にとってより良い三橋中央通線へ』の実践」埼玉大学社会科教育研究会『埼玉社会科教育研究』第20号、2014年

あとがき

　本書序章において、大友は、シティズンシップ教育の実践化に向けた教育実践の改造・改革の視点として、(1)学習観の捉え直し、(2)能力・資質の内実の再吟味、(3)教育・学習の基本構成要素のモードの転換、(4)教師の指導の構えの四点を挙げている。これらの視点は、本書で取り上げたシティズンシップ教育実践ではどのように展開されたのであろうか。簡単に整理してみたい。

　第一に、この四つの視点を考える上で最も基盤となる視点は、(2)能力・資質の内実の再吟味である。求められる資質・能力によって、他の三つの視点の内実が変わってくるからである。シティズンシップ教育において育成することが求められる資質・能力を端的に言えば、「正解のない問題に取り組み、協働的に正解を創り上げる能力」となろう。すでに社会は不確実性が増大していると同時に知識基盤社会となっており、個人の内面に蓄積された知識から迅速に「正解」を探しだして当て嵌めることでは、さまざまな社会問題を解決することが困難である。多様な人々と「協働」することによって、「正解」を創りだすことが求められる。このような資質・能力は、現在の教育改革で強調されている「21世紀型能力」[1]と重なる。「21世紀型能力」は、「思考力」「基礎力」「実践力」の三つの能力から構成されるが、「思考力」と「実践力」がシティズンシップ教育で育成する資質・能力と近似である。「21世紀型能力」では、「思考力」「実践力」を以下のように定義している[2]。

　　21世紀型能力の中核に、「一人ひとりが自ら学び判断し自分の考えを持って、他者と

話し合い、考えを比較吟味して統合し、よりよい解や新しい知識を創り出し、さらに次の問いを見つける力」としての「思考力」を位置づける。

〈中　略〉

第三に、最も外側に、思考力の使い方を方向づける「実践力」を位置づける。「実践力」とは、「日常生活や社会、環境の中に問題を見つけ出し、自分の知識を総動員して、自分やコミュニティ、社会にとって価値のある解を導くことができる力、さらに解を社会に発信し協調的に吟味することを通して他者や社会の重要性を感得できる力」のことである。そこには、自分の行動を調整し、生き方を主体的に選択できるキャリア設計力、他者と効果的なコミュニケーションをとる力、協力して社会づくりに参画する力、倫理や市民的責任を自覚して行動する力などが含まれる。

　シティズンシップ教育で育成しようとする資質・能力の中核が、「実践力」であり、その「実践力」を育成・発揮するために「思考力」が位置づくと考えられる。本書で取り上げられた実践の多くが、現実の社会の現在進行形の問題を取り上げ、地域住民や行政機関、専門家と協働することを通して、その解決策を創出する営みに児童・生徒が参加している。まさに「思考力」と「実践力」を育成する実践である。それは、本研究会によるシティズンシップ教育実践の原型である桶川市立加納中学校での実践(第2章)や、草加市立川柳小学校・吉川市立中曽根小学校の実践(第1章)、埼玉県立浦和第一女子高等学校の実践(第5・6章)、さいたま市学校施設複合化の実践(第7章)などに顕著に現れている。

　第二に、求められる資質・能力を上記のように捉えるならば、(1)学習観の捉え直しは、大友が提起しているように、「教えるべき学習内容が固定化され、『正しい事項』『歴史的事実』などは子どもたちの外側に存在するもの」であり、それが体系的に記された教科書の「内容のすべてを獲得しなければならない」学習から、「『協働』の過程から『学び』が成立する」学習へと転換されなければならない。教科書に書いてある「社会」について知識を獲得するのではなく、現実の社会問題をその問題が生起している文脈に即して解決を志向していく学習である。そこでは、「社会」は、「見て、考えて、知る対象」から、「関わ

り、創造していく対象」へと転換される。児童・生徒同士はもちろんであるが、地域住民や行政機関、専門家、NPOなどと「対話」し、「コミュニケーション」を図るといった「協働」によって、社会問題を解決するための知恵を身につけていくのである。このような学習は、まさに次期学習指導要領で中核的な学びと位置づけられている「アクティブ・ラーニング(主体的・対話的で深い学び)」である。「アクティブ・ラーニング」は多様に定義されているが、一般的に「教員による一方向的な講義形式の教育とは異なり、学修者の能動的な学修への参加を取り入れた教授・学習法の総称。学修者が能動的に学修することによって、認知的、倫理的、社会的能力、教養、知識、経験を含めた汎用的能力の育成を図る」[3]と定義される。「21世紀型能力」の「実践力」を育成するための学習である。本書における「アクティブ・ラーニング」は、単に教室内の「学修への参加」に留まらず、「社会への参加」へと参加の範囲を広げている。社会に参加するための「汎用的能力」を育成する「アクティブ・ラーニング」が展開されている。

　第三に、(3)教育・学習の基本構成要素のモードの転換は、画一性・閉鎖性から多様性・開放性へと転換される必要がある。教科横断的な学習としては、「総合的な学習の時間」と「社会科」の時間をつなげて単元を構成した草加市立川柳小学校の実践(第1章)がある。単一の教科に閉じ込めることなく、他教科・他領域とつながりを広げていくことが求められる。また、関係性に関しては、授業に地域住民や行政機関、専門家、NPOなどの外部のアクターを呼びこむことで、「教師―児童・生徒」に閉ざされた教育的関係性を、開放された多様な関係性に組み替えることができる。このような関係性の組み換えは、本書で取り上げられた実践のすべてで展開されている。同様に、教室内で完結し閉じ込められた学習活動を、地域調査や行政への提案などの社会参加的な学習活動に転換することで、学習活動の場を拡大・充実させることができる。そして、教材は、教科書だけでなく、現実社会(そこで働くさまざまな人々を含む)に広げることができる。このように、シティズンシップ教育における教育・学習の基本構成要素のモードも「協働」が基軸となって展開されているといえよう。

第四に、「協働」をもとに「参加」し「公共」を創出する授業実践のための(4)教師の指導の構えは、自分が教える構え（知識の伝達者）から脱却し、異質な他者との協働のファシリテーターであることが必要である。大友が指摘するように公共問題や政治的な論争問題を扱う教育の場合、「正解」や「解答」があるとは限らない。だからこそ、前述のように多様な人々と「協働」することによって、「正解」を創りだす力が必要となる。本書で取り上げた実践では、教師は自分自身の意見は提示せず、中立的な立場を堅持している。授業に異質な他者としての地域住民や行政機関、専門家、NPOなどの外部のアクターを呼びこむことで、児童・生徒に多様な意見や考えと出会わせているのである。異質な他者を授業に呼び込めなければそのような授業は成立しない。そのためには、まず教師自身が、外部の多様な他者とつながっていなければならない。その意味では、教師自身が、「協働」をもとに「公共」を創出する空間／場に「参加」する存在である必要がある。
　本書は、シティズンシップ教育の実践化に向けた教育実践の改造-改革に挑戦した10年間の実践研究の成果である。現行の学習指導要領にもとづいてシティズンシップ教育の実践化を試みてきた結果、多様な学校種（含む成人教育）における多様な単元を開発し実践することができた。しかしながら、我々が育成を目指しているシティズンシップは、一単元だけで育成できるものではない。何年もかけて深めながら育成すべきものである。ゆえに、大友が提起したシティズンシップ教育の実践化に向けた教育実践の構造・改革のための四つの視点に、五つ目の視点としてカリキュラムの再構築を加えたい。小学校3年〜高等学校3年の10年間で、どのようなそしてどのようにシティズンシップを育成するか問われる。従来の社会科・地理歴史科・公民科のカリキュラムをシティズンシップ育成のためのカリキュラムとして再構築することが必要である。折しも、次期学習指導要領では高等学校公民科の必修新科目として「公共（仮称）」が構想されている。また、2015年に公職選挙法が改正され、2016年6月19日以降、満18歳から投票が可能になった。単に投票所に行き投票するだけなく、政治や社会について関心を持ち、「主権者」として責任をもって自分たちの代表を選ぶ力の育成を目標とする「主権者教育」も

主張されている。シティズンシップ教育の実践化の段階は、単元開発・実践の段階から、カリキュラム開発の段階に移行してきたといえる。

　本書に収められた各単元の実践にあたり、地域住民や行政機関、専門家、NPOなど多くの方々の協力を賜った。感謝申し上げる次第である。また、我々が「埼玉ローカル・マニフェスト／シティズンシップ教育研究会」を発足させ、シティズンシップ教育の実践化の研究を始める契機を作って下さった水山光春先生(京都教育大学教授)にも感謝申し上げたい。

　最後になったが、本書の刊行を快く引き受けて下さった東信堂の下田勝司社長に心から感謝申し上げたい。

　2016年10月

執筆者を代表して　桐谷　正信

注

1　国立教育政策研究所編『平成24年度プロジェクト研究調査研究報告書　教育課程に関する基礎的研究報告書5　社会の変化に対応する資質や能力を育成する教育課程編成の基本原理(研究代表者：藤野頼彦)』国立教育政策研究所、2015年。
2　同上書、27頁。
3　中央教育審議会『新たな未来を築くための大学教育の質的転換に向けて―生涯学び続け、主体的に考える力を育成する大学へ―(答申)』2012年、37頁。

索引

欧字

Citizenship Education	179
Civic Education	179
MM（Mobility Management）	20
——教育	20
NGO	188
NPO	58, 107, 174

ア行

アイスブレイク	182, 233
アクティブ・ラーニング	196, 251
アセット・マネジメント	150
新しい公共	3
新しい公助	76
意思決定	67, 75, 204
一般意志	126
意欲	123
インタビュー	182, 229
インフラの長寿命化	150
営利セクター	173, 174
オープン・ワークショップ	159, 161

カ行

外部講師	69, 120-122
課外授業	24
学習指導要領	4
学校(の)統廃合	148, 151
学校の複合化	150, 156, 162, 164
活私開公	14
環境持続性	216
環境負荷	21, 24
環境問題	19
聞き取り調査	232
技能	123
規範意識	103
教育コミュニティ	10
共助	66
共生社会	67
協働	9, 40, 56, 107, 169, 249
協働的事業活動	183
京都府八幡市立小・中学校	197
協力行動	19
近代型能力	12
クラブ活動	24
グランドルール	154
グループワーク	154-156
KJ法	238
原発事故	127
権利のリスト	237
合意形成	67, 75, 149, 151, 162, 204
——型の活動	184
公共(性)	3-5, 24, 251
公共圏	174
公共サービス	172
公共施設等総合管理計画	151
公共施設の老朽化問題	147, 164
公共施設マネジメント	150, 152, 154, 163
——計画	110, 120, 150
——白書	150
公共の精神	3
公共問題	14
公助	66
交通弱者	28
交通バリアフリー教育	28, 29
交通まちづくり	24
高度経済成長(期)	120, 145

公民的資質	191	市民自治	149
コーディネーター	187	市民性	91
コミュニケーション	22, 232	市民的資質	191
コミュニティ	10	市民ファシリテーター	166
コミュニティビジネス	175	社会科	191
コンセプトマップ	239	──教育	59, 65, 200
		社会参加	33, 111, 174, 177

サ行

		──力	40, 45
サービス・ラーニング	203	──学習	21, 56
災害対策	119	社会参画	57, 63, 65, 66, 79, 83
埼玉県草加市立川柳小学校	20	──学習	65
埼玉ローカルマニフェスト・		社会的課題	105, 107, 111, 123, 126
シティズンシップ教育研究会	169	──解決の教育モデル	185
裁判員裁判制度	88	──解決のフレームワーク	185
参加型学習	34	社会的起業	175
参加型民主主義	105	社会的公正	218
参加と責任ある行動のスキル	177, 181	社会的構成・構築論	12
シェアリング	242	社会的ジレンマ	19
思考力	249	受益者	153
自己表現活動	237	主権者教育	252
自助	66	少子高齢化	145, 147
静岡県富士市立富士南小学校	20	消滅可能性都市	146
持続可能な開発のための教育(ESD)	211	資料調査	182, 231
持続可能な社会		人口減少社会	146
(持続的な社会)	61, 65, 143, 211	人口ビジョン	143
実践力	249	生活保護	118
「実践・参加型」の		政策えらび授業	105, 125
シティズンシップ教育	39	政策づくり授業	105, 107
質的調査	232	政策提言	183, 184, 234
質問票調査	232	政策的思考	126
シティズンシップ	6, 191	政策分析能力	125, 134
──教育	5, 63, 66, 79	政策立案	107
──教育宣言	59	政策立案能力	125, 134
市民	56	政治参加	106, 107
「市民」(教科)	197	政治的リテラシー	6, 126
市民運動(住民運動)	106, 173	政治文化の変革を担う積極的な市民	126
「市民科」(大阪大学附属		正統的周辺参加論	12
池田中学校の新教科)	197	政府セクター	174
──(東京都品川区の新教科)	171, 197	積極的・活動的な市民(Active Citizen)	180
市民権	191	「選択社会」	

──（埼玉県桶川市立加納中学校）	197	**ハ行**	
──（琉球大学附属中学校）	197	旗揚げゲーム	157
総合戦略	143	パブリックコメント	106, 122, 137
総合的な学習（の時間）	24, 40, 197	パブリックミーティング	159, 163, 166
ソーシャルビジネス	175	判断型の活動	184
ソーシャルベンチャー	175	PDCAサイクル	235
		非営利活動	183
タ行		──セクター	172, 174
ダイヤモンドランキング	241	東日本大震災	66, 72
団塊ジュニア	148	非協力行動	19
地域経営	153, 164	避難所	66
地域社会	42	ファシリティ・マネジメント	150
チームビルディング	233	ファシリテーション・グラフィック	242
チェックアウト	243	ファシリテーター	41, 233
知的市民性	214	フィールドワーク	156, 182, 231
「地方自治」（単元）	57	フェアトレード	219
地方分権	173	複合施設	153
中央教育審議会	3	福祉国家	172
超高齢化（社会）	144, 145	不利益の分配	147, 149
筑波大学附属小学校	20	振り返り（リフレクション）	67, 243
提案する社会科	204	ブレインストーミング	239
提言	106, 115, 124, 139	プレゼンテーション	234
ディベート（討論）	131	プロジェクト型の	
デザインゲーム	156	シティズンシップ教育	62
デザイン・ワークショップ	153, 163	法化社会	86
テサロニキ宣言	212	法教育	85
当事者	56	防災	81
トレード・オフ	131, 132	──教育	79, 81
		──ゲーム	83
ナ行		ポスト近代型能力	12
ニーズ	73	北海道札幌市立平岡公園小学校	21
21世紀型能力	249	北海道石狩郡当別町立弁華小学校	20
2007年問題	144	ボランティア活動	186
日本社会科教育学会	192		
日本創成会議	145	**マ行**	
ネーム・キャッチボール	238	まちづくり	66, 143, 169
ネーム・チェーン	237	──学習	41
年間指導計画	59	マニフェスト	135, 169
納税者	153	──化	9
能動的な学修	251		

——型	7	よい市民（Good Citizen）	180
——型思考	50, 170	余裕教室	148
ミニワークショップ	154		
民主主義教育	192	**ラ行**	
メタ思考	103	利害関係者	131, 134, 139
モーダルシフト	31	リスク	81, 82
模擬議会	236	リスク社会	82
模擬公開討論会	136, 236	量的調査	232
模擬政治活動	183, 184, 236	ローカル・マニフェスト	40, 169
模擬選挙（投票）	206, 236	ロールプレイ（役割演劇）	156, 157, 166
——学習	135	ロールプレイング・シミュレーション	203
モビリティ・マネジメント→MM		ロジック・ツリー	241
モビリティ・マネジメント教育→MM教育			
問題解決学習	205	**ワ行**	
		ワークショップ手法	143, 149, 165
ヤ行		ワールドカフェ	242
山びこ学校	205		

執筆者紹介

大友 秀明　　埼玉大学教育学部教授　（序章、第3章、第4章）

桐谷 正信　　埼玉大学教育学部教授　（第1章）

宮澤 好春　　埼玉県北足立郡伊奈町立小針北小学校教頭　（第2章）

清水 利浩　　埼玉県教育局市町村支援部義務教育指導課指導主事　（第3章）

二瓶 剛　　　埼玉大学教育学部附属中学校教諭　（第4章）

華井 裕隆　　埼玉県立いずみ高等学校教諭　（第5章、第6章）

西尾 真治　　三菱UFJリサーチ＆コンサルティング主任研究員　（第7章）

大久保 正弘　シティズンシップ教育推進ネット代表　（第8章、付録）

坪田 益美　　東北学院大学教養学部准教授　（第9章）

宮崎 沙織　　群馬大学教育学部准教授　（第10章）

高久 沙織　　栃木県大田原市立黒羽中学校教諭　（文献案内）

編著者紹介

大友 秀明　（おおとも ひであき）

1955年、新潟県生まれ。東京教育大学教育学部教育学科卒業、筑波大学大学院博士課程教育学研究科単位取得退学。埼玉純真女子短期大学児童教育学科講師、秋田大学教育学部講師、同大学助教授、埼玉大学教育学部助教授を経て、現在、同大学教育学部教授、附属幼稚園園長（併任）。A

〈主要著作〉
- 単　著　『現代ドイツ政治・社会学習論―「事実教授」の展開過程の分析』（東信堂、2005年）
- 共　著　『社会科教育の再構築をめざして―新しい市民教育の実践と学力』（東京学芸大学出版会、2009年）
- 共編著　『新 社会科教育の世界―歴史・理論・実践』（梓出版社、2011年）

桐谷 正信　（きりたに まさのぶ）

1967年、神奈川県生まれ。東洋大学文学部教育学科卒業、筑波大学大学院博士課程教育学研究科単位取得退学。埼玉大学講師、同大学准教授を経て、現在、同大学教育学部教授。

〈主要著作〉
- 単　著　『アメリカにおける多文化的歴史カリキュラム』（東信堂、2012年）
- 共　著　「歴史認識と国際理解教育」（日本国際理解教育学会編『グローバル時代の国際理解教育―実践と理論をつなぐ』明石書店、2010年）
- 共編著　『新 社会科教育の世界―歴史・理論・実践』（梓出版社、2011年）
- 論　文　「多文化教育から問いなおすナショナル・シティズンシップ」（日本国際理解教育学会編『国際理解教育』Vol.17、明石書店、2011年）

社会を創る市民の教育―協働によるシティズンシップ教育の実践

2016年12月10日　初版　第1刷発行　〔検印省略〕
定価はカバーに表示してあります。

編著者Ⓒ大友秀明、桐谷正信／発行者 下田勝司　　印刷・製本／中央精版印刷

東京都文京区向丘1-20-6　　郵便振替 00110-6-37828
〒113-0023　TEL (03)3818-5521　FAX (03)3818-5514

発行所　株式会社 東信堂

Published by TOSHINDO PUBLISHING CO., LTD.
1-20-6, Mukougaoka, Bunkyo-ku, Tokyo, 113-0023, Japan
E-mail: tk203444@fsinet.or.jp　http://www.toshindo-pub.com

ISBN978-4-7989-1358-2 C3037 Ⓒ Hideaki OTOMO, Masanobu KIRITANI

東信堂

- 社会を創る市民の教育——協働によるシティズンシップ教育の実践　桐友正秀明編著　二五〇〇円
- 現代ドイツ政治・社会学習論——「事実教授」の展開過程の分析　大友秀明　五二〇〇円
- アメリカにおける多文化的歴史カリキュラム　桐谷正信　三六〇〇円
- アメリカ公民教育におけるサービス・ラーニング　唐木清志　四六〇〇円
- ヨーロッパの学校における市民的社会性教育の発展——フランス・ドイツ・イギリス　武藤孝典・新井浅浩編著　三八〇〇円
- 世界のシティズンシップ教育——グローバル時代の国民/市民形成　嶺井明子編著　二八〇〇円
- 中央アジアの教育とグローバリズム　嶺井明子・川野辺敏編著　三二〇〇円
- 社会形成力育成カリキュラムの研究　西村公孝　六五〇〇円
- 社会科は「不確実性」で活性化する——未来を開くコミュニケーション型授業の提案　吉永潤　二四〇〇円
- 資源問題の正義——コンゴの紛争資源問題と消費者の責任　華井和代　三九〇〇円
- 日本の教育をどうデザインするか　村田翼夫・上田学編著　二八〇〇円
- 現代日本の教育課題——二一世紀の方向性を探る　上田学・岩槻知也編著　三二〇〇円
- バイリンガルテキスト現代日本の教育　山口満・唐木清志編著　三八〇〇円
- 主権者の社会認識——自分自身と向き合う　庄司興吉　二四〇〇円
- 主権者の協同社会へ　庄司興吉　二六〇〇円
- 地球市民学を創る——新時代の大学教育と大学生協　庄司興吉編著　三三〇〇円
- 社会学の射程——ポストコロニアルな地球市民の社会学へ　庄司興吉　三三〇〇円
- 市民力による知の創造と発展——身近な環境に関する市民研究の持続的展開　萩原なつ子　三三〇〇円
- コミュニティワークの教育的実践　高橋満　二〇〇〇円
- NPOの公共性と生涯学習のガバナンス　高橋満　二八〇〇円

〒113-0023 東京都文京区向丘1-20-6　TEL 03-3818-5521　FAX 03-3818-5514　振替 00110-6-37828
Email: tk203444@fsinet.or.jp　URL: http://www.toshindo-pub.com/

※定価：表示価格（本体）＋税